나는 옻칠로
위로받았다

나성숙 옻칠과 서로재 이야기

LOOK
BACK
BOOK

나는 옷칠로 위로받았다

2025년 10월 1일 초판 1쇄 발행

글·작품 나성숙

편집 라이브러리 | 디자인 디자인디 | 사진 키메라스튜디오 | 인쇄 두경엠앤피

펴낸이 조병연 | 펴낸곳 룩백북 | 주소 서울특별시 종로구 자하문로 24길 41-22, 1층

출판등록 2025년 9월 10일 | 등록번호 제2025-000031호

이메일 lookback.book@gmail.com | 팩스 02-6003-0221

값 33,000원 | ISBN 979-11-994678-0-4 (03630)

〈룩백북〉은 회고와 궤적을 희구하고 기록하는 새로운 출판 브랜드입니다.
여러 문화인과 생활인들이 걸어온 시간 속에서 틔워낸 일상의 예술을 공유하고, 문화의 성과를 매듭짓습니다.

나는 옻칠로
위로받았다

읽기 전에 읽는 글

이 책은 필자 나성숙 선생님의 <u>문체, 문장, 단어를 그대로 살려 실었습니다.</u> 문장을 다듬을수록 선생님의 기억과 감정의 생생함이 사그라들었기 때문입니다. 나성숙 선생님을 알고 사랑하여 이 책을 펼친 독자라면 알아주시겠지요? 선생님의 말투와 생각, 그 날것의 매력과 생명력이 어떠한지를 말입니다.

누구나 그렇듯, 선생님의 기록에도 불완전한 것들이 있습니다. 궤변도 있고, 억측도 있으며, 오해와 말실수도 있습니다. 오탈자, 비문, 잘못된 은유 등도 살렸습니다. 그래야만 선생님의 의도와 함의가 제대로 전달되기 때문입니다.

'<u>원래의 문장들</u>'이어야만 합니다!

뜻이 통하지 않는 것은 선생님께 여쭈어 작게 써두었으니 때때로 <u>읽어봐 주세요.</u>

프롤로그

66 선생님은 어떤 호칭이 편하십니까? 이 책, 이 글에서는 '선생님'이라고 해도
될까요?

나의 천직은 교수, 그러니까 '선생' 소리가 제일 편해요. 성숙 씨라고 불러도
되고. 아무렇게나 해!

성과 이름을 꼬박꼬박 띄어 쓰시던데…. 혹시 성(패밀리 네임)을 존중하는
미국식 표현이신가요?

요즘 맞춤법에는 성과 이름을 붙이는 거지요? 난 어릴 때부터 이렇게
써왔으니까, 이렇게 씁니다. 다른 뜻 없어요. '나성숙'보다 '나 성숙'이 더
그럴싸하지 않은지? 하하하.

선생님은 책 전체를 통해 '전통'이라고 간단하게 말씀하시는데, 이 '전통'에
포함된 뜻은 뭔가요? 전통문화, 전통 공예, 전통 미술….

내가 생각하는 전통은 예전부터 내려오던 우리 것. 음악, 미술, 시 등의 문화
활동을 포함해요. 제도와 법규 등 광범위한 생활까지도. 내가 생각하는
'전통'의 조금 다른 점은, '한국에서 태어나지 않아도 된다'라는 것입니다. 한지,
옻칠, 호두과자 등은 다른 나라에서 발생, 발명, 시작했어도 우리나라에서
시간과 공을 들여 큰 꽃을 피웠다면 우리의 전통이지요. **99**

읽는 순서

3.

4.

樂 중에 최고는 고통이다

4.5mm 뇌동맥 터졌는데 기적적으로 살았다. 입도 안 돌아가고 반신불수도 아니다. 중환자실에서 여러 가지 생각이 났다.

왜 살리셨을까? - 다 주고 가라는 뜻이다. 내 것은 아무 것도 없다. 목숨도 내 것이 아니다. 이 방에서 죽어 나가던 사람들을 생각하며 내 의지와는 전연 상관없다. 다 주고 가자.
무엇을 주느냐? - 정신적 위로와 물리적 기술이다. 이 알량한 거가지고 상처 준 사람들에게 미안하다는 생각이 들었다. 정신적 위로를 주고 싶다. 물리적 기술은 옻칠의 테크닉이다. 재료와 표현도 가르쳤으니 그 방법을 주자.
어떻게? 전통을 통해서다. 전통은 미래의 경쟁력이다. 앞으로 일은 인공지능이 할 것이고 인간은 생각과 결정만 하게 된다. 나는 전통 옻칠을 하며 축적된 것에 놀랐다. 이를 알려야겠다고 생각했다.

그래서 이 책을 썼다.

남편은 자살했다. 나는 서로재 마당에서 원망도 많이 했다. 심장마비면, 교통사고면 낫지 않았을까? 그런데 이렇게 심한 방법이라니... 왜 나한테 그런 일이 벌어졌을까? 질문에는 답이 없고 처량한 외기러기 서산으로 넘어간다. 사포질이나 하자.

사포질은 한심하다. 반복되는 단순노동. 그러나 그 물리적인 단순노동은 내게 깊은 사색을 주었다. 신속히 처리해야 하는 일들, 수많은 정보에 밀려 내가 어드메 있는지 잊어 버린다. 정신 차리자. 나는 누구인가? 옻칠은 K-명상이다. 매일 나를 비우고 명상으로 채워나가니 점차 슬픔도 사라져 갔다. 어떤 말보다 단순노동은 큰 위로가 되었다. 꼭 옻칠이 아니어도 전통은 비슷하니 서도, 서각, 수 놓기 등 아무거나 자신에게 맞는 분야를 추천한다. 새로운 세상을 맛볼 수 있게 한다.

내가 뭐를 알겠는가? 이 전통 지켜온 장인들께 감사함을 느낀다. 지금이야 전통이 뜬다고 금 방석에 대접받고 있지만 100불도 안 되던 그 가난한 시절에 옻칠을 지켜내다니···. 마음이 숙연해진다. 옻칠을 가르치며 우리 전통의 장점과 기술에 새삼 놀랐다. 40년 대학에서 재료와 표현을 가르칠 때, 계량화되어 있어 수월하고 자료도 많다. 그러나 주먹구구로 계산하고 감으로 작업하는 옻칠은 많은 시행착오를 겪었다. 재료와 과정이 다 다르니 어렵고 심오하다. 그래서 좀 더 쉽게 배우고자 옻칠 과정을 부록에 넣었다. 내가 직접 경험한 과정을 정리했다.

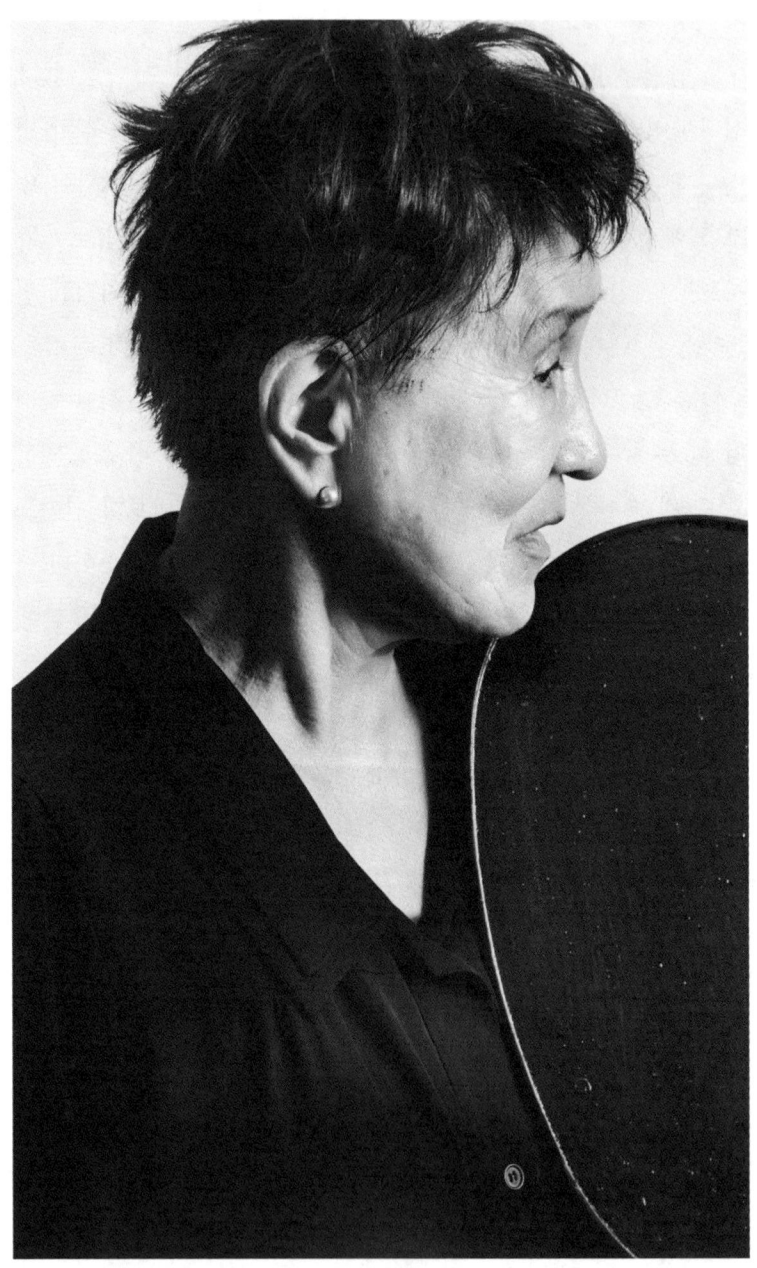

전통! 얼마나 장점이 많은가? 200년 전만 해도 전통이라는 단어도 없이 아침에 눈 떠서 밤에 잘 때까지 현실 그 자체였다. 오랜 세월 우리와 함께 했고 맞지 않으면 스스로 도태되어 사라졌다.

환경대학원에서 처음 내준 레포트는 '어린 왕자를 읽고' 였다. 어린 왕자는 화려한 별, 권력 있는 별을 떠나 마지막에는 장미꽃 별로 갔다. 자기가 물 주고 가꿔야 하는 장미꽃으로 갔다. 나도 어린 왕자 되어 그곳으로 가고자 한다.

전통으로 들어서서 20년 동안 한옥, 소반, 장석, 옻칠을 배웠고 봉산재와 서로재를 샀다. 이곳에서 최고위과정, 옻칠학교, 나무해부학, 판매 샵, 게스트하우스 등을 운영하며 맹렬히 살았다. 언제 꽃이 피는지 낙엽이 뒹구는지 모르게 세월이 흘렀다. 어떻게 그렇게 할 수 있었는가? 고통이다. '낙 중에 최고는 고통이다.'

시시하게 맛있는 거 먹고 좋은 옷 입고는 낙의 심도가 약하다. 내 남편이 그렇게 가고 그 고통은 나에게 큰 메시지를 주었다. 숨은 뜻을 읽으라! 나는 이 책에서 자살에 대해 깊이 썼다. 재수 없다고 해도 어쩔 수 없다. 하늘을 보느라 눈물이 옆으로 흐르던 시절, 그 고통 그냥 주지 않았다. 선물이 왔다. 전통!

살아남은 자는 의미가 있다. 운명은 생짜 젊은 남편 묶어 가더니 내게 옻칠을 주었고 그 옻칠은 나를 위로하였다. 이제 그 위로 나눠 주고 가라고 한다. 줄 게 있다는 것도 고마운 일이다.

    내가 10살부터 시작한 장인도 아니고 50살 넘어 배운 여교수의 실수는 종류별로 다 있다. 아직 미숙하니 엎어지고 넘어지고 망치고 다시 칠하고 헤매던 시절, 다른 모든 초보자들이 그럴 것이다. 기왕이면 같은 초보자니, 주부들에게 권하며 공유하고 싶다. 정 깊은 우리 가족, 옻칠 그릇에 밥 먹으면 좋겠지요.

동기는 가슴 아픈 남편의 죽음이지만 이 좋은 옻칠이 전 국민에게 행복과 기쁨이 되기 바란다. 그래서 전통문화운동으로 퍼져 나가기를 바라는 마음이다. 산업 혁명 후 William Morris, John Ruskin이 부르짖었던 Arts and craft movement!

내일 학생들이 온다. 30기 학생들이다. '나성숙옻칠학교'는 즐겁다. 서로를 따뜻하게 기대고 산다. 29기를 했으니 여러 종류의 학생들이 왔는데 개성도, 사연도 다 다르다. 그러나 서로재는 서로 위로한다. 주인 자신이 그 슬픔 딛고 허허 웃고 지내니 얼굴에 햇살이 퍼진다. 이 넓은 지구에, 이 긴 시간에 좁쌀알로 만난 인연들, 서로 기대고 살자. 지난 20년, 옻칠은 내 슬픔을 엷게 만들었고 만난 인연에 위로를 주었고 또 받았다. 다시 일어설 용기를 받았으니, 이제는 갚자. 내가 아는 모든 것을 주고 가자.

저 하늘에서 내 남편이 웃는다. "잘하고 있군."

2025년 8월
서로재에서 나 성숙

옻칠 시작은 내게 희망이 되었다.
모든 것을 잃었다는 상실감과 좌절이
조금씩 새로운 의욕과 사랑으로 바뀌었다.

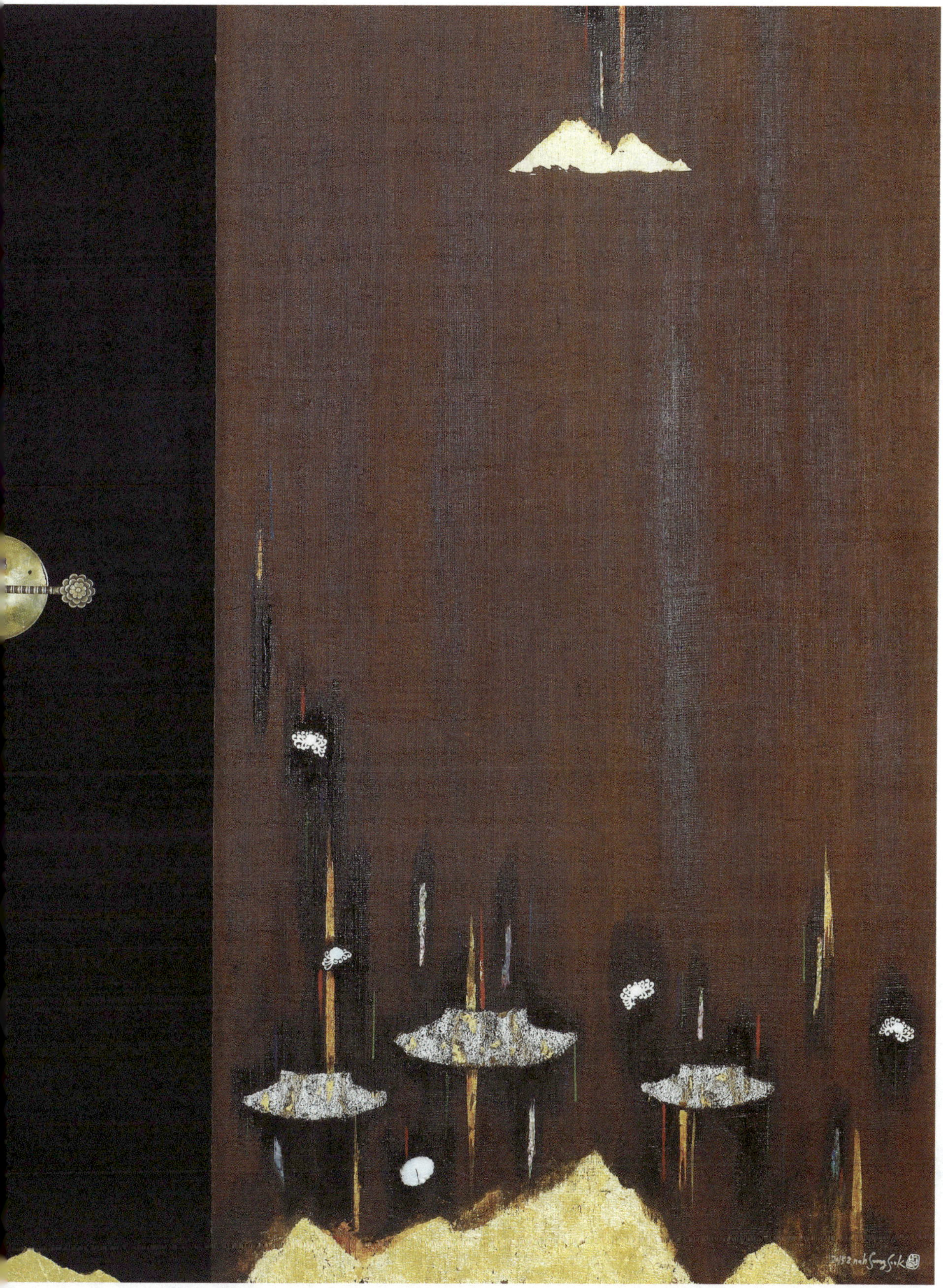

북촌황금문 201502 Bukchon Gold Door 2400×1800mm

제1장

시린 가슴에
옻칠해 주오

1.1

하늘 길 열려 봄의 노래 – 다시 살다.

1.2

날마다 조금씩 말 없이 – 옻칠 시작

1.3

저 눈부신 햇살 속으로 – 한옥 구입

↪ 큰외숙 고(故) 강석규 호서대학 설립자
어린이 문화공보부장관상 수상, 서울 공덕초등학교 5학년 나성숙 어린이

1.1 하늘 길 열려 봄의 노래 – 다시 살다

"슬프냐?"

"네."

간단 질문에 간단 답변. 침 꼴깍의 침묵이다. 과천집 거실, 면목 없는 나는 구석에 쪼그리고 앉아 있다.

"꿈이 없어 슬프다. 꿈이 있으면 슬프지 않다."

꿈! 얼마 만에 듣는 단어인가? 그후 건강, 애들, 학교, 협회 등의 질문이 쏟아지는데 95세 노인이 기억력도 좋다. 모든 게 양호함을 확인하시더니 "뭐가 슬프냐? 가진 게 그렇게 많으면서." 아, 나는 가진 게 많구나. 내가 잊고 잊던 장점들을 일깨워 주신다. 일단 나를 인정하셨다. 비참한 나를 아직 인정하는 분도 계시는구나.

강 석규 호서대학 설립자. 나의 큰 외삼촌. 대성중·고등학교, 전산학원, 강남에 3개의 대학원 등 많은 학교를 세우셨다. 한 사람의 일이라기에는 너무 방대하다. 그 비결은 무엇일까? 성실하고 부지런하고 큰 꿈도 있겠지만 가장 기본은 남에 대한 인정이라고 생각한다. 먼저 상대를 인정해 준다.

초등학교 시절, 효창공원 '여자 깡패'였으니 '양'하고 '가'만 있었다. 어느 날 사촌들하고 밥을 먹는데 '어느 중학교 갈래?' 모기만한 소리로 'S여중 갈 거예요.' 하니 '왜 겨우 S여중이냐? 너는 배추도 예쁘게 쌓았던 애다.' 당시 주물 공장 하던 우리 집은 김장을 몇 백통씩 하였고 나는 배추 꼬랑지를 자르고 벽에 가지런히 쌓았다. 그것을 기억하신 것이다. 순간 '나는 왜 좋은 학교 못 가지?' 라는 생각이 들었고 혼자 남아 김 수영 선생님과 공부하여 전교 1등에 이화여중을 갔다. 그 때 야단만 쳤다면 공부를 열심히 안 했을 것이다. 내 장점과 욕구를 건드리신 것이다. 나를 믿고 인정하신 것이다.

> **글 속 강석규 호서대학 설립자는 모친의 오빠신가요? 모친의 형제 관계 알려주세요.**
> 모친은 2남 4녀 중 장녀예요. 첫째 강석규(큰외삼촌), 둘째 강석희(나의 모친) 밑으로 딸 셋(나의 이모들)과 막내 강석재(작은외삼촌)가 있어요.

다정한 나무들

202407
Dear Trees
1200×1200mm

사랑 중 가장 큰 사랑

그런 분이 다시 나를 불러 내 장점을 확인한다. 너는 무엇도 할 수 있다. 검사도 의사도. 네가 해온 것을 해라. 2시간쯤 지나니 내 눈이 반짝인다. '사랑한다' 말은 안 하지만 전해지는 사랑이 한지에 수묵 번지듯 퍼져 나간다.

누군가 그랬다. 사랑받는 것은 사람의 어깨에 신의 손가락을 얹는 것과 같다고. 사랑받고 있다는 것은 전지전능한 신의 손길이 늘 어깨 위에 머물고 있는 것이며 누군가 사랑하는 사람은 자신이 신의 손가락이 되어 매일 매 순간 마술과도 같은 놀라운 힘을 발휘한다고 했다. 아무도 없어 나락에 떨어졌는데 한 줄기 희망이 보인다.

'사랑 중 가장 큰 사랑은 자기 사랑인데 너는 너를 사랑하고 있지 않다.' '사람이 뜻이 분명하면 사람과 돈은 따라오게 되어 있다.' '너를 사랑하시는 신께서 너 슬퍼하라고 그런 거 주실 리가 없다. 거기에는 뭔가가 있다. 찾아봐라.' '인간은 영적 존재다. 영이 맑아야 보이니 울고불고 하지 말고 새벽기도 가서 영을 맑게 해라. 달라고 기도해라.' 조언을 오래 준비하셨는지 말씀이 노련하시다. 4시간이 지나니 힘이 불끈 솟는다.

'사랑받는 것은 사람의 어깨에 신의 손가락을 얹는 것과 같다.'라는 아름다운 문구는 혹시 어디서 읽으셨는지요?
어디서 읽은 것도 같은데 말만 기억나고 누구 말인지 정확한 출처는 생각이 안 나요. 에릭 프롬의 사랑학 아닐까? (찾아보니 원문은 "사랑받는 것의 놀라움보다 더 마술적인 놀라움은 없다. 그것은 사람의 어깨에 신의 손가락이 얹히는 것과 같다."입니다. 사랑받는 경험이 신의 은총처럼 특별하고 마법 같은 힘을 지닌다는 의미로, 잭 캔필드와 마크 빅터 한센의 《우리는 다시 만나기 위해 태어났다》에 등장하는 글귀입니다. 선생님이 자주 쓰는 말이라 적어둡니다.)

북촌 모란꽃

201202
Bukchon Peony
300×300mm

무엇도 할 수 있고, 무엇이든 될 수 있다

나는 일부러 큰 외숙을 찾아가진 않았다. 남편이 호서대학 일을 많이 도와서 당신도 서운하실 텐데 나를 부르셨다. 너무 바닥에 빠지면 잡을 기력도 없다. 찾아갈 엄두도 안 난다. 그래서 우리가 그들을 불러야 한다. 죽어가는 사람을 막아야 한다. 우리가 찾아가서 가장 먼저 할 일은 그를 인정해주는 것이다. 누구라도 찾아보면 작은 장점 하나라도 가지고 있다. 큰 외숙은 내가 배추 잘 다듬는 것을 칭찬하셨고 갑작스런 남편의 죽음으로 비탄해 있는데 내가 가진 딸들과 건강과 교수 자리를 일깨워 주셨다. 상대를 찾아보면 인정할 것 하나는 가지고 있다.

서로재에는 슬픈 사람들이 많이 온다. 겉으로는 품위와 미모를 다 갖추었다. 그러나 단순 노동, 사포질 하다 보면 슬금슬금 사연들이 나온다. 내 입장이 그러하니 저절로 위로를 받고 위로를 주게 된다. 그래서 삶을 스스로 포기하는 것을 절대적으로 막고 싶다. 오죽하면 죽겠냐만은 내 이 가슴 아픈 나날, 잊고 싶은 나날을 쓰면서 삶을 포기하려는 이들에게 도움이 되고 싶다. 내 슬픔은 옻칠이라는 전통을 만나게 해주었지만 그렇다고 하루 아침에 그 슬픔에서 헤어난 것도 아니다. 나는 진정 자살을 막고 싶다.

오, 주여 긍휼히 여기소서!

> **책 중에 나오는 이야기이긴 한데, 부군께서 돌아가셨을 당시, 따님 두 분 나이와 대화 중 등장하는 '교수 자리'는 무엇을 의미하나요?**
> 당시 큰 딸 이형원은 16세, 작은 딸 이형주는 15세였습니다. 큰외삼촌이 말씀하신 교수 자리는 제가 근무하던 서울과학기술대학교 시각디자인과 교수직을 뜻해요. 잘 자란 자녀와 든든한 일자리가 있다는 것을 일깨워주신 것이지요.

↳ 귀얄 깎기. 귀얄은 옻칠을 위한 붓으로, 직접 만들어 사용한다.

1.2 날마다 조금씩 말 없이 – 옻칠 시작

나는 평생을 교육자로 지내면서도 인간이 교육할 수 있는 것과 교육할 수 없는 것이 있다고 떠들었다. 교육할 수 없는 항목은 건드리지 말고 그냥 두라. 장미 꽃은 장미 꽃대로 백합꽃은 백합 꽃대로 두라. 그래야 다양하고 아름답다.

그러나 사랑은 반드시 필요하다. 사랑으로 자긍과 자존감을 심어 주어야 한다. 그래야 호박꽃도 제 아름다움에 뽐내고 산다.

2005.12.27 '나 교수, 전통해 보아요.' 이 한마디는 내 전공을 바꾸어 놓았다. 88올림픽 앰블럼을 만든 나의 은사 양 승춘 교수님의 제안인데 순간 불벼락 맞듯이 '바로 이거다.' 평생 가슴 적실 강물일 줄 순간적으로 알았다. 당장 옆 자리로 가서 바짝 다가 앉아 '뭐를 할까요?' 좋아하는 것 하라시는데 평소에 나는 만드는 것을 좋아했다.

가난한 미대 시절 옷을 다 만들어 입었다. 광장시장 옆 구세군 물자 헌 옷 사다가 뒤집어서 투피스도 만들고 오바도 만들어 입었다. 양재학원은 필요 없다. 대충 신문 놓고 잘라서 시침질하고 재봉틀질한다. 몸체에 영어로 SINGER 크게 써있던 발 재봉틀 돌린다. 달달달. 그 외에도 벽에 걸린 옷 가리는 십자수 회포, 화병 받침 코바늘 뜨기, 공예과 청강해서 만드는 은반지, 연탄 불에 흙으로 굽는 테라코타 인형(특히 작은 인형). 뭐든 만드는 것을 좋아했다.

'교육할 수 없는 것은 그냥 두라.'라는 것의 예시가 있다면요?
교육한다고 백합을 장미로 만들 순 없지요. 인간은 각자 가지고 태어난 것이 있고 교육으로 못 바꾸는 것들도 있어요. 나는 미술은 잘하는데 악보 따라 적는 청음은 잘 못해요. 아무리 공부해도 잘 안돼요. 배워도 안 되는 것이 있다는 건, 도리어 자기의 재능과 관심 있는 분야를 더 깊이 들어가게 하는 힘이 있어요. 자기가 잘 하는 것을 하는 것, 이게 다양한 사회를 만들어요.

전용복 선생님과 히로코 상 2006.2
이와야마 옻칠미술관 휴지통

'그럼, 소목 등록해 보세요.'

과연 은사님이시다. 박식하시고 앞 날도 내다 보시고 거기다 구체적으로 항목까지 정해 주신다. 가장 내게 다가온 것은 스승님의 사랑이다. 제자가 뜻밖에 혼자되어 헤매고 있으니 슬픔이 정수리까지 닿기 전에 길을 잡아 주신다.

그래서 한국전통공예건축학교 소목반에 등록했다. 그 배움은 옻칠, 소목, 소반, 대목에 골프, 중국어로까지 이어졌다. 2006년은 일주일 내내 배우러만 다녔다. 박사 끝나고 14년만에. 2월, 신문에 〈라 메르 화랑〉에서 옻칠전 한다는 기사를 읽고 찾아갔다. 어느 분이 앞치마 입고 시연을 하시는데 처음 보는 옻칠, 귀얄, 자개 등등에 눈이 번쩍 뜨였다. 매일 갔다.

"거 앞에 있는 아줌마 끝나고 나 좀 봅시다." 전 용복 작가의 말씀이다. 왜 매일 오냐는 질문에 '재미있어서'라고 답했더니 일본으로 따라만 가면 10년 치를 한 달에 가르쳐 주신단다. 무조건 따라갔다. 동경에서 센다이 거쳐 모리오까 이와야마 칠예미술관. 그곳에서 한 달 지내며 처음 옻칠을 접했다. 국 끓이고 청소하고 지내는데 산께이 신문 편집국장 부인 히로꼬 여사가 나를 만나러 왔다. 하바드 연수 시절, 우리 둘이는 영어를 잘 못하니 멀겋게 웃고 서 있기만 했다. 화려한 '보스톤 글러브 파티'건 '스탠딩 니만 휄로우 파티'건 낮에 나온 반달이다. 결국 같은 신세, 우리는 친해졌고 내가 일본에 있다니까 히로꼬 여사는 4시간 신간센 타고 나를 만나러 왔다. 배웅하고 나니 선생님은 내가 뭐 하는 여자냐고 물으신다.

> ↘
> 전용복 작가님과의 인연을 간단히 소개해 주세요.
> 2006년 2월 조선일보에 실린 기사를 봤어요. 라메르 화랑에서 전용복 작가 옻칠 개인전을 한다는…. 전용복 선생님께서 앞치마 입고 시연을 하시는데 그때 옻칠하는 것을 처음 봤어요. 매일 갔지요. 그게 인연이 되어 이와야마칠예미술관으로 옻칠을 배우러 가게 된 겁니다.

> ↘
> 히로코 여사님은 오래된 친구인가요?
> 본명은 히로코 소마. 직업은 주부입니다. 뒤에 이야기가 나오지만, 남편을 따라 하버드 니만 펠로우십 (Niemann Fellowship)에 선정되어 1998년, 1999년 연수를 받을 때 만난 친구입니다. 배우자와 자녀들도 수강이 가능한 프로그램인 덕분에 나는 디자인대학원 Graduate School of Design(GSD)에서 1년 연수했어요. 히로코 여사도 언론인 남편을 따라 하버드에 왔고요.

왜 옻칠 하냐고요?

국립대 교수라고 답하니 놀라시며 **"왜 배우러 왔오? 왜 옻칠 하시오?"**

이 질문은 그 후에도 오랫동안 많이도 받았다. 왜 옻칠 하냐고요?

사랑은 우리에게 삶의 의미를 주지만 그 덕에 많은 고통도 준다. 사람에 대한 사랑은 더욱 더 고통이 크다. 뭔가로 위로 받아야 한다. 한 문이 닫히면 한 문이 열린다. 남편이 그렇게 가고 다른 일에 같은 사랑을 쏟아 보자. 짜릿한 쾌감은 꼭 사람에게서만 오는 것은 아니다. 작품 만들어 놓고 느끼는 짜릿한 쾌감. 그거 한번 해보자! 북일본 모리오까에서 한 달의 공부, 즐거웠다. 이유는?

> 1. 내 슬픔을 아무도 모른다. 새로운 환경에서의 새로운 공부, 시치미 떼고 매일 웃었다. 그러다 히로꼬 온 날 들켰지만 그래도 웃었다.
> 2. 배우고 익히니 기쁘지 아니한가? 공자님 말씀이다. 누군가가 슬픔에 빠져 있다면 아무거나 배워 보세요. 그 시간만은 기뻐요. 큰 위로가 되고 배움이 기쁨인 것은 사실.
> 3. 꿈꿀 수 있다. 우리 4명은 매일 밤 공부 끝나면 꿈을 펼쳤다.
> 하루에도 몇 번씩 세웠다 허무는 공방들, 전시회, 사업계획서.

그러나 나는 학교로 돌아왔다. 학생들 똘망한 눈동자가 그리워서. 아니, 진짜는 공무원 철밥통 밥그릇이 튼튼해서. 그 후 공부는 소주대학으로 이어진다.

2009년 8월. 한창 〈최고위과정〉 한다고 학생 모집하러 다니는데 어느 미술관 관장님께서 '나 교수 지금 뭐 하고 있어요? 최고위과정은 남들도 할 수 있어요. 그만큼 했으면 됐어요. 옻칠 공부 하세요.'

↘
'모리오까'는 일본 이와테(岩手)현 모리오카(盛岡)시를 말씀하시는 거죠? 옻칠미술관이 있나요?
모리오카시의 외곽 이와야마(岩山) 중턱에 있는 이와야마칠예미술관(岩山漆藝美術館)은 전용복 작가가 직접 개관하고 운영한 곳입니다. 2004년 5월 26일 개관했는데 이와테(岩手)의 이와(岩)와 부산(釜山)의 테(山)에서 이름을 땄다고 하네요.

소주대학(蘇州工藝美術職業技術學院) 입학. 2010.1

아, 그렇지 내가 지금 뭐 하고 있는 것인가?

나는 귀도 얇고 유혹에도 약하고 만사가 궁금하여 샛길로도 잘 빠진다. 그때마다 일깨워 주시는 정신 멀쩡한 분들께 감사하며 지낸다. 사람 만나기도 잘 하지만 또 듣기도 잘 한다.

〈최고위 전통문화과정〉 4기, 〈행복이 가득한 집〉 옻칠반, (사)한국정보문화디자인포럼 회장 등, 다 그만두고 떠났다. 2009.12.18 무조건 간다. 소주를 향하여!

한강은 나 없이도 잘도 흐른다. 원래는 칭화대를 가려고 알아보다가, 북경은 청나라 만주족 문화고 진짜 중국인 한족 문화는 소주, 항주라 들어 택했다. 사전답사 겸 추석에 먼저 방문했다. 소주, 파티 가는 소녀의 달빛이 가슴에 남은 도시다. 과연 넉넉하고 깊다. 소주대학은 중국 전통을 가르치는 대학이고 학생은 약 12,000명, 교수는 300명, 한국인은 한 명도 없었다. 학교에 운하가 많아 아름답던 캠퍼스, 1월인데도 파릇파릇한 풀들, 영빈관에 묵으며 칙사대접(勅使待接) 받는 학생, 통역 2명과 조교 2명, 진정성의 사친 교수님. 공부가 절로 되네요.

나중에 서울과기대와 교류전을 했다. 박 우혁 교수님 질문 '교수님, 이런 학교 어떻게 아셨어요?'

소주대학교는 어떤 곳인가요? 정확한 이름과 이야기를 알려주세요.
소주공예미술직업기술학원(蘇州工藝美術職業技術學院, www.sgmart.com)이 정식 이름이고 장식예술계(裝飾藝術系)에서 공부했어요. 중국은 전문성 있는 대학을 학원이라 하고, 과를 '계열'이라고 합니다. 저의 스승은 시에친(謝親) 교수님, 저는 '사친' 교수님이라고 불러요. 겨울방학을 이용해서 2009년 12월부터 2010년 2월까지 소주대학에서 공부했어요.

대화에 등장하는 박우혁 교수님은 누구신가요?
서울과기대(서울과학기술대학교) 시각디자인과 교수로 후배 교수입니다. 2012년 12월, 교류전을 하려고 서울과기대 디자인과 교수님들을 소주로 데려 갔지요.

배워서 나누지 않으면

이렇게 배우기만 하면 즐기기만 하는 것이다. 에고이스트다. 공자의 말씀, **"학이시습지 불역열호아** 學而時習之 不亦說乎 – 배우고 때때로 익히면 이 또한 즐겁지 아니한가?"** 누구나 배움은 즐겁고 기쁘다. 그러나 내가 얻은 지식을 나눠주지 않으면 거기서 끝난다.

퇴직 교수님들, 재직시 시간 없어 못 배운 것을 배우러 다닌다. 색소폰, 박물관대학, 도자기 등. 길어야 3년이고 곧 다른 테마로 옮겨가 순회 공연한다. 왜일까? 나눠주지 않아서다. 함께 가지 않으면 재미가 없다. 그것을 이미 아실 텐데 왜 못하는가? 장소가 없다.

나는 퇴직 12년 전에 한옥을 샀고 소반 교실을 29기 했다. 찹쌀이건 삼베건 재료를 나누어 주고 머리의 지식도 아낌없이 나누어 주었다. 옻칠 작업하며 가슴에 묻어둔 고민들 얘기하며 서로가 위로를 주고 받았다. 거기다 뇌출혈에서 살아난 지금은 무엇이라도 나누어야겠다는 생각이다. 나눌 수 있다는 것만도 감사한 일이다. 자기가 성취한 것을 그저 움켜쥐고만 있는 사람은 자기만의 세계에 빠진 채 사회에서 불필요한 존재가 되기 십상이다. 왜냐하면 상대방도 그 정도는 똑똑하여 그 의도를 다 안다. 그러므로 지금은 소유의 시대가 아니다. 공유하며 함께 나눈다. 체험하며 즐기는 시대다. 혼자가지 않는다.

29기 진행하신, 이제 30기를 앞둔 소반 교실의 정확한 이름은 뭔가요?
《행복이 가득한집》에서 개설한 '행복이 가득한 교실' 가운데 하나입니다.

희망이 된 나눔

공유의 개념, 나눔의 미학은 돌고 돌아 다시 내게로 온다. 그러니 바로 지금 여기서 내가 가진 것으로 작은 나눔을 시작하자. 하다가 그만 두면 도리어 '내 그럴 줄 알았어'로 실망만 늘어날 테니 정말로 할 수 있는 작은 것부터 나누어 갖자.

옻칠 시작은 내게 희망이 되었다. 모든 것을 잃었다는 상실감과 좌절이 조금씩 새로운 의욕과 사랑으로 바뀌는 것을 느낄 수 있었다. 이미 고령화 사회를 맞은 우리는 기부문화와 봉사가 생활의 일부로 자리 잡아 간다. 이 정도는 누구나 알고 있다. 그러나 펼칠 장소가 없다. 나는 그래도 남편이 두고 간 재산으로 한옥을 샀다. 한 알의 밀알이 떨어져 많은 열매를 맺는다고 성경에 써 있다.

'한 알의 밀알이 떨어져 많은 열매를 맺는다'라는 것은 성경의 어느 구절인가요?
요한복음 12장 24절에 나오는 말입니다. '내가 진실로 진실로 너희에게 이르노니 한 알의 밀이 땅에 떨어져 죽지 아니하면 한 알 그대로 있고 죽으면 많은 열매를 맺느니라.'라고 번역된 것도 있어요.

북촌 모란꽃2

201412
Bukchon peony2
600×600mm

1.3 저 눈부신 햇살 속으로 - 한옥 구입

2006.9.27 한옥을 샀다. 2006년 3월부터 전통을 배우러 다니니 내 장소가 필요하다. 50세 넘어 남의 집 세 살며 눈치 보기도 싫고 이사도 다니기 싫다. 한옥을 사자. 그런데 한옥을 하나도 모른다. 파르테논 신전의 비례가 어떻고 베르사이유 궁전의 정원은 자수식 정원이고 어쩌구 저쩌구. 얼마나 서양 건축 강의를 많이 했는가? 그러나 한옥은 모른다. 배우러 가자.

문 기현 대목장께 배웠다. 목수 아저씨들 20명 학생 중 여자는 2명, 서까래 10개 대패질이 숙제다. 노련한 목수님들 사이에서 드드득 나무가 뜯겨 나간다. '아줌마는 왜 배우러 오셨어요?' 목수까지는 아니어도 대충은 알아야 한다는 의무감에 갔는데 시각디자인하고 목수하고는 바다에 닿기도 전에 섬이 되어 실수투성이다.

그러나 한옥은 경이로웠다. 한 건물에 4계절을 다 수용할 수 있으니 온돌과 마루가 동시에 지어진다. 서양처럼 계획된 축이 아니고 산세에 따라 축을 달리하고 처마 선도 굽어진다. 구들장 뒤로 개자리가 있어서 연기가 한바퀴 돌아 깨끗한 연기가 나간다. 공간은 벽으로 정해지지 않고 문을 올리면 넓었다 좁았다 가변성이다. 자연을 따르면서도 필요한 효용성을 갖고 있으니 놀랍다. 이런 원리는 다른 전통에서도 많아 서양에 길들여진 나는 그동안 모르고 살았던 것이 부끄러웠다.

문기현 대목장의 목수 학교를 간단히 소개해 주세요.
문기현 대목장께 한옥 짓기를 배웠어요. 문기현 대목장은 한국전통공예건축학교 대목반 지도 교수로 신응수 대목장의 전수자이기도 합니다.

↳ 봉산재는 여러 매스컴에 실렸다. 2007.9

나라에서 추천하는 마을의 한옥

그 장점을 아니까 당연히 한옥을 사려는데 어디를 살까?

경기도 내 지도를 놓고 고른다. 행주산성, 남한산성은 너무 멀고 서울 시내가 좋겠다. 그러면 북촌이라는 곳이 있다는데 접근성도 좋고 경복궁과 창덕궁 사이라니 나라에서 홍보해 줄 것 같았다. 나 개인보다 국가가 훨씬 더 훌륭하고 나는 잘 모르니까 믿고 맡기자. 서울시 한옥과에 북촌 투어를 신청했다.

가이드는 연세 많으신 분으로 해달라고 메모를 남겼다. 운현궁에서 만난 가이드 변 현숙 씨께 '나는 관광이 목적이 아니고 한옥을 사고 싶어서 신청했으니 소개해 주세요.'라고 했다.

부동산 가면 매물만 소개할 것 같고 그래도 가이드는 평상시 보아둔 애정 어린 집이 있을 것 같았다. 불혹의 나이 40세를 지나 '비너스의 탄생' 탱탱하고 아름다운 20대도 아니고 '무엇도 할 수 있다' 30대도 아니고 쉰 고개도 넘어 53세에 익숙하지 않은 곳에 집을 사러 다닌다.

집 3채를 소개해 주셨다. 집주인들은 '제발 좀 사 주세요'의 표정이다. 그 좋은 한옥을 아무도 안 사가서 서울시에서 구입하던 시절이니 마음대로 고를 수 있다. 길거리 집, 봉산재를 산 뒤 어머니 모신다고 서로재를 샀다. 다 늙어버린 한옥을, 그것도 2채를 왜 사냐고 한다.

그러나 나는 마음 정하면 거침이 없다. 너무 뜨거운 물에 데치고 나니 웬만한 것은 간에 기별도 안 간다. 아무렴 내 남편 간 것보다야 낫겠지. 주변에서 말리는데도 산 첫 번째 이유는 내가 필요해서이고 두 번째는 분명히 오를 것을 알았기 때문이다.

↘ **서울시 한옥과 북촌 투어 신청하셨던 특별한 방법이 있나요?**
따로 소개받았거나 한 건 아니고, 직접 인터넷으로 서울시 한옥과에 들어가서 신청했어요. 그때가 2006년 6월의 일이었지요.

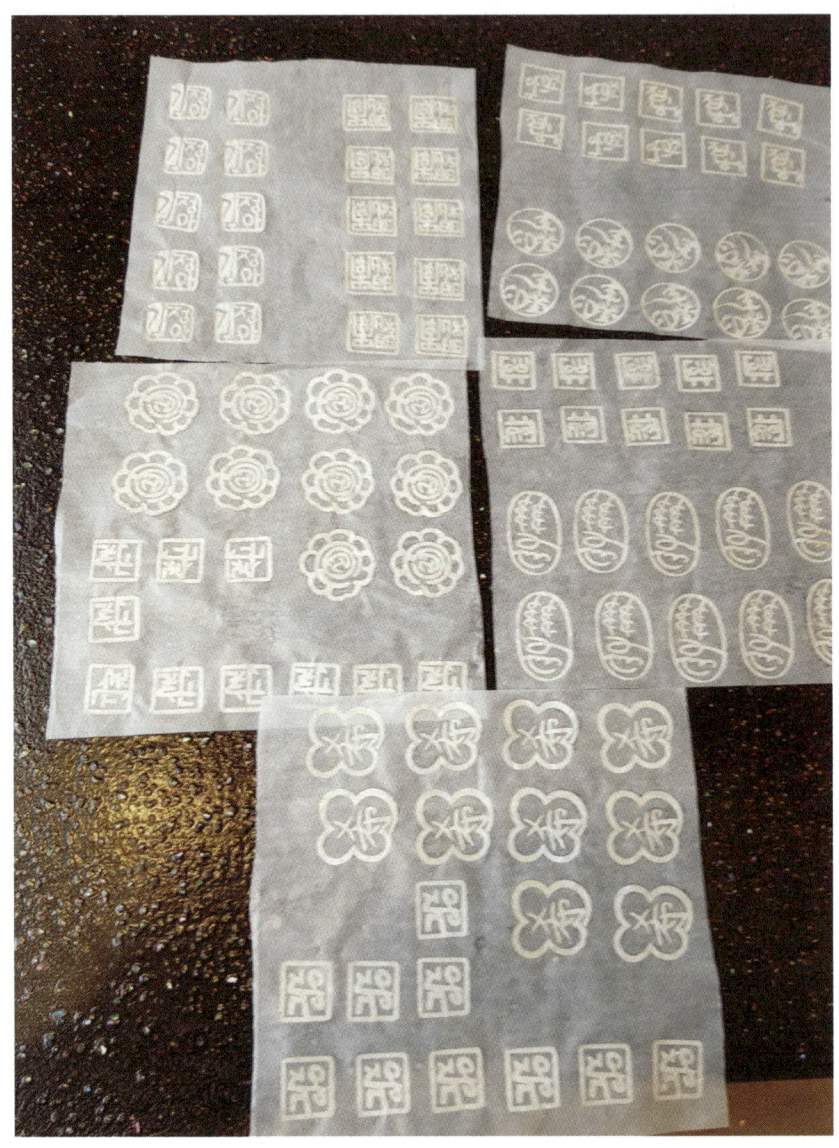

학생 이름 자개 낙관

미래를 말하라

대학원 수업 때, 학생들이 산업혁명이나 불란서 혁명을 발표하면 그만하라고 했다. 앞으로 살 날 창창한 젊은이가 그 옛날 일을 발표하고 있는가? 그것도 인터넷에 다 있는 것을. 머리를 쓰라! 미래를 말하라! 하바드대학 레포트는 '공자가 바라본 9.11사태', '당삼채(唐三彩)로 디자인한 전기 밥솥'이다. 베낄 수가 없다. 연구를 해야만 한다.

미래라는 키워드가 소문이 났는지 학생들은 앞날을 발표한다. 어느 학생의 발표에 국민소득 1만 5천불 넘으면 전통이 뜬다고 한다. 2006년 대한민국 1인당 소득은 1만 5천불이었다. 나는 2채를 샀고 과연 한옥은 많이 올랐다. 상대를 자세히 읽기는 중요하다. 나는 '을'이고 상대는 '갑'이다. 나는 1명이고 상대는 69억 9천9백9십9명이다. 내 주장만 하면 아무 이득이 없다. 사랑한다는데 내 마음을 몰라 준다고요? 그것은 사랑이 아니다, 자기 속 한풀이 한 거지. 상황 읽기, 아니 상대방 읽기. 남편이 그렇게 가고 세상에서 가장 무서운 것이 오해라는 생각이 들었다. 상대방을 읽어야 한다. 그가 무엇을 원하느냐를 읽어야 한다.

학생들이 서로재 오면 가장 먼저 묻는 질문 '왜 배우러 오셨어요?' 그것을 알아야 다음 상황이 펼쳐질 것 아닌가? 대체적으로 취미도 있고 좋은 그릇에 식사하려는 가족애도 있고 해외용 선물로 보내려는 비즈니스도 있고 뭔가 컨닝하러 온 수강생도 있고 각양각색이다. 그런데 본인 작품에 본인 이름 들어가는 것은 누구나 원한다. 그래서 일단 자기 이름을 자개로 새기게 했다. 학생들에게 자신만의 낙관을 만들게 했다.

자개 낙관에 대해 간단히 설명해 주세요.
자기 이름을 도장으로 찍으면 찍힌 곳이 진합니다. 그 모양 그대로 자개를 만들어 달라고 주문하면 자개공이 만들어 줍니다. 이 자개 조각을 작품의 낙관 자리에 붙이는 겁니다. 내 작품에 사인하듯이 사용합니다.

흑백으로 디자인한 자개 낙관을 주문 제작한다.
나성숙 자개낙관

일단 자기 이름부터 새기면

본인의 이름을 영어로 하든지 산 모양을 하든지 디자인 하라고 한다. 글자들이 떨어져 있으면 제작하기 힘들고 나중에 사포칠 때 없어지기도 하니 되도록 연결하라고 한다. 나는 나성숙 낙관 10가지를 크기별로 만들어 내 모든 작품에 붙인다.

자기 이름의 자개를 만들고 붙이면 애정이 생긴다. 집에서 밥순이 노릇하다가 개성이 생기고 또다시 작가가 되고 연극 배우도 되고 신난다. 아무리 여권이 신장 되어도 가정주부들 마음속에는 나를 찾을 기회가 적다. 그런데 이름을 새기라 하면 자기를 되찾는다. 소반 수업은 10명씩 수업 시작이고 처음에는 훈련 차원이라 작품 구별이 잘 안된다. 이름을 붙여 놓으면 자기 소반을 쉽게 찾는다. '학생들, 모두들 자기 이름으로 자개 낙관 만드세요.'

이름을 디자인하고 자개로 만들어 아교로 붙이고 칠하고 자개 등깍기 하고 어찌 정이 안 들겠는가? 자기 작품에 대한 자부심도 대단하다.

옻칠계에서 처음 만든 본인 이름의 자개 낙관, 굿아이디어! 궁리를 한다는 것, 미국에서는 수업하면서 빙그레 웃으며 달관한 사람처럼 앉아 있으면 학점이 나쁘다. 멀쩡한 카메라를 꺼내놓고 문제 제기하라고 교수님들이 압박한다. 아무 이상 없는 카메라에 무슨 문제를 제기하는가? 생각을 하도록 쥐어짠다. 그러니 나라가 발전할 수 밖에 없다.

등깍기는 '등 깎기'가 맞는 표현이긴 합니다만, '자개 등 깍기'란 어떤 기술인가요?
자개를 붙이고 나서 바탕에서 들뜨지 말라고 위에 옻칠해요. 옻칠은 자개와 밑판 사이로 들어가서 자개를 고정해 줍니다. 자개 위에 묻은 옻칠을 자개 칼로 깎아냅니다. 자개의 등을 깎는 거지요.

북촌한옥마을

201302
Bukchon Hanok village
900×600mm

상대를 읽으면

1999년, 나는 한국시각정보디자인협회 회장이 되고 싶었다.

한국여성시각디자인협회 회장을 했으니 이제는 남자가 회장인 협회에 도전해 보자. 한국 최초의 여성 회장! 어떻게 하면 당선될까? 이미지를 업시키고 유능하게 보이자. 해외전을 하자. 그것도 디자인이 앞서가는 북유럽으로 하자.

협회 여성위원장 직함으로 북유럽 3개국 대사님께 편지를 보냈다. Sweden, Norway, Finland 대사관으로 나의 소개서와 함께 전시회를 하고 싶다는 내용을 보냈다. 우리가 담당할 일은 통일 주제 포스터 200점, 여행 회원 모집, 물론 경비는 우리가 부담합니다. 귀 대사관 부담은 전시장 알선과 오프닝 파티 개최.

3개 나라에서 모두 전시하자는 답이 왔다. 어디를 고를까? 마침 세계여성대회가 Finland에서 열리니 Helsinki에서 하자. 우리는 작품을 제작했고 나중에 옻칠계 혜성으로 나타난 손 모 의원 등 43명이 참가했다.

2000.7.3 대사관이 구해준 전시장에는 Finland 대통령도 오시고 우리는 '통일'을 역설했다.

어디서 그런 아이디어가 났을까? 상대를 읽으면 된다. 세 나라 대사님들은 한국의 통일을 바라신다. 2월에는 공관장 회의가 있어 서울에 오시는데 뭔가 보고할 자료가 필요하다는 것을 나는 안다.

한국시각정보디자인협회는 어떤 단체인가요?
한국에서 시각디자인 전공자들의 모임으로 규모가 가장 크고 광고, 편집, C.I, 포장 디자인 등의 여러 분과가 있어요. 약자가 VIDAK(Visual Information Design Association of Korea)이라 '비닥'이라고 불립니다. 2년에 한 번 회장을 선출해요.

돌고 돌아 사랑

나를 살리신 큰 외숙도 나를 읽으셨다. 연구하셨다. 내 입장을 살펴보고 가지고 있는 것을 연구하고 그것을 인정해 주었다. 상대를 읽고 연구해야 내 뜻이 전달될 것은 분명하다. 그 세계여성대회는 소문이 났는지 2005년 1월 Canada Ottawa 대회 때는 비행기표도 보내왔다. 그런데 그 비행기표가 보스톤을 경유한다. 남편 가고 다음 해니 아직도 눈물이 줄줄이던 때, 추억의 보스톤을 도저히 갈 수 없다. 그 표는 없애고 내 돈으로 밴쿠버 경유해서 갔다.

전 세계 1,000명의 여성들이 모였는데 우리가 전시회를 개최했더니 나보고 회장 다음에 keynote speaking을 하란다. 밤새 연습하여 Hilton Hotel 단상에 섰다.

아무 생각이 안 난다. (다 잊어 버렸네요. 순간 엄마 얼굴만 생각납니다.) 나를 신앙처럼 사랑하시는 엄마 얼굴!

" Do you know my mother? She graduated only elementary school. she had a dream for me to be a professor. At last now I'm professor. "

사랑이다. 돌고 돌고 돌아 사랑만 남는다.

추억의 보스턴을 못 가겠다고 하신 이유는 작고하신 부군 생각에 마음이 아파서인가요?
남편과 함께 하버드 니만 펠로우십(Niemann Fellowship) 과정을 하며 지내던 추억 때문에 보스턴 근처를 지나가지도 못하겠더라고요.. 캐나다 정부에서 보내 온 표는 버리고 내 돈으로 밴쿠버 표를 사서 돌아서 갔습니다. 지금 생각하면 바보 같다는 생각이 들어요.

북촌향연

201502
Bukchon festival
1200×1200mm

북촌에 한옥

한옥 사는 일은 오래 걸리지 않았다. 스스로 3개월을 정해 놓았고 그대로 했다. 아니면 10년이 걸려도 못 살 것 같았다. 한옥이 뜬다니까 디트로이트에서 비행기 타고 매년 오는 친구가 있었다. 한옥은 2008년부터 계속 오르니 올 때마다 올라 있어 살 수가 없다. 아직도 못 샀다.

결단력으로 한옥을 샀고 수리를 시작했다. 국가에서 한옥 수리하면 1억 원을 지원해 준단다. 역시 북촌에 사기 잘했다.

김 길성 대목장 밑에 7명이 팀을 짜서 집을 짓는다. 나보고는 공사장에 자주 오지 말라고 했다. 잘못하면 민원에 시달린다고 했다. 그래서 가끔 갔는데, 갈 때마다 인부들이 뒷돈을 달라고 한다. 계약서도 분명히 있는데 상량식 하는 날, 대문 가르는 날, 마루 까는 날, 돈을 달랜다. 하물며 우체통 매다는 날도 달라고 하니 어이가 없다. 한옥 짓는 인부들은 일거리가 없었다. 한옥을 하루에 20채씩 부수던 시절이니 수입이 별로 없었다. 그래서 일거리만 생기면 돈을 챙긴다는 것이다.

나는 그렇게 무작정 시달릴 수 없어 우리 집으로 모두 불렀다. 동부이촌동 65평 아파트에서 한 상 차렸다. 품위있게 하얀 풀 먹인 테이블보 깔고 은수저에 크리스탈 와인잔에 노리다게 접시에 죠니 워커 양주에 티본 스테이크로 정중히 대접했다. 인부들은 기분 나쁘겠지만 현장에서 고생하니 힘들겠다는 생각이 들었고 귀한 손님 모시듯이 최상으로 대접했다. 이리 뜯기나 거리 뜯기나 뜯기는 것은 마찬가지니까.

태도가 확 달라졌다. 인격적인 대접에 고마움을 느꼈는지 정성으로 지었고 짓는 중에 주문이 5채나 들어 왔다.

한옥 수리비에 1억 원 지원을 받는 것은 어떻게 알게 되셨는지요?
한옥 매입을 소개한 안국부동산에서 알려 줘서 그제야 알았습니다. 그런 게 있는 줄도 몰랐어요. 한옥 수리비 지원은 서울시와 일부 지자체에서 한옥의 보존과 활성화를 위해 공사비의 일부를 보조하거나 융자 형태로 지원하는 제도입니다. 소규모 수선, 중대 수선으로 나뉘어 지원되니 한옥 수리할 일이 있다면 잘 이용해 봐요.

봉산재

물은 위에서 아래로

북촌한옥마을이 고향인 분들은 대체적으로 기품 있는 집이다. 대대손손 양반가이고 미국도 빨리 갔다. 성공하고는 귀소 본능 때문인지 고향에 한번은 들른다. 봉산재를 팔라는 분이 있었다. 이 고생하고 지었는데 팔 수 없어 아래 엄마 학교 골목 안에 있는 한옥을 소개했다. 그 신사분은 그 집을 사셨고 통째로 빌려주는 한옥 게스트하우스를 하셨다. 고향을 사랑한 이유로 주식보다 많이 벌었다고 고맙다고 인사 오셨다. 양반 동네는 양반 동네네요. 현판식에는 서울 과기대 총장님, 홍대 총장님, 상명대 총장님, 총장님만 세 분에 많은 지인들과 예술가들이 오셨다. 몇 명 안 올 줄 알고 뒷풀이 내겠다던 김 흥겸 회장님은 그래도 기분 좋다면서 흔쾌히 내셨다.

나는 한옥을 지으면서 한국일보 고 이사님의 말씀을 머리에 두었다. 물은 위에서 아래로 흐른다. 27살 신문사 기획실 사원 시절, 큰 외숙께서 대학원을 가라고 하시니 서울대 환경대학원에 입학했다. 기획실은 바쁜데 5시 30분이면 퇴근하여 관악산을 향해 간다. 천원공업전문대학 주당 12시간 강의도 나가게 해주셨다. 바쁜 직장에서 특혜를 받으니 황송하여 그 이유를 여쭈었다.

'미스 나도 언젠가는 줄 때가 올 거야. 아낌없이 주어. 인간사는 절대 기브 앤 테이크가 아니야. 물은 위에서 아래로 흐르지.' 내가 그 나이가 되었다. 위에서 아래로 흐른다!

↳ **신문사 기획실에는 이른 퇴근 제도가 있었나요? 후에 보충하는 식이었나요?**
1981년 당시에는 퇴근 시간이 있는데도 일찍도 보내주고 늦게까지 일도 시키고 했거든요. 신문사는 야근도 많았는데 그렇다고 야근비가 꼬박 나오는 것도 아니니까. 상관이셨던 고봉진 기획이사님이 나의 대학원 등교를 허락해 줬던 이유는 제게 일을 많이 시켰던 까닭이기도 합니다. (사적인 심부름도 있었어요. 어느 날 당신 딸을 위해서 얄개전 표를 사 오라고 했는데 서울대 출신 젊은 여사원이 대한극장 가서 줄을 서서 사 온 거지요. 겨울이라 미니스커트 입은 다리가 다 얼어 왔는데 그 일이 미안하고 고마웠던지 제 일이라면 많이 도움을 줬습니다. 요즘이라면 어림없는 일이지요.)

맨드라미 202409 Cocksconib 600×900mm

맨드라미로 기억되는 사랑

내리사랑의 상징인 87세 고(故) 박 기옥 쉼박물관장님도 아낌없이 내려보냈다. 지금은 안 계시지만 서로재 학생 중 최고령이셨고 유머 감각도 뛰어나신 분이었다.

둘째 딸 형주가 변호사 시험을 9년째 떨어지니 제 정신이 아니다. 어찌나 모든 화풀이를 나한테 하는지 네가 엄마인 줄 알겠다. 반성문 써라.

이렇듯 심하게 대하다가도 붙잡고 울기도 하고, 나에 대한 감정 기복은 널뛰듯 심했다. 나는 다른 세계를 보게 하려고 인도여행을 권했다. 형주는 2주간 인도여행을 다녀왔다.

2021년 봄, 그렇게 불안해하는 딸에게 먹이라고 박 기옥 관장님은 소 꼬리뼈, 고구마, 양배추, 떡을 풍성히 보내오셨다. 이거 우리 집에 오는 거 맞나? 그 기운 빠지고 썰렁하던 시절, 흥부가 박 타는 기분이었고 그 박은 과연 터졌다. 그해에 형주는 시험에 붙었다. 축 합격!

박 관장님은 합격 소식을 듣고는 마당에 핀 맨드라미를 꺾어서 화병에 가득 담아 오셨다. 맨드라미는 매년 피어 지금도 서로재를 붉게 물들인다.

덕분에 나는 맨드라미를 자세히 보게 되었는데 매우 조형적인 꽃이다. 닭 벼슬처럼 생겨 벼슬을 의미한다는데 구불거리는 선도 있고 덩어리 매스감도 있고, 특별하고 강렬한 붉은 색이다.

나는 맨드라미를 그리기 시작했다.

내게 맨드라미는 내리사랑의 상징이다.

제2장

옻칠의
탯자리에서

봉산재와 서로재를 짓게 된 이유가 있나요?

내가 전통을 배우러 다녔잖아요. 한옥, 옻칠, 소반, 장석…. 아지트가 있어야겠다고 생각했어요. 남의
집 작업실에 세 살기 싫어 내 집, 내 작업실에서 사서 죽을 때까지 전통 연구를 해야겠다고 결심했어요.

2.1 물오른 미루나무 - 최고위과정

아무도 안 온다. 이름도 잘 지었는데… <u>봉산재와 서로재.</u> 봉산재는 나를 사랑했던 남편 고향 담양군 봉산면 이름이고 서로재는 내 필명 새벽 서(曙), 이슬 로(露)에서 따왔다.

성종의 8남 완원군파 13대손 장손 시어른이 한자를 묵직하게 써주셨다. 임금님 교지처럼 보내 오셨는데 남쪽을 향하여 절할 뻔 했다. 하도 거룩하여서. 그런데 매일 비어 있다. 고사를 안 지내서 그런가? 상량식 대들보에는 내 좋아하는 성경 시편 121편을 썼다. - 내가 산을 향하여 눈을 들리라 나의 도움이 어디서 올꼬. 나의 도움이 천지를 지으신 여호와에게서로다 -

거북이와 용 그림을 없앴고 고사는 생략했다. 그래서 그런지 좋게 말해 고즈넉이지 황량하다. 밖에는 찻집이라고 써 있고 길 쪽으로 갤러리가 있지만 눈여겨보는 사람도 없다. 아니, 사람 자체가 없다. 한옥 2채 사느라 대출도 많이 받아 이자가 젖은 솜처럼 묵직한데 쥐덫만 걸려있고 가끔 두부 장수만 지나간다. 뎅그렁 뎅그렁. 아픈 가슴 채워 넣으려 했는데 채워지기는커녕 속수무책으로 하늘에서 감 떨어지기만 기다리고 있다. 지금은 북적거리는 관광지 북촌이지만 18년 전은 휘경동이나 홍제동처럼 보통의 동네다. 해결할 것 같은 분과 상의를 하자. <u>조선일보 문화부장 정 중헌 부장께 SOS 쳤다.</u> 누구를 만나느냐가 모든 일의 근원이니, 벽에 부딪히면 사람 찾는 것이 최고란다.

'전통문화 최고위과정 하세요.', '나성숙 이름으로 500만원씩 받으세요.' 가장 빠르고 효율적인 방법은 사회지도층 교육이라고 하며 싸게 하지 말고 비싸게 받고 최상으로 열라고 했다. 그러나 남편간 지 3년이었던 나는 아직 공적 활동에 주눅이 들어 있었다.

정중헌 부장님이 누구신지요?
조선일보 문화부장이었어요. 제 외사촌 오빠인 강철구 동우건축 회장과 친구인 관계로 문화 행사에서 자주 만나던 분입니다.

북촌꽃구름

201504
Flower cloud
600×600mm

하자, 사람 만나기!

정 부장님은 나를 믿고 최고의 학교를 추천하셨는데 나는 쪼그라 붙어서 콩자반이 되고 있었다. 결국 무료로 정했고 독자적으로 하지 않고 서울과기대 프로그램으로 들어갔다. 최고위과정이 무료라니. 거기다 처음에는 개설 자체를 많이 망설였다. 최고위과정은 사람을 만나는 프로그램인데 사람을 또 만나라고요?

2007년 11월 20일. 그가 떠난 지 3년인데도 많은 사람들이 왔다. 아무리 오지 말라고 해도 지금 문 앞이라든가 주차장이라고 하니 안 만날 수가 없었다. 솔직히 나는 만나기 싫었다. 만나보았자 기억만 되살아나고 나는 또 엄청 울 것이고. 우는 일은 웃는 것과 달라서 무척 진이 빠진다.

그러나 정신과 치료를 받으러 다닐 때 의사가 그랬다. 자꾸 사람을 만나라고. 그리고 이야기하라고. 그러나 나는 그것이 너무 힘들었다. 내 한 몸 추스르고 숨 쉬는 것도 힘에 겨운데 무슨 사람을 만나겠는가? 그 당시에는 사람들을 만나도 조금도 위로받고 있다는 생각을 못 했다. 그와 공유했던 사람들을 만나서 자꾸 그를 떠 올리게 되고, 어서 잊어야 살 수 있는 나로서는 정말 어려운 일이었다. 한옥을 짓고 비어 있어서 의논했는데 사람 모으는 일을 하라니…. 그러나 도움을 청하고 상의했는데 조언을 안 들으면 앞뒤가 안 맞는다. 하라는 대로 하자. '사람 만나기', 여기에서, 봉산재에서 하자.

만약 그 때 아무도 안 만나고 빈 한옥에 있었으면 나는 어떻게 되었을까? 뚫린 코로 숨이나 쉬고 그저 입으로는 허허 웃으면서 '그까짓 인생' 하며 어거지로 자위하고 있었을 것이다. 내 곁에 사람이 있다는 것, 있게 만든다는 것, 그 의견을 귀담아 들었다는 것이 귀중하다.

↘
'그가 떠난 지 3년'이라고 표현하셨는데…
남편이 작고한 건 2004년 8월 2일이고 (서울과기대의) 전통문화 최고위 과정 개원일은 2007년 11월 20일로, 혼자 된 지 3년하고 100일여 일 만에 다시 세상에 나온 셈이에요.

정양모 국립중앙박물관장님 수업
2007.11

기특도 하도다

일단 발기인 몇 분을 모셨고 대원군 별장이었던 석파랑에서 모임을 가졌다. 할 일은 강사분과 학생 모집. 2개의 안건 토의. 보통의 대학에서는 최고위과정 담당 교수가 따로 있다. 정식 교수가 하기에는 업무량이 과하다. 거기다 학교 건물이 아니고 나성숙 개인 건물인데 임대료도 안 받고 수업을 무료로 진행했다. 기특도 하도다. 학교 세우는 것이 꿈이었던 여자가 날벼락 맞고 데친 시금치로 앉아 있었으니, 서로재에서 최고위과정을 여는 것만으로도 고마운 일이라고 생각했다.

한국의 정신문화 - 정 양모 국립중앙박물관장, 유 홍준 문화재청장, 이 희범 산자부 장관, 김 명곤 문화관광부 장관 • 한국의 멋 - 김 봉렬 한예종 총장, 류 춘수 이공건축 대표 • 한국의 소리 - 안 숙선 국악인, 김 덕수 사물놀이, 송 승환 난타 대표 • 한국의 맛 - 조 태권 광주요 · 배상면주가 대표 • 그 외에 왕열, 김 윤섭, 고(故) 이 두식 교수. 일류 강사분들을 모셨고 그중 이 희범 산자부 장관님은 72명 학생들만을 위한 수업을 따로 준비하셨다. 이유는 서울과기대 총장하실 때의 인연 때문이다.

2002년, 학생운동을 심하게 했던 시각디자인과 학생 6명은 제적당했다. 나는 끝까지 반대했다. '학생들을 무기정학으로 해 주세요.' 무기정학이면 학생 신분이라 경찰이 못 잡아가는데 제적이면 경찰이 연행해 간다. 징계위원회 끝나고 나올 때 학생들과 붙잡고 울며 '꼭 내가 살려 줄게…' 다음 총장으로 오신 이 희범 총장님께 특별 요청하였고, 회의를 여러 번 거쳐 복학했다. 학생 제적이 하도 원통하여 모아 두었던 회의록을 제출했고 그 회의록 덕분에 복적할 수 있었다. 그 일을 기억하시는 이 희범 산자부장관님은 전통문화최고위과정 수업을 준비해 주셨고 직접 오셔서 강의하셨다.

한 기수의 정원이 72명이었던 건가요?
원래 정원은 30명이었어요. 한국 최초의 전통문화 과정이고 북촌 한옥에서 열린다고 조선일보에 기사가 나가고 가니 72명이 왔어요. 원래는 더 소규모로 진행하려고 했는데 생각보다 규모가 커진 셈이지요.

동양화 그리기 수업 2007.11

최고의 강사진, 최고의 학생들

수업 때는 국악 연주도 했다. 나는 특히 아쟁을 좋아하여 코 앞에서 들었다. 처음 하는 전통문화 최고위과정이니 학생들도 훌륭하시다. 이 종택 원우 회장님을 비롯하여 강의 내용을 손으로 써서 전해주시던 석 진순 회장님…. 각계 회장님, 사장님, 소장님, 원장님들이 운전기사가 운전하는 검은 세단 타고 모여드셨다. 수업 끝나고 막걸리로 뒤풀이 하니, 기사 먼저 보낸 회장님께서 대동세무고 담을 넘어 가신 일도 있었다.

한가한 골목 계동길에 검은 세단들이 몰려오고 국악 소리 울리니 동네 사람들도 함께 즐긴다. 특히 우리 옆집 왕짱구 식당 아저씨도 매번 와서 들었다. 북촌이 뜨는데 기여했고 전통 분야 문화계 인사들을 알게 되었다.

어떻게 사람들이 모이게 되는가? 아무리 내가 발이 넓고 회의를 여러 번 했다 해도 사람을 불러 모은다는 것은 쉬운 일이 아니다. 신 효섭 기자 덕분이었다.

남편이 그렇게 가니 모두들 돌아 앉았다. 정승의 강아지가 아니라 정승 장본인이 떠나니 찬바람 분다. 나를 끝까지 보살펴 주는 조선 비즈 사장 신 효섭 기자. 그래도 남편이 사랑했던 부하는 의리있게 기사를 써 주셨다.

국내 최초 한국전통문화최고위과정 모집. 72명이 왔다. 좁은 집 봉산재에 사람이 빼곡하다. 옆집 계동교회를 빌려서 하다가 드디어는 공릉동 서울과기대로 들어갔다.

> ↗ **조선 비즈 사장이신 신효섭 기자와 어떤 인연이었나요?**
> 남편 이병규 정치부장 밑에 있던 정치부 기자입니다. 유능한 기자라 남편이 아꼈어요. 나중에 조선비즈 사장을 지냈고 아직도 내게 안부를 묻는 의리 있는 후배입니다.

> ↗ **공릉동 서울과기대로 들어간 이야기, 설명해주세요.**
> 서울과기대는 최고위 과정이 몇 개 있는데 모두 학교에서 수업했어요. 그중 전통문화 과정만 한옥인 우리 집에서 했는데 학생이 너무 많아 수업이 불가능하니 학교 건물을 써야겠다고 건물 사용 계획서를 냈어요. 마침, 야간에 비어 있는 강의실이 있어 사용이 가능했어요.

2009년 2월, 전통문화 최고위 과정 2기 졸업사진

전통은 즐겁다는 확신

이 프로그램으로 나는 전통의 폭을 넓혔고 그때 만들었던 소반과 소반 수업은 '나성숙옻칠학교'의 기초가 되었다. 지금도 가장 많이 만들고 있는 것이 소반이다. 옻칠학교는 18년 동안 29기 운영했다.

그 대단한 강사분들 수업 짜면서 기라성 같은 학생들에게 소반 하나를 옻칠하라 했다. 의무 사항이다. 어디서 그런 용기가 나는지 법원장이건, 회장님이건 누구나 만들라 한다. 사포치고 삼베 붙이고 옻칠하고 자개 붙인다. 고위층 인사들, 품격 넘치는 남자 어른들이 쪼그리고 앉아 소반을 만들었다. 지금도 만나면 그 즐거웠던 추억을 나눈다.

그때 나는 확인했다. 전통은 즐거운 것이고 나눌 수 있다는 것을. 그 단순노동은 나뿐만 아니라 누구에게도 새로운 경험이었을 것이다. 판결해야 하고 결재해야 하고 복잡한 일이 많은데 봉산재 마당에서 사포치는 시간은 단순노동이다. 생각을 가다듬을 수 있고 나, 본인을 생각하게 했다.

옻칠학교 18년의 역사, 언제 시작됐나요?
2007년 11월에 1기가 입학하였고, 2기는 2008년 3월에 입학했어요.

소반 만들기 수업 2007. 11

소반으로 감성 만들기

밤새 감성이냐 이성이냐로 토론한 적이 있었다. 1999년 Sydney에서 ICOGRADA, ICSID, FiF. 시각디자인, 공업디자인, 의상디자인. 3개의 대형 conference가 한꺼번에 열린다. 그것을 놓칠 리 없는 나는 회원 20여 명을 데리고 갔다. 힐튼 호텔에서 잘 차린 아침을 먹는다. 그날은 저녁에 오프닝이 있어 악어 핸드백에 벨벳 투피스에 진주와 터어키 석으로 치장했다. 등록한다고 현금도 많았는데 도둑은 나를 노려 내 핸드백을 가져 갔다. 그 자리에는 나중에 장관이 된 김 종덕 교수와 백 금남 교수가 있었다.

여행사에서 보험료 타내는 내가 아니니 일행들에게 모자 돌려서 100불씩 걷었고 그 돈으로 남은 여행 경비로 썼다. 감탄한 여행사가 고맙다고 해안가에 데려가 한턱을 낸다. 토론 시작이다.

우리의 주제는 '이성이냐? 감성이냐?' 나는 이성이다. 우리는 멍멍 강아지가 아니다. 똑똑한 사람이다. 그런데 나머지는 모두 감성이란다. 기가 막히네요. 그래서 일갈했다. 그래서 그대들은 대장이 못 되고 나를 따라 왔지요.

그런데 이제는 감성만 보이고 그 칼 같은 이성은 아무것도 못 하고 있다. 왜냐하면 이성은 의지로 되는 것이지만 감성은 의지로 안 되는 것이기 때문이다. 사랑이 그렇고 증오가 그렇다. 인간이 이성을 갖고 만들어 놓았다는 수많은 조직과 제도 위에 군림하고 있는 것은 바로 감성이다.

그러나 감성이 키워드가 된 현재를 살고 있는 <u>최고위과정 성공한 남자들</u>은 감성에 취약했다. 특히 사회에서 지도층에 있는 이들이라 늘 시간에 쫓기고 있었고 감성을 개발할 시간이 없었다.

> ↳ **'성공한 남자들'에 대한, 오해 없을 법한 설명 부탁드려요.**
> '성공한 남자들'이라고 말했지만, 당시엔 남자들이 주로 사회활동을 할 때라 그리 말한 거고, 요즘엔 '성공한 사람들'이라고 하는 게 맞겠지요. '성공'이란 사회적 요직, 경제적 성취 등을 그냥 줄여 말한 거예요. 이런 사람들은 목적 지향적이고 그 목적을 위하여 옆을 보지 않게 마련이지요. 볼 시간도 없고 볼 마음도 없다. 그래서 사회적 성공을 이뤘겠지만요. 연륜과 경력이 쌓였을 때 인생을 돌아보게 되고 여러 가지 생각을 하게 되더라고요. 특히 개인적인 삶이나 감성적인 면에서. 어디까지나 제 생각입니다.

이성에서 감성으로

성공과 사회적인 지위를 확보하기 위해 맺는 인간관계와 정서에 바탕을 둔 인간관계는 전혀 다른 법인데 굳이 후자의 관계를 맺을 이유가 없었기 때문이다. 자아를 상실하고 삶이 정지했을 때 만나서 이야기를 나눌 만한 사람이 드물다. 신 달자 시인이 말한 슬리퍼 신고 가서 아무 얘기를 나눌 친구가 없다.

여성은 감성이 풍부하여 마음 읽는 능력도 뛰어나고 희로애락에도 민감하여 자연의 변화를 느끼고 즐길 줄 안다. 혼자서도 인생을 충분히 산다. 반면 남자는 그렇지 못하다.

너무 오랜 세월 감성을 억제하고 무시하는 훈련만 해왔기 때문이다. 그러나 남자들도 감성의 힘을 가져야 한다. 이 시대는 3F 시대이고 감정 - Feeling, 가상 - Fiction, 여성 - Female은 주요 흐름이다. 말로만 감성을 가져보라고 할 게 아니라 일부러 시간을 내서 행동으로 찾으러 다녀야 한다. 내가 먼저 찾지 않으면 그 어느 것도 저절로 다가오지 않는 법이다.

전통문화최고위과정은 전통을 공부도 하고 감성을 느끼게도 하는 과정이었다. 공부는 잘 하시는데 감성이 익숙치 않으니 그 감성 키우려고 노력했다. 벌떡 일어나 '이산 저산 꽃이 피니 분명코 봄이로구나' 도 부르고 배 정혜 선생님 따라 전통 춤도 추었다. 배우는 과목 자체가 전통문화니 국악, 동양화, 살풀이 춤 등이 어우러져 있었다. 시각디자인 전공자 나야말로 항상 분석하고 파악하던 일에서 여유를 가지고 즐겁게 놀았다. 이성을 주장하며 살아왔던 나 스스로가 감성으로 바뀌어 갔다.

전통 공부도 하고, 감성도 느끼게 하는 방법에는 어떤 것이 있나요?
예를 들면, 전통에 대해 수업하면서 국악 연주를 꼭 넣거나 하는 방식이에요. 아쟁과 대금, 거문고를 한옥에서 들으며 감성을 느끼게 했어요. 가끔은 동양화가 모셔다 그림도 그리고요. 홍대 서양학과 고(故) 이두식 교수님은 전통 공부하러 온 사람들에게 초상화를 그려 주시기도 했습니다.

옻칠로 마음이 차분해진다

감성을 찾으며 점차 안정을 찾으며 이번에는 이성으로 뭉쳐진 남자들이 보였다. 그들에게 관심을 갖고 아픈 마음을 위로하고 싶었다. 남편 생각이 나서 더 그런 것 같다. 어떻게 안정을 찾느냐?

심리학에는 안정화기법이라는 것이 있다. 명상, 감정 읽기, 자연과의 교감 등으로 안정을 찾는 방법이다. 이성이 아닌 감성에 의존한다. 감성은 우리에게 필요에 따른 사랑이 아니라 자연스럽게 사랑이 흐르게 한다. 그야말로 눈에 콩깍지 쓴 사랑을 가능케 해준다. 만약 우리가 필요에 따라서만 24시간을 보낸다면 얼마나 비참한가? 겨우 생각하고 계산한 것이 이건가 싶을 테고 자신이 무능해 보이며 결국 비참한 기분만 들 것이다.

그러나 좋아서 그렇게 했다면 훨씬 위로가 된다. 좋아서 했다는데 무엇이 문제인가? 그런데 문제는 없는 감성을 억지로 만들어서 키울 수는 없다는 것이다. '감성으로 하자'까지 결론은 냈지만 그런데 다음은 어떻게 풀어야 하는가? 콘크리트처럼 굳어진 심장 속에서 감성을 꺼내는 방법을 찾아야 한다. 그 중 하나가 옻칠이었다.

옻칠은 안정화기법의 좋은 테마고 작업하면서 절대적으로 안정감을 만들어 준다. 세상사, 피할 수 없으면 즐기라고 한다. 어떻게 즐길 수가 있다는 말인가?

옻칠은 사포질로 시간을 보낸다. 자개를 붙이고 난각을 붙인다. 나는 알까기라고 부른다. 거기다 빨리 마르지도 않는다. 몇 번을 붙이고 갈고 말리고 또 붙이고 갈고 말리고. 반복되는 작업이 많다. 마음이 차분해진다.

> **선생님께서 생각하시는 심리학 안정화 기법에 대해 설명해 주세요.**
> 우리가 불안, 트라우마, 감정 폭발 등으로 어려울 때 정서적으로 안정을 되찾을 수 있도록 도와주는 심리적 자기조절 기술이에요. 주로 외상 후 스트레스 장애(PTSD)나 불안 장애, 감정 조절에 어려움을 겪는 사람에게 사용되지요. 호흡조절, 지면 접촉, 자기 위로 등의 방법을 사용하는데 옻칠이 딱 맞잖아요. 옻칠은 촉감으로 느끼며 평정심을 찾게 해 주니까요.

가만히 생각하게 한다

2004.8.2 점심에도 나에게 전화 걸어 '뭐 먹을까?' 했던 사람이 몇 시간 후 자살이라니 전 지구가 휘청거린다. 서 있을 수가 없다. 서 있게 하는 데는 옻칠의 단순노동이 큰 도움 되었다.

왜냐? 단순노동이 내 머리를 비우게 했기 때문이다. 자개 붙이기, 사포질하기, 끊음질 하기는 작업하면서 조용히 명상의 단계를 갖게 한다. 일단 자리에 앉게 하고 앉아서 시간을 보내게 한다. 느리다. 초를 다툴 일도 없고 결과를 빨리 알 필요가 없다. 아니 빨리 알 수가 없다. 마를 때까지 기다려야 한다. 끊음질, 주름질의 자개 공정은 절대적으로 시간이 걸린다.

명상한다고 어거지로라도 앉아 있을 판인데 옻칠 작업은 앉아서 시간을 보내게 했다. 그러면서 자신에 대한 생각을 하게 했다. 명상이다. K명상!

거기다 끝나고 나면 영롱한 광채의 옻칠이 남는다. 화학물질이나 인위적이지 않은 자연 옻칠 작업은 나를 편안하게 만들었고 자개라도 박으면 더욱 흡족했다. 나만 이런 옻칠기법에서 안정을 찾고 평안한 게 아니라 판사님, 회장님들도 같은 마음일 것이다. 거기다 그 세밀한 작업도 해내신다.

모두 툇마루에 앉아 소반 만들면서 하염없이 사포 치는 시간을 투자하는 것에도 놀랐지만 작은 것을 다루는 섬세함에도 놀랐다. 큰 것을 다루시는 분들은 그 크기만큼 작은 것도 다룬다. 호랑이처럼 강한 장군님이 여리여리한 코스모스 좋아하시고 메랑코리한 시 한 줄에 넘어가신다. 장군들에게 무기 로비하던 린다 킴이라는 여자는 그 심리를 알고 접근한 것 아닐까? 소반을 만들며 자개를 붙인다. 사포를 살살해야 자개가 건재하다. 잘못하면 학 다리도 부러지고 꽃잎도 떨어져 나간다. 그런데 그 세심한 공정을 해내신다. 자개기법 중 평탈기법은 어려운데 그것도 하신다.

'사포 친다'는 표현이 조금 낯설어요. 보통 '사포질한다'라고 하지 않나요?
사포로 면을 갈아낸다는 뜻인데 옻칠하는 사람들은 '사포 친다'라고 말해요. 옻칠하기 전 매번, 지난 과정에서 돌출한 부분을 사포로 갈아냅니다. 횟수는 옻칠하는 횟수와 같고 소반의 경우 7~8회 정도입니다. 1회 소요 시간은 소반의 크기에 따라 달라요.

어디가 하늘이고 어디가 물인지

자개는 붙이면 두께만큼 높다. 이를 사포치면 위에 올라온 자개가 없어질 확률이 높다. 평탈기법은 그 미세한 높이를 옻칠로 채워서 같은 높이가 되도록 한다. 칠하고 나면 같은 높이이고 다 같은 흑칠로 덮었으니 어디가 어딘지 알 수가 없다. 자개와 옻칠 바탕이 구별이 안 가니 김 민기 선배처럼 어디가 하늘이고 어디가 물이란 말이요. 그런데 자개 위만 깎아 내신다. 대단한 기술이다. 그 기술을 장인들께 여쭤 보았다. 기억해 가며 복잡한 문양을 깎아 내신다는 데 마음에 꽂히면 별것을 다 기억하는구나. 아이큐 150 멘사 클럽 회원이시네요. 그런데 최고위과정 학생 중에 김 회장님은 그 평탈기법을 하셨다. 기업체 회장님이라 그렇지 아니었다면 옻칠공장 가서 일류 기술자가 되셨을 분이다.

왜 같은 높이로 하는지 궁금하여 또 여쭤보았다. 자개가 약간 올라온 것이 입체감도 있고 조형적으로도 더 멋있는데 왜 굳이 평탈기법을 하냐고 여쭤보았다. 자개가 빠지지 말고 붙잡고 있으려면 옆에 옻칠이 필요하다고 하신다. 그렇게 세심하게 연구하여 내려온 것이 우리 전통 옻칠이다.

내가 돈암동 언덕 골동품 집에서 산 평탈기법 보석함은 400만 원이었다. 10원도 안 깎았다.

평탈기법은 무엇인가요?
자개는 두께가 있으므로 옻칠 보다 위로 올라와요. 올라온 부분만큼 골회나 옻칠을 여러 번 해 같은 높이가 되도록 합니다. 이렇게 해야 자개가 빠지지 않지요. 자개와 옻칠의 높이가 같아야 하므로 자개 등을 깎는 것이 어려워요.

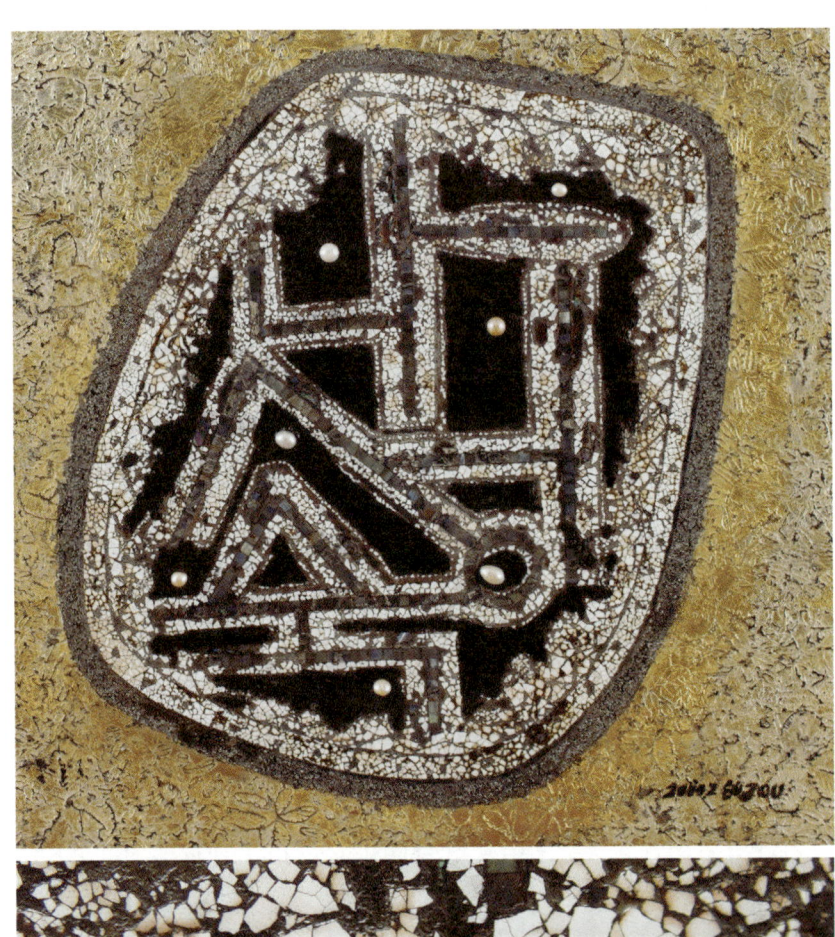

↳ 난각으로 표현한 나성숙 로고. 테두리 난각은 모래알보다 작다.

그때의 내가 놀랍다

이 작은 것을 다루는 기법에 난각기법도 있다. 한국에는 별로 없는데 중국과 베트남에서 많이 쓴다. 베트남 여행 갔다 오는 사람이 주로 사오는 꽃병과 접시에 붙어있는 계란 껍질 기법이다. 옻칠은 원래 흰색을 나타낼 수가 없어서 흰색을 표현하려면 계란을 이용한다. 계란 껍질 밑에 속껍질 벗기고 겉껍질을 자개처럼 잘라서 붙인다. 시간이 많이 걸린다. 내가 가본 중국 샤먼의 옻칠비엔날레에서는 벽면 전체가 난각이었다. 그 스케일과 노동력이 놀라웠다.

그 난각을 소주대학 있을 때 사친 교수님과 만들었다. 내 이름 로고를 이용한 작품인데 가장자리 골회를 두껍게 바르고 캠퍼스에 있는 풀을 뜯어다가 찍었다. 그 아름다웠던 호수 많은 캠퍼스에 자라던 풀들. 아마도 절대 잊지 말라는 뜻이었겠지. 로고 윤곽선을 참께 1/10만한 난각으로 붙였다. 지금도 저걸 어떻게 만들었나 의아스럽다. 분명히 내가 만들었는데… 나는 원래 조그마한 것 하고는 거리가 먼 사람이다. 끊음질이나 난각 같은 몇 mm 알갱이는 눈에 뵈지를 않았다.

꼭 이런 책을 쓰면 자기 자랑이 어디선가 나온다는데 드디어 자랑이다. 할 말이 있어서리.

나는 자리만 앉으면 회장이고 한 때는 '장'자리만 18개였다. 한국여성시각디자이너협회 회장, (사)국제아트앤디자인협회 설립, 미술과 비평 운영위원장, 국립중앙박물관 C.I 개발, 서울시청 앞 광장 디자인, 여수 엑스포 설계와 우수산업디자인(GD) 심사위원, 회원 500만명의 한국여성단체협의회 회계도 했다. 난각들이 웃는다.

난각기법에 대해 알려주세요.
달걀 껍데기를 잘게 부수어 옻칠 판에 붙여서 장식하는 기법입니다. 달걀 속껍질을 제거한 후 사용해요. 흰색을 표현하는데 자주 쓰이는데 한국보다 중국과 베트남에서 주로 사용하지요.

왼쪽 위에서부터

2000 세계그래픽디자인대회 유치

김종덕 전 문체부장관과 함께

북경 신화사 전시

Harvard 대학 Niemann Fellow

동아시아여성포럼 전시 한국여성개발원

Egypt Cairo 예술의전당 전시

다 소용없으니 하지 마라!

세계그래픽디자인대회(ICOGRADA) 실무위원, 세계여성대회 keynote speaker. Boston(2015), Ottawa(2006), Cairo(2008), London(2001), Helsinki(2000), Helsinki(2000), Nagoya(2001), Sydney (1999), Ankara(1997), Insbruck(2002)에서 해외전을 했다.

기라성 같은 위인들과 주고 받았던 이메일, 실크 드레스 떨쳐 입고 오프닝 파티하는 악수들. 사포질하는 손과 같은 손이다. 그 화려한 시절 떠 오를 때 드는 생각. 다 부질없다. 소용없다. 내 가슴 이리 저미도록 슬픈데 아무런 도움이 안된다. 옻칠처럼 만년 가지도 않는다.

나는 한국여성시각디자이너협회장 하면서 예술의 전당에서 협회전을 열었다. 디자인 협회가 예술의 전당에서 전람회 하는 것은 드문 일이다. 자랑스럽게 인사드리러 큰 외숙께 갔다. '다시는 이런 거 하지 마라. 이런 거 하는 교수, 연구 못한다.' '네. 이번만 하고 안 하겠습니다.' '그럴 리가 없다. 그것도 권력이라고 쯧쯧' 과연 나는 회장을 연임했고 그것도 부족하여 사단법인을 설립했다. 국제아트앤디자인협회. 현재 수원과학대 배 성미 교수가 회장이다. 과연 소용없다 하시고 그럴 리가 없다 하신 말씀은 세월 지나니 다 맞는 말이 되었다. 도리어 지금 이 순간은 깨알 같은 난각, 미세한 1500번 사포가 확실한 의미가 있다. 아직도 덜 익은 내 원시의 몸에 문신을 새기고 있다.

최고위과정 어른 학생들도 같은 마음이었다. 산전수전 다 겪고 거기까지 올라 가셨는데 0.1mm보다 작은 잔챙이에 손길을 준다. 우주와 지구를 다루시다 대천 해수욕장에서 모래알 뒤지고 계시네요.

↘
국제아트앤디자인협회에 대해 소개해주세요.
나는 2004년 (사)한국여성디자인포럼을 설립했고 그 후 남자 회원까지 확대해서 (사)한국정보디인포럼으로 변경했어요. 2015년 회화, 조각, 설치 분야까지 영역을 넓혀 국제아트앤디자인협회로 개명했습니다. 현재 배성미 회장이 맡고 있어요.

인연

20120311
Affinity
300×300mm

우리는 연결됐다

나는 최고위과정 하면서 나의 모든 것을 쏟았다. 너무나 슬퍼서 무엇인가를 할 수 밖에 없었다. 그 마음은 전해졌는지 학생과 교수가 한 마음이었다.

봉산재 현판식하고 첫날 누워서 하늘을 보았다. 그렇게 처절하게 슬프던 하늘에 희망의 별이 쏟아진다. 별을 보며 젊은 별들이 떨어짐을 막자고 다짐했다. 대학교수니까 항상 젊은 이만 보고 있으니 생각도 그리로만 갔다. 스스로 목숨을 끊는 10~20대가 연간 1700~1800명에 달하고 있었다. 이미 태어난 아이들에게 살아갈 의지, 동기를 주지 못하는 것이 한탄스럽다.

그러다 최고위과정을 하니 이번에는 어른 남자들 생각이 난다. 지금은 죽고 싶은 생각이 전혀 없다가도 갑작스럽게 큰 역경을 마주하면 그게 생길 수도 있다. 말하자면 살고 싶은 마음이 전경이고 죽고 싶은 마음은 저 뒤에 후경인데 언제라도 튀어나올 수 있다. 서로 들여다보고 안부를 묻는 것, 마음에 가둔 이야기를 들어 주는 것, 관심을 좀 갖는 것만으로도 자살을 막을 수 있다고 생명의 전화 50년 하 상훈 원장님께서 말씀하셨다. 그는 연결이 해결의 실마리가 될 수 있다고 강조하셨다.

그래서 최고위과정 하면서 깨알처럼 키운 정을 연결하고자 했다. 쌓인 정은 연결하면 힘이 생긴다. 외롭지 않다. 우리는 각자 사연은 다르지만 뭉쳐서 살았다. 여러 명이 같이 밥 먹고 소반 재료도 공동구매하고 전시회도 같이 다녔다. 기라성 같은 원우들과의 수평적 네트워크는 지금도 만나고 있고 서로 연결하는 근간이 되었다.

나는 약하다. 스티브 잡스가 말한 연결이다. 혼자 구멍 파고 들어가 연구한 깊이 있는 내용은 서로 연결함으로써 2배, 4배로 확장될 수 있다. 이 연결의 힘은 서로를 위로하며 퍼져 나간다.

생명의 전화 하상훈 원장님과의 인연이 궁금합니다.
2025년 3월 조선일보에서 생명의 전화와 하상훈 원장에 관한 기사를 읽었어요. 만나고 싶어서 직접 찾아가서 만났습니다. 너무 오랜 세월 무심했다는 생각에, 또 지금은 벗어나서 담담히 만날 수 있다는 생각에 찾아 갔지요.

2·2 그 뿌리 끝에 가닿고 싶다 - 금박

봉산재를 빈집으로 둘 수 없어서 시작한 최고위과정은 사람 모으기였고 사람 모으기의 1번은 사랑이리라. 원우들은 당장 안다. 사랑하는지 안 하는지를. 이성 간의 사랑은 아니고 전통에 대한 나 성숙의 사랑을 금방 안다.

전통에 대해 석사나 박사처럼 학위 취득도 아니고 자격증반도 아니고 같은 관심사로 모인 사회 지도층 인사들이다. 원장 여교수가 무료로 자기 개인 한옥 열어주고 목구멍 터지게 판소리 해대니 감격했을 것이다.

사랑의 기본은 존재다. 사람이 없는데 무슨 사랑이 성립하겠는가? 남편 가고 나서 존재의 중요성을 뼈저리게 느꼈고 남편 대신에 이분들이 온 것 같았다. 살아있는 학생 한명 한명이 내게는 사랑이었고 전통을 알고 느끼게 하려고 노력했다. 그러면서 손으로는 소반에 옻칠 작업했다. 4년을 했다. 수업 시간은 즐거웠고 나는 사람들 속에서 슬픔을 잊어가며 꽃잎 뒤에 스러지던 꿈들을 챙겨 나갔다.

큰 외숙 말씀대로 '뜻이 분명하면 사람과 돈은 모인다. 두려워하지 말아라' 이만큼 했으면 됐다. 공부를 더 하자. 소주대학으로 떠나기 전에 금박을 알았다면 더욱 금상첨화였을 텐데 하는 생각이 들었다. 그러나 아무도 그 말해주는 사람이 없었다. 옻칠도 생소한데 금박은 더욱 생소하다. 나는 혼자서 독학으로 공부했다. 금박을 옻칠로 붙인 것으로 금박칠기라고 한다. 옻칠로 그림을 그린 후에 금박 붙인 것은 금박화라고 한다. 또 음각한 후에 음각 속에 금박을 상감한 것을 침금이라 하는데 금박화의 일종이다. 금분화는 칠로 그림을 그리고 마르기 전에 금가루를 뿌려 그린 그림이다.

소주 대학에 대해 다시 한번 설명해 주세요.
중국 쑤저우(소주)에 있는 대학이라 그냥 '소주 대학'이라고 말하곤 하는데요.. 소주공예미술직업기술학원(蘇州工藝美術職業技術學院, www.sgmart.com) 장식예술계(裝飾藝術系)에서 옻칠을 수학했습니다.

금박에 몰두하다

오랜 역사 옻칠은 방법과 과정과 종류가 무척 많다. 그 중에 내가 가장 관심을 갖는 분야다. 옻칠도 만 년을 가는데 금도 안 변한다. 그러니 옻칠로 금을 붙이면 영원할 것이고 실제로 고구려 불상이나 백제 금동 대향로에서 보여진다. 전국 그 많은 사찰에 모셔진 부처님은 금덩어리가 아니고 표면만 금박을 붙인 것이다. 저렴한 가격으로 금덩어리가 되니 경제적이다. 금박은 순금이니 변하지 않는다.

그 화려한 어른들이 금을 수업했으면 최고위과정과 어울렸을 것인데 안 한 이유는 금작업이 어렵기 때문이다. 금박 붙이기는 전 단계가 완벽해야 하고 시간도 많이 걸리고 훈련된 기술력도 필요하다.

나는 금박을 정식으로 공부하지 못했다. 혼자서 공부하면서 많은 시행착오를 거쳤다. 가르치는 학원도 없고 사찰에서 개금하는 날은 연락을 다 했음에도 들어가지도 못했다. 그러나 혼자 공부하면서 워낙 치밀하고 고밀도여서 세상 만사 잊고 몰두할 수 있어서 좋았다.

용광로의 뜨거운 열정이 아니라 망치면 돈이 많이 나가니까 집중해야 한다. 1/10,000mm 두께라서 조심스럽게 다뤄야 하니 숨도 크게 못 쉰다. 재채기하면 금박이 날아간다. 밑바탕 옻칠 마르는 것도 너무 굳으면 안 붙고 너무 물컹하면 반짝거리지 않고 뿌옇다. 시간 조절 잘해야 하고 나중에 터는 붓도 금 털어내는 고운 붓으로 해야 한다.

'개금'이라는 게 무엇을 말하는 건가요?
사찰에 모셔진 불상은 세월이 흐르면 마모되고 오염돼요. 이를 개금(다시금 금칠하다), 즉 금을 다시 입히는 작업을 합니다. 처음에 하는 작업은 도금 작업이라고 하고요. 전체적으로 불상의 표면을 사포로 벗겨내고 옻칠하고 금박을 다시 붙이는 작업이에요.

1회	2회	3회	4회					캬슈 개금
1회		2회	3회	4회				싸이트 개금
1회	2회	3회	4회	5회		6회		정제칠 개금
1회	2회	3회	4회	5회	6회	7회	8회	생옻칠 개금

↳ 개금작업 밑에 무엇을 칠하느냐에 따라 금빛이 다르다.
금박 정리 2021.3.17

도금공 시험에 도전 중

혼자 하다 벽에 부딪쳐 국가유산수리기능자(도금공) 자격증 반에 들어가 옥 승호 선생님께 배웠다. 알고 보니 금박은 금박 붙이는 것도 중요하지만 밑바탕 재료를 무엇으로 하느냐에 따라 나중에 금빛도 틀리다. 오 세종 금박장 공방 답사 갔을 때 벽에 걸어놓은 사례를 보면서 한 단계 위를 차츰차츰 알아 나갔다. 금박도 잘못 붙이는데 거기다 밑바탕 따라 달라지는 금 색깔을 보며 나는 언제나 완벽하게 할까?

이렇게 어려우니 시험에 떨어졌다. 내 평생 유일하게 떨어진 시험이다. 국가유산수리기능사 자격증 시험(도금공). 시험 날 드라이어 안 가져간 것은 핑계이고 아직 숙련이 덜 되었다는 증거이리라. 그 과정은 ① 석고로 나온 부처상을 사포치기 ② 아교 포수하기 ③ 헤어 드라이어로 말리기 ④ 생칠하여 칠장에 넣고 말리기 ⑤ 사포치기 ⑥ 1차 흑칠하고 칠장 넣기 ⑦ 마르는 동안 금박 잘라 놓기 ⑧ 2차 흑칠하기 ⑨ 눈, 코, 입. 칠과 세필 준비 ⑩ 금박 붙이기 ⑪ 눈, 코, 입 그리기. 매일 밤 연습 했다. 한번 연습하는데 7시간 걸린다. 낮에는 손님들 오니까 밤 11시부터 다음날 6시까지 연습. 자다가 깬 아줌마가 묻는다. "교수님 뭐 하세요?" "음. 시험준비." 떨어졌지만 재도전할 것이다. 73세가 자격증 따러 재수한다니 망령인가 하겠지만 끝까지 도전해 보려고 한다. 그래도 나이 제한 없어서 다행이다. 시각디자인 전공자가 한 번에 붙으면 이상하겠지요. 중학교도 입학하기 전에 시작한 사람하고 60살 넘어 시작한 사람하고는 이미 투자한 시간이 다르다. 경륜 짧은 신인상은 없는가?

국가유산수리기능사 자격증 시험(도금공), 어떤 시험인가요?
연 1회 국가유산청에서 진행하는 자격증 시험. 12개 분야가 있고 이 자격증이 있어야 문화재를 수리할 수 있어요. 목공, 석공, 단청, 칠공(옻칠), 전적공(고문서), 와공(기와) 등 여러 분야가 있는데 도금공도 그 가운데 하나지요. 필기로 전통기술 개론, 재료학, 관련 법규 등을 시험 보고, 실기로 해당 분야의 수리·제작 실습을 합니다. 어려워요.

ᒐ 석고상 아교 바르기. 2021.3.10
옻칠이 적당히 굳으면 금박을 올린다. 2021.3.27

↙ **중국 조칠, 일본 마키에, 한국 자개 작업…. 어떻게 다른가요?** 중국은 여러 단계 옻칠을 하고 조각 하듯
이 깎아내는 조칠기법에 능합니다. 일본은 금가루를 대나무 통에 넣고 한쪽을 망사로 막고 나오게 하는
마키에 기법으로 금을 뿌리고요. 한국은 자개 작업이 으뜸인데 주름질과 끊음질 기법이 탁월합니다. 또한
통영 앞바다 자개가 품질이 좋고 전복이나 소라를 가공하는 기술이 세계에서 으뜸입니다.

금박에 몰두하다

2024년 6월 일본칠공협회 제31회 '漆의 美' 공모전에서 신인상을 받았다. 별을 쥐어 보겠다고 개구리가 바다를 알아보겠다고 뜻이 있는 곳에 길이 있다고 열심히 했더니 하늘이 감동했는지 잠든 별 깨우고 있다.

2023.2.23 한국인 회원은 한 명도 없는 일본칠공협회를 찾아갔다. 얼굴도 모르는 회장님께 이메일 보내고 관계자 4명을 만나러 갔다. 하도 나 성숙은 가짜라고 시달리니 넓은 세계로 나가 보자. 옻칠의 종주국을 뒤졌다. 옻칠의 메카 일본은 옻칠학과가 18개다. 우리나라는 단 하나의 학과도 없다. 숙대와 한남대, 신라대 등에 코스로만 있다.

일본은 옻칠 종주국답게 협회도 많다. 가장 크고 오래된 대표격 일본칠공협회로 연락했다. 가죽 코트에 모자까지 챙기고 흐드러지게 멋 내고 갔다.

그 후 서로재 학생 20명이 입회했다. 이 또한 연결이다. 중국은 조칠, 일본은 마끼에, 한국은 자개 작업이 탁월하다. 서로 연결하면서 배우고 싶었다. 그러나 2023.11.25 아침 8시. 뇌출혈로 응급실에 실려 갔다. 2024.1.20-26 전시회 출품하고 가죠엔과 동경예대 탐방하려고 여행사도 정했는데 뇌출혈이다. 그래도 작품은 미리 만들어 놓아서 일본인 사위가 들고 가서 출품했다. 원래부터 상을 노린 것은 아닌데 대장이라서 대작했더니 신인상을 받았다. 부상으로 금박이 왔다. 그것으로 연습해서 내년에는 꼭 합격하리라! 칭찬은 고래도 춤추게 한다고 금박으로 신인상 받은 사건은 집중해서 금 작품 하라는 명령 같았다. 5000년이나 내려온 옻칠은 방법이 그 세월만큼 다양하고 그 중에는 한국 작가가 한명도 없는 기법도 있다. 내가 금 작업을 심도 깊게 해 보자!

> **왜, 누가 '나성숙은 가짜'라고 하나요?** 옻칠 분야엔 진정성이 떨어지는 작업을 하는 사람도 있긴 해요. 비싼 옻칠 대신 싼 캐슈로 칠하는 사람도 있고, 광내는 작업도 힘드니까 우레탄을 바르는 사람도 많아요. 전통 옻칠 기법을 따르지 않고 저렴하고 빠르게 하려는 방법인데 '가짜'라는 말로 하대하죠. 나는 100% 천연 옻칠을 사용하고 제작 과정도 전통 방식을 따릅니다. 다만 다른 것이 있다면 조형 의식으로 디자인해서 옻칠을 현대에 맞게 재해석했지요. 그 다른 점을 '가짜'라고 생각하는 사람도 있나 보죠, 뭐.

일본칠공협회 주관 31회 '漆의 美'전 신인상 2024.6.28

터득한 방법을 나누다

금박 기술은 배울 학교가 별로 없다. 가나자와 금박 공장을 가도 안 가르쳐주고 사찰에서의 개금 작업도 비밀이다.

유튜브로 배운다고? Oh, no! 옻칠하는 많은 기법이 유튜브로 가능해도 금 다루는 것은 불가능하다. 그 얇은 금을 어떻게 영상물로 체험하는가? 잘 때마다 침금, 마끼에 기법 등 일본 장인의 유튜브를 열심히 보지만 두께도 농도도 알 수가 없다. 1/10,000mm 두께는 경륜이 절대적으로 필요하다. 그래도 내가 터득한 찻잔에 금박 입히는 방법은 다음과 같다.

① 표면에 잡티 등이 있는 경우 사포 1500번으로 물을 사용하여 다듬기. 금박을 붙이면 잡티가 다 보인다.

② 금박지를 깔끔한 칼로 바르기 쉽게 사다리꼴로 잘라주기. 단칼에 잘라야 한다. 안 그러면 가장자리가 지저분하다.

③ 정제칠을 조금 짜서 화장솜 혹은 면천에 묻혀 찻잔 원하는 부위에 바르기. 찻잔에도 정제칠에도 먼지가 없어야 한다. 정제칠이 일종의 아교 기능을 하는데, 얇게, 아래 칠 상태가 광이 날 정도로 티끌 없이 반짝거리게 발라야 한다. 여기가 중요한데 아래 칠에 광이 안 나면 금박도 광이 안 난다. 부처님 금박에서 옷은 반짝이고 피부는 안 반짝이는 것은 바탕이 다르기 때문이다.

④ 특수장갑 끼고 대나무 핀셋으로 겉지와 금박을 찻잔에 붙이기. 겉지 종이 위를 붓으로 박박 문질러서 공기나 틈새가 없게 붙인다. 유화 붓처럼 빳빳한 붓으로 해야지 너무 부드러운 붓으로 하면 눌리지 않아서 잘 안 붙는다. 겉지를 떼어낸다. 금박은 아래서 위로 붙여 가도록 한다. 위부터 붙이면 금박 가루가 아래 떨어져서 표면이 매끄럽지 않다.

⑤ 먼지 피해 말리기.

사포 1500번으로 물을 사용하여 다듬는다는 게, 어떤 작업인가요?
사포 번호 600번을 넘어가서 사포가 미세해지면 물을 뿌려 가면서 사포질합니다. 표면이 더 매끄럽게 되고 작업 시간도 절약되지요.

북촌의 산

202012
Bukchon Mt.
300×300mm

귀티가 나고 운이 트이는 금

나는 금을 작품에 자주 사용했다. 은도 사용했다. 금박, 은박은 비싸지도 않고 개금작업 아니면 재료 상태로 작품 제작용으로 사용 가능하다.

동경에는 금박 취급하는 가게가 많고 금박도 금색이 다 다르고 크기도 다르다. 2중으로 붙여 놓은 금박도 있고 반짝이는 정도도 틀리다. 금가루도 반짝이는 정도가 다 달라 어떤 금가루는 가금가루보다 덜 반짝인다.

나는 가장 반짝이는 금박으로 작업한다. 광택 나라고 만들었으므로 가장 효과적이다. 삼베에 골회바르기로 산을 그리고 그 위에 금박을 붙이기도 하고 도자기에 옻칠하고 금박도 하고 작품이 기운 없을 때 붙이면 화려한 장식성과 함께 귀티가 난다.

거기다 사업하시는 회장님들은 금 작품을 선호하신다. 인품도 훌륭하신 태양금속 한 우삼 회장님은 2012년 '황금소나무'를 구매하셨는데 다음 해에 금탑산업훈장을 받으셨다. 금거북이 해 드릴걸.

'골회'가 무엇인가요?
황토와 물을 섞어 반죽을 만들고 생칠을 1:1의 비율로 만듭니다. 원래는 골분을 사용해서 골회라 하는데 요즘엔 흙을 쓰니 토회라고도 해요. 칠 주걱을 사용하여 나무나 삼베를 붙인 면에 편편하게 바르는 과정입니다.

2·3 돌아서 속으로 우는 소리 – 존재, 킨츠키

이렇게 세밀하고 고급의 기술력을 터득하려면 많은 기간과 에너지가 들어간다. 집중하면 그만큼 고통을 잊을 수 있다. 내가 그 어려운 시절을 그냥 잊었겠는가? 나는 니만 펠로우 출신이다. 물론 남편 덕분이지만 Harvard 대학 Niemann Fellow 1998 class 초청장과 수료증이 있다. 언론인 연수기관인 Niemann Fellow는 전 세계 12개 나라만 뽑고 집도 주고 등록금도 준다. 9.11이나 코소보 사태가 벌어지면 즉각 소집한다. 한국에 Harvard 총장 오시면 초대되어 롯데호텔 꼭대기 방 라운드 테이블에 앉는다.

그 자긍심은 나를 깊이 있게 만들었다. 옻칠에 대한 연구를 깊이 하면 방법이 매우 많다. 5000년이나 전수되어 내려왔으니 기법도 많고 같은 기법이라도 심도에 따라 다르다. 궁금도 하고 알기도 해야 하고 거기다 깊이의 정도를 알아야 하니 많은 시간을 할애했다. 그러는 동안 그 시간은 도리어 나를 찾는 시간이 되었다.

큰 외숙께서 꿈을 가지라 하시고 양 승춘 교수님 전통하라 하셔서 마음도 정하고 테마도 정했지만 하루 아침에 뚝딱 정리된 것은 아니다. 전시 준비로 작품 하며 사포질하며 속으로 생각을 많이 했다. 무념무상으로 단순노동 하며 일상 잡사를 잊어 나갔다. 점점 깊이 들어가면 명상의 차원이다. 그러나 종착은 또 남편 생각이다. 참선하는 분들 화두처럼 그 생각만 난다. 남편은 왜 갔을까? 가장 아쉬운 것은 그를 잘 몰랐다는 것이다. 허공이라도 붙잡고 싶고 그가 이리도 귀중한 존재였다는 후회가 뼛속까지 스며들지만 되돌릴 방법이 없었다. 다시는 그러지 말자.

하버드 니만 펠로우십(Nieman Fellowship), 어떻게 경험하셨나요? 하버드대학교 니만 재단이 주관하는 세계적 저널리즘 연수 프로그램으로 전 세계 언론인에게 1년간의 연수를 제공합니다. 내가 갔을 때는 전 세계 12개국 언론인이 대상이라고 들었어요. 최소 5년 이상의 전문 언론 경력을 가진 기자, 편집자, 사진기자, 프로듀서 등 다양한 언론인을 대상으로 합니다. 니만 펠로우십 출신 언론인 가운데 퓰리처상 수상자가 60여 명 정도로 세계적 저널리즘 연수 프로그램이에요. 재단에서 집과 등록금을 제공하며 자녀와 배우자도 수학할 수 있다는 점이 아주 좋았지요.

서로재이야기2 한국공예디자인진흥원 2023.10.1~15

알면 일어설 수 있다

나는 최고위과정 하면서 성공한 남자들을 많이 만났다. 수업 듣다가 멍하니 하늘을 보는 분이 계셨다. 가슴이 선뜩하다. 남편이 간 후 중년 남자들에게 부족한 것이 무엇이었을까를 고민해 보았고 비슷한 사람 나타나면 긴장된다. 제2의 그가 나타나면 안 된다.

최고위과정은 1년 과정이다. 여행도 가고 강의도 듣고 식사도 하다 보니 어느 정도 그들이 보인다. 어떤 말에 예민하고 신경을 곤두세우는지 어디서 즐거워하고 자부심을 느끼는지를 안다. 일단 그 사람의 문제를 연구했다. 말을 안 하니까 주변을 살피고 앞으로 터질 일들을 예측하고 아픈 곳의 해결책을 연구했다. 고민에 휩싸인 어른 남자 옆에서 스스로가 발견할 수 있도록 도왔다.

살면서 한 번도 고통을 느껴보지 못한 사람은 인생을 헛살았다고 할 수 있다. 좌절을 느낀다는 것은 곧 좌절할 대상이 있었다는 뜻이고 좌절한 이유를 알고 있기 때문에 회복도 가능하다. 그동안 일만 하느라 놓친 것들을 찾고 알아보고 복원하기 시작할 기회다. 경주마가 아니라 다시 초록 망아지로 돌아갈 수 있는 소중한 시기인 것이다. 알면 일어설 수 있다.

나는 먼저 멍석을 깔아 주었다. 이미 어른으로 성장한 우리는 공감대가 있기 때문에 스스로 발견할 수 있는 것 같았다. 그러나 스스로 발견하는 일은 겨울 강가에서 연꽃 찾는 일이었고 그들은 경험치가 전연 없었다.

그래서 결국 내가 다가가 주었다.

최고위 과정은 보통 1년인가요?
개설돼 있는 대학마다 다릅니다. 종류도 많고 기간도 다양하지요. 제가 개설하려고 생각한 최고위 과정은 1년이 적당했어요.

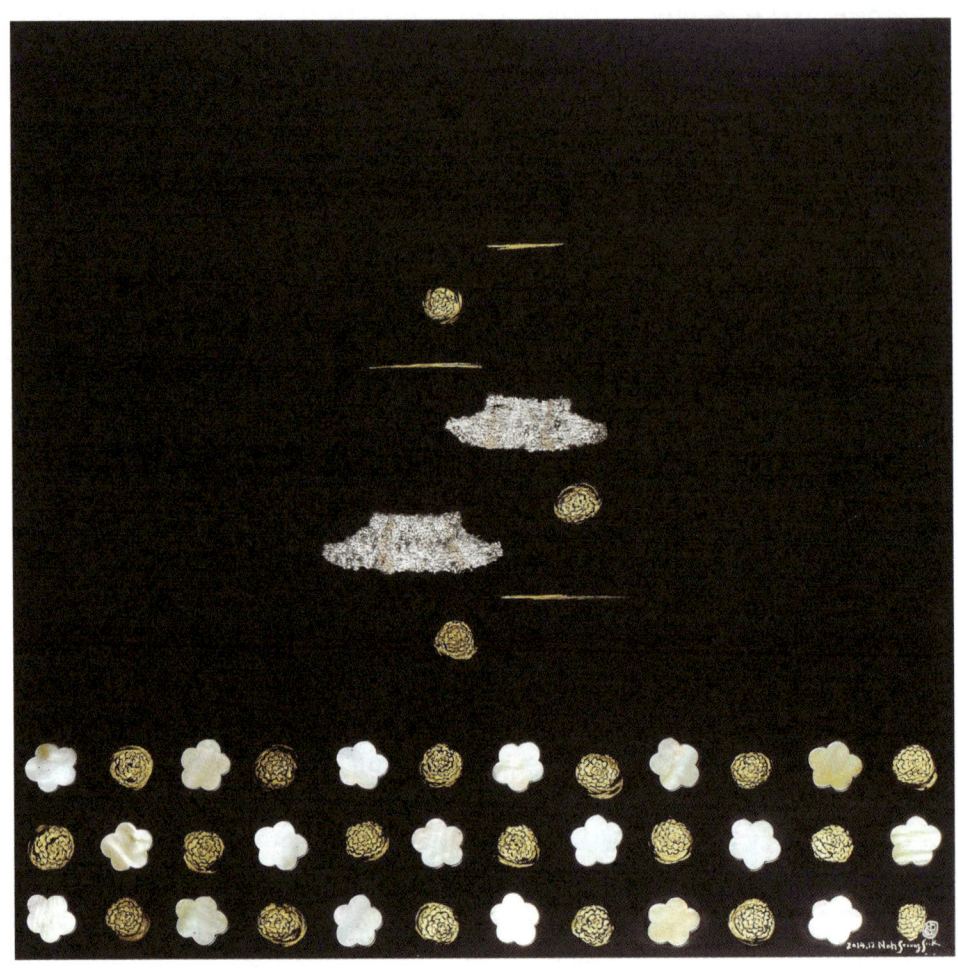

모란꽃 향연

201412
Peony festival
600×600mm

말의 길을 트다

돌아서 나를 기다리고 있는 사람들, 누군가가 다가와 줄 것을 기대하는 사람들에게 내가 갔다. 그들은 누구의 도움을 받아야 할지 생각해 본 적도 없고 찾아 나서지도 않는다. 그저 나타나기만 기다리며 자기 혼자서 외딴 섬에서 흰 손수건 흔들고 있다. 남자들은 말을 하지 않는다.

솔직한 대화를 하지 않는 것은 남자들의 전형적인 특성이다. 남자들은 자라면서 은연중에 성적인 생활, 육체적인 건강, 더욱 정신적인 문제는 상의하지 말라고 교육받았다. 또 말 하지 않는 것이 남자다운 것이고 강한 것이고 나라와 한 시대를 이끌어가려면 과묵해야 한다고. 그러기에 상담 같은 것은 절대로 받지 않고 정신과 이야기는 꺼내지도 못한다. 그러나 나는 바꿀 수 있다고 믿었다. 왜? 그들도 그렇게 혼자 힘들게 외딴섬에 있기를 원치 않는 것을 알기 때문이다. 기다리고 있는 남자 어르신들께 소반으로 다가갔다. 묵묵한 남자들이 소반 만들고 단순노동 하면서 마음이 점차 풀리고 서로가 주고받으며 소통하는 것을 보았다. 언로가 터진 것이다.

처녀 때 서울여대 학생들과 농촌 봉사를 갔었다. 호미 들고 고추밭을 맸는데 얼마나 힘이 들던지… 앞으로 가기도 힘든데 뒤로 뒷걸음치며 다시는 안 한다. 안 해! 그런데 이상하다. 자꾸 궁금해진다. 내 손길 간 고추가 궁금하다. 어떻게 잘 자라고 있나? 살았나? 죽었나?

드디어 수확의 가을, 연애 시절이니 이 병규 기자와 같이 갔다. 탱탱한 햇살 밑에 고추는 시뻘겋게 늠름하고 뿌듯하게 자라고 있었다. 인간의 손질, 노동, 정은 무한한 가치를 갖는다. 서로를 연결시켜 준다. 그래서 우리의 전통은 귀중하다.

연애 시절 이야기, 들려주세요.
나는 한국일보에 1977년 입사했어요. 남편은 1979년에 입사했으니 후배지요. 7년 연애하고 1986년에 결혼해서 딸 둘을 낳았어요.

북촌 꽃밭

202308
Bukchon Garden
300×300mm

그냥 좋아서 해

옻칠도 그렇다. 언니, 동생, 해외에 있는 친척에게 준다고 만들었다가 자기가 갖는다. 아깝다는 것이다. 정들었다는 것이다. 석 진순 회장님도 선물한다고 여섯 개를 만드셨는데 결국은 본인이 모두 가지셨다.

옻칠이 아무리 좋다고 해도 싫으면 안 한다. 옻칠하고 사포 치면서 무슨 생각을 하셨냐고 여쭤보면 빙그레 웃으시면서 '아무 생각 안해'. '그냥 좋아서 해' 하신다.

그냥 좋아서 해….

최고위과정이면 감성보다 이성이 우선인 사람들이다. 그러나 지금은 감성으로 변해 가고 있다는 증거다. 그냥 좋아서 해…. '그냥 좋아서 해'의 좋아할 대상을 만났다는 것이 어디인가?

나는 평소에 남자들은 모두 <u>바지저고리</u>라고 생각했다. 내 친구 남편들은 위인들이 많다. 부총리, 검찰청장, 비서실장 등 그 위인들 뒤에는 내 친구인 여자가 있다. 그 역할이 지대하다고 항상 칭찬했다. 남자들은 모두 땅만 보고 일만 하고 있다. 그래서 남자는 뜻밖의 어려움을 당하면 누구나 자신의 존재 가치에 대해 의심한다. 감성적인 훈련을 하지 않은 남자들은 여자보다 더 심한 몸살을 앓을 수밖에 없다. 바로 이 방황을 이해해 줄 사람이 필요한 것이다. 보통은 '안의 해' 아내가 담당하지만 이도 저도 안되는 남자는 사람 대신에 다른 방법을 찾는다. 옻칠 소반이 그 방법 중 하나였다.

옻칠 소반 만들기! 성공한 남자들에게 이게 말이 되는가? 옻칠 소반과 성공한 남자의 안 어울리는 연결은 훌륭한 방법이 되었다.

↘ <u>남자들은 바지저고리? 선생님, 이게 무슨 뜻인가요?</u>
하하. 남자들은 허수아비고 아무것도 모른다는 얘긴데, 써도 되려나? 일만 하느라고 다른 것은 잘 모르기도 하잖아요. 부인들이 재테크, 육아, 노후 문제까지 모두 현명하게 풀어 나가니까. (물론 요즘 남자들, 남편들은 전혀 다르지요? 달라야 하고요!)

푸른비북촌

20112
Blue Rain Bukchon
450×580mm

있기만 해도 족하다

아무리 봐도 고민남인데 말을 붙이고 생글거려도 무뚝뚝하다. 반응도 없다. 대화를 위하여 그렇게 노력하는 데도 마음을 안 여는 남자들에게 내가 지금 뭐하고 있는 것인지… 결국 나는 텅 빈 보리밭에서 혼자 떠드는 종달새가 되었다. 멀쑥하다. 2~3번 시도하다 다른 방법을 찾는다. 어떻게 하는가? 그대로 둔다. 고민 있는 것 뻔하고 조언이 목까지 올라와도 말하지 않고 가만히 있었다. 말이 없으면 없는 대로 있으면 있는 대로 내 앞에 있는 그 사람을 그 사람 자체로 대했다. 대신 소반 만들기만 시켰다. 사포질만 하라고 했다. 사포는 장애자만 아니면 누구라도 할 수 있고 대체적으로 좋아했다. 투자한 시간만큼 결과물도 나온다. 그것을 인정해 주면 된다. '잘 하셨어요. 어쩌면 이렇게 잘 하세요. 소질이 있으신 것 같아요.' 그저 그를 인정했고 되도록 결과물을 칭찬했다.

욕구 중 가장 큰 욕구는 인정 욕구다. 단순하게 기초에 해당하는 인정이지만 있는 자체를 인정했다. 나를 살게 한 큰 외숙도 나를 인정했다. 쥐구멍이 어디냐인 나를 구멍 밖으로 나오게 한 것은 나를 인정해 주신 것이다. 아니 살고 있다는 자체를 인정한 것이다. 죽지 않고 살아있다는 거. 그러나 관심은 보여야 한다. 그도 그것을 읽는다.

상대는 내가 존재의 이유로 있기만 해도 족하다는 것을 안다. 누군가 들여다보고 있다는 관심만으로도 족하다. 소반 만들기는 말이 없다. 그러나 소반이라는 매개체로 읽을 수 있고 느낄 수 있다. 따뜻하게 전달된다. 중간 다리 역할인 소반이 고마웠다.

> ↘ **욕구 중 가장 큰 욕구는 인정욕구라고 생각하시는 이유가 있나요? 생존 욕구가 제일 큰 거 아닌가요?**
> 요즘엔 생존 차원의 욕구는 기본적으로 채워지는 것 같아서요. 먹고는 사니까. 이제는 인정받고자 하는 욕구가 무척 큰 것 같아요. 매슬로의 욕구 단계이론을 생각한 말이긴 해요.

↳ 서로재 마루에서 금박 작업
2022.8.12

존재만으로도 기쁨

"중년의 남자가 여기까지 온 것만 해도 큰 기쁨입니다. 남자로 태어나 성대하게 돌잔치 했을 것이며 여자보다 더 큰 기대와 배려 속에서 학창 시절을 보냈고 청년과 장년이 되었습니다. 중년이 되어 그동안 받아온 기대와 사랑이 커다란 부담으로 변한다고 해도 그것은 달리 생각해 보면 그동안 살아온 기간과 앞으로 남은 시간 사이에서 다시 한번 삶의 가치를 확인해 보라는 신호와 다름 없어요."

자신의 삶을 성찰할 수 있는 사람은 역경에 처하더라도 조금 덜 절망하며 좀 더 적극적인 자세로 새로운 길을 찾을 수 있다. 삶의 가치라는 게 별게 아니다. 내가 숨 쉬고 있다는 것, 그것만으로도 우리의 삶은 기쁨이어야 한다. 최고위과정에서 고민하고 외로워하는 남자 어른들을 보면서 살아있음을 상기시키고 심장이 뛰고 있음을 각인시켰다. '존재의 이유'만으로도 충분히 가치가 있다고 누누이 말했다. 남편이 안 갔다면 이 사실을 알았을까? 한 문이 닫히면 한 문이 열린다.

나는 이미 안다. 살아 있는 존재 밑에는 무수한 문제가 있다는 것을. 높으면 높을수록 더 많다. 문제 있음을 인정하고 내버려두고 존재만 마음에 두기를.

금박 공부하면서 겉은 화려한 금이지만 그 밑은 검은 옻칠이라는 것을 배웠다. 옻칠이 없으면 금이 안 붙는다. 밑부분 검은 옻칠은 붙이는 역할도 하고 금이 반짝이게도 한다. 문제 있음을 인정해야 한다.

↘
옻칠이 없으면 금이 안 붙는다? 는 어떤 이유에서 인가요?
옻칠은 강력한 접착제입니다. 자개, 달걀 껍데기, 금박 등을 붙이고 고정합니다. 썩지도 않고 영구 보존됩니다.

↙ **킨츠키에 대해 알려주세요.**

깨진 그릇의 깨진 면을 호칠(옻칠과 찹쌀풀로 섞어 만든 칠)로 붙이고 그 위에 금가루를 뿌리는 기법이에요. 일본에서 성행하고 있지요. 깨진 부분의 금가루는 깨진 선을 더욱 아름답고 화려하게 만들어요. 깨진 선은 옻칠로 붙였으므로 절대 불변하고 안전하지요. 새 기물보다 킨즈키로 수리한 기물이 더 아름답다고 느껴지니 참 신기하지요?

킨츠키

몇 년 전부터 킨츠키가 붐이다. 도자기는 호칠로 붙이는 것이 가장 단단하다. 서로재도 킨츠키를 개설했다. 일부러 멀쩡한 도자기에 균열을 내고 작품하는 세계적 작가 이 수경 작가도 있다. 책 쓰던 어느 날 교회를 갔다. 2025.2.23. 일. 로고스선교회 주보에 킨츠키가 실렸다.

'도자기는 충격에 약해 쉽게 깨지고 재활용이 어렵습니다. 하지만 일본 전통 공예 기법인 '킨츠키'를 통해 깨진 도자기를 새로운 예술 작품으로 재탄생시킬 수 있습니다. '킨츠키'는 '금으로 잇는다' 는 뜻으로 금가루와 옻나무 수액을 섞은 접착제를 사용해 균열이 생긴 도자기를 복원하는 기법입니다. 이 기법은 15세기 아시카가 요시마사 쇼군의 일화에서 유래했습니다. 쇼군은 자신이 아끼던 찻잔이 깨져 찻잔이 만들어진 중국에 보내 수리를 맡겼으나 철사로 엉성하게 묶인 채 돌아온 것을 보고 크게 실망했습니다. 그는 일본 장인들에게 다시 복원을 맡겼고 장인들은 옻칠과 금박을 활용하여 깨진 부분을 더욱 아름답게 살려냈습니다. 이것이 바로 '킨츠키'의 시작입니다. 킨츠키는 깨어진 부분을 감추는 대신 오히려 금으로 장식하여 불완전함을 있는 그대로 받아들이고 그것을 더욱 아름답게 승화시키는 철학을 담고 있습니다. 복원된 도자기는 단순히 수리된 제품이 아니라 장인의 정성과 기술이 깃든 예술 작품으로 인정받습니다. 우리의 삶도 때로 예상치 못한 상처와 좌절로 깨진 도자기처럼 무너지곤 합니다. 하지만 이러한 아픔과 시련을 지혜롭게 극복한다면 그 상처는 단순한 흉터가 아닌 우리를 더욱 단단하고 가치 있는 존재로 만드는 빛나는 흔적이 될 수 있습니다. 삶에서 마주하는 균열과 아픔을 긍정적으로 받아들여 더욱 아름답고 강인한 사람이 되길 소망합니다.'

로고스 선교회는 선생님과 어떤 인연이 있나요?
2015년, 큰외삼촌, 강석규 호서대 설립자께서 작고하셨어요. 나를 다시 살게 하신 분이죠. 로고스 선교회는 그분이 설립한 단체예요. 문상을 다녀와서 로고스 선교회를 찾아갔어요. 작은 은혜라도 갚는 마음으로…

제 3 장

척박한 흙 위에 던져진 혼불

3.1
맑은 뿌리는 동쪽에 두고 – 부모, 남편

3.2
강물 한 켠에 오두막 짓고 – 사랑

3.3
함께 울었을 눈물인 여자를 보아라 – 소반

유쾌한 반란(2003, 여백미디어) 출판기념회 2003.5.15

3.1 맑은 뿌리는 동쪽에 두고 – 부모, 남편

'우–웅대한 꿈을 가진 간이 부–은 여교수'

나는 대학을 세우고 싶었다. 2002년 사이버대학 설립. 늦바람 난 여자처럼 몸과 시간과 돈을 들여 준비했으나 남편이 반대한다. 네가 잘되면 다른 큰 대학에서 가져갈 것이라는데 타당성 있다. 거기다 남편이 반대한다니까 사이버 강의 경력 주기로 한 호서대학 삼촌도 반대하신다. 포기했다.

일 잘 만들고, 또 벌인 일 육박전 온몸으로 부딪쳐야 시원한데 이것은 출전도 못했으니 섭섭하다. 그래서 '유쾌한 반란'을 썼다. 주제는 '여교수 되는 법'이다. 80년대는 학생운동이 많았고 남성 우위 사상 여전하니 여교수를 안 뽑았다. 이력서 34번 내고 힘겹게 국립대 여교수 된 이야기를 썼다. 그 책은 구름 타고 날아갔는지 미국 로체스타 대학 한국인 여학생이 읽었고 그녀는 꿈을 키웠다. 우여곡절 끝에 우리 학교 서울과기대 교수가 되었다.

2003년에 책을 쓰고, 2004년에 남편이 갔다. 그의 유품을 정리하면서 내 꿈이었던 학교 설립의 서류를 다 처분해 버렸다. 학교 법인 만들기, 이사회 구성 여건, 학칙과 학과 계획을 다 없애 버렸다.

한옥을 짓고 최고위과정을 하면서 다시 그 생각이 났다. 학교를 설립하고 싶었다. 2003년 사이버대학 했으면 대박이라는 생각과 함께 남아있는 미련이 고개를 든다. 전통 알리는 대학을 설립해 보자. 누구를 만날 것인가? 또 사람을 만나러 갔다.

↘ 선생님이 쓰신, 유쾌한 반란. 그 책을 소개해 주세요.

2002년, 나는 대학을 세우고 싶었어요. 사이버대학! 그러나 남편의 반대로 포기하며 내가 더 저명해져야 한다고 생각해서 책을 썼어요. 유쾌한 반란은 이력서 제출 34회 만에 국립대 교수가 된 이야기를 담았습니다.

행복이 가득한 교실
신학기가 이제 시작합니다

〈행복〉 독자 여러분은 살림살이에 대한 남다른 안목과 더불어 문화예술에 대한 높은 관심과 애정을 갖고 계십니다. 우리 전통문화, 예술 전반에 관련해서 더욱 뜨거운 관심을 보내주시는 독자 여러분을 위해 '행복이 가득한 교실'을 개최합니다. 앤티크 전문가 김재규 씨의 앤티크 문화예술 아카데미, 서울산업대학교 시각디자인학과 나성숙 교수의 전통문화 아카데미, 북아티스트 유림 씨의 예술 장정 아카데미 등을 시작으로 다양한 문화예술 관련 클래스가 운영됩니다. 〈행복〉 독자 여러분을 모시고, 〈행복〉 독자만을 위해 특별히 구성된 문화예술 강좌는 〈행복〉 여러분의 일상을 더욱 가치있게 디자인할 것입니다. Design your lifestyle! 문화예술에 관한 풍부한 지식은 물론 내 손으로 직접 '아트'를 만들 수 있는 행복이 가득한 교실의 새 학기가 이제 곧 시작됩니다.

앤티크 문화예술 아카데미
'on the table'

만찬을 위해 식탁에 올려진 오브제들은 그 자체로 예술이자 시대 정신의 반영이라 할 수 있다. 수천 년의 서양 역사 속에서 수많은 예술가가 멋진 포크와 스푼을 디자인했으며 수많은 그릇을 빚어냈다. 인류의 먹고 마시는 문화를 고스란히 담고 있는 식탁 위(on the table) 서양 앤티크를 살펴보는 것은 서양 문화의 출발점과 과정을 이해하는 지름길, 앤티크 문화 아카데미 'on the table'은 문화의 시작, '식탁 위에 펼쳐졌던 앤티크를 통해 인류의 문화와 예술을 이해하는 시간이 될 것이다.

강사 김재규 씨는 앤티크 딜러를 거쳐 앤티크 저술가로 왕성한 활동을 하고 있는 앤티크 전문가입니다. 2002년부터 〈2004년까지 신문에의 인기를 끌었던 〈행복〉의 앤티크 문화예술 아이에의 인기 강사이자 같은 이름의 칼럼을 〈행복〉에 연재했던 필자이기도 합니다. 왕국 앨버트 스쿨 옥스퍼드 튜토리얼 서비스 칼리지에서 교민에서 수학하고, 20년간 영국과 프랑스의 앤티크 시장에서 쌓은 생생한 현장 경험을 독자 여러분께 전해줄 것입니다.

전통문화 아카데미
'소반과 수저에 옻칠하기'

옻칠은 한국 전통 자연도료로 색이 아름다울 뿐만 아니라 인체에 이로워 예로부터 궁중과 사대부가에서 가구와 그릇 등 귀한 세간에 많이 사용하여 왔다. 한국 전통 공예를 체험하게 되는 이 강좌는 일상에서 누구나 접할 수 있어도 쉽게 사용하지 못하는 나무 소반과 수저에 삼베를 바르고, 옻칠을 하는 정성스런 작업을 직접 배우게 된다. 나성숙 씨가 운영하는 계동의 북촌봉산아트센터 봉산재에서 열리는 '소반과 수저에 옻칠하기' 수업은 소박하고 정겨운 한옥의 운치 속에서 이루어지게 된다.

강사 나성숙 씨는 지난 3월호 〈행복〉 한옥을 찾아서 칼럼에 소개되었던 봉산재의 주인입니다. 북촌봉산아트센터라는 이름으로 계동 사랑방이 되고 있는 이곳은 한국 전통 공예인 '옻칠'의 산실로 배울 수 있는 곳입니다. 하버드 대학교 디자인대학에서 연수, 서울산업대학교 시각디자인과 교수이기도 한 그는 오랜 시간동안 전국 각 방곡곡을 찾아다니며 소목, 대목, 장석에서 옻칠까지 두루 섭렵, 봄날처럼 찬란한 한국 문화를 전하고 있습니다.

예술 장정 아카데미
'예술 책 제본'

전자 신문이 득세하고 있는 시대에 수공에 책을 만드는 것은 단순히 내 손으로 무언가를 만드는 재미 이상의 의미 있는 작업. 예술 책 제본' 강좌는 손수 종이와 가죽을 자르고 이를 실로 꿰매고 엮어 세상에 하나밖에 없는 나만의 책을 만드는 흥미로운 시간이 될 것이다. 북 아트와 북 바인딩 binding 사례 감상을 시작으로 가족 바인딩 수첩과 유럽식 노출 바인딩 수첩 만들기를 배우게 된다. 누구나 쉽게 실수 있는 다이어리지만 아무나 할 수 없는 세심한 작업, 한 땀 한 땀 꿰매고 엮어가며 만든 후의 벅찬 보람을 느낄 수 있다.

강사 유림 씨는 몇 년 전까지만 해도 낯설었던 '예술 장정'을 국내에 알리는 데 공을 세운 대표적인 북 아티스트입니다. 프랑스의 고서 복원 전문가 클라우드 발방에게서 책 바인딩을 사사한 유림 씨는 종이가 너무 좋아 종이의 만지고 싶어 아직도 있어 예술 책 제본을 시작했다고 합니다. 한지 도공들의 기 위에른 자신만의 공방에서 전시를 위한 북아트 작업과 함께 소수정예 예술 책 제본 클래스를 운영하고 있습니다.

신청 방법 5월 15일까지 이메일 pjh012@design.co.kr 또는 전화 02-2262-7220(담당 박지혜 마케터)으로 선착순으로 신청하시면 됩니다. (선착순 접수)
이메일로 신청 하실 때는 원하시는 강좌 이름과 본인의 이름, 주소 및 연락처(휴대폰 번호 포함), 정기구독 유무를 적어서 보내시면 됩니다.

우리 배움터 하나 만듭시다

오 원택 교수님과 상의했다. 서울과기대 조형대학장도 하시고 공예진흥원장도 하신 선배 교수로 최고위과정에서 강의도 하셨다. '나 교수, 그냥 가르쳐요. 학교 설립은 행정으로 너무 많은 시간 뺏겨요. 허세 부리지 마세요. 누구라도 가르치면 되는 거 아닌가요?' 아, 그렇다. 누구라도 가르치면 되는 거다.

또 의논하자. 함께 할 사람을 찾아 보자. 슬픈 책 '북어국'을 발행해 준 디자인하우스 이 영혜 사장을 만났다. '우리 배움터 하나 만듭시다.'

주부들은 자녀를 대학 보내고 나면 허전하다. 그 에너지가 공부로 가면 좋겠어요. 전국이 발전하고 여성들도 하나씩 일을 가질 수 있겠지요. 그래서 첫 번째 행복이 가득한 교실, 행복 class가 탄생했다. 북유럽 앤틱과 책 만들기와 옻칠하기 세 과목이 개설되었다. 내 과목 소반과 수저에 옻칠하기는 최고위과정에서 이미 연습했으니 준비물과 진행 과정이 수월하다.

2008년 3월 1기 학생들이 들어 왔다. 부모님 생각이 났다. '나성숙옻칠학교'를 탄생시킨 두 분. '오늘도 걷는다만은 정처없는 이 바-알길'. 슬픔과 회의가 안개비처럼 퍼질 때 부르는 노래다. 부르다 보면 정처 없는 이 발길은 내 가슴 속에 다시 펴져 얕고 넓게 걷고 있다. 둘째 딸을 유달리 사랑하시던 아버지께서 약주 드시면 골목부터 부르시던 노래다. '오늘도 걷는다만은 성숙아! 딸꾹, 정처 없는 이 바-알-길, 문 열어라 성숙아!' 아버지 오시기만 기다리던 나는 약주 드신 아버지 옆에서 밤새 노래를 불러 드린다. 한 곡에 얼마씩 받고. 이번에는 '울 밑에선 봉선화야' 다음에는 '으악새 슬피우니' 등을 부르는데 술 냄새 맡으며 부르는 노래는 정말 '으악'이었다. 그러나 그 술 냄새가 싫지는 않았다.

꽃피는 북촌

202012
Flower Bukchon
300×300mm

나의 절대적 아군

나는 예나 지금이나 남자라면 나이 드신 어른을 좋아한다. 남편을 비롯하여 연하의 펄펄 나는 청춘 남자를 만났지만 나는 남자 어른을 좋아한다. 정리되고 철학이 있고 경륜이 있는 남자 '어른'이 좋다. 그런 남자 어른 아버지께서 부르시던 '정처 없는 이 발길'. 그렇다 그동안의 내 인생은 정처 없는 이 발길이다. 이제는 정처 있는 발 '길', 우리 것 전통을 한다. 옻칠을 한다.

2006년 2월에 처음 옻칠을 접하고 2007년 11월부터 가르치고 2008년 3월에 옻칠 교실을 열었으니 속단 속결이다. 그러나 나는 그 오랜 정처 없는 이 발길 시절에 미술대학을 나왔고 교수도 했고 협회장도 했다. 전통으로 들어서서는 거리낄 것이 없다. 재료와 방법만 틀릴 뿐이다. 사랑도 남편은 없지만 절대적 아군 엄마가 계시다. 나의 절대적 아군 강 석희 여사! 어머니, 엄마라는 인연으로 만났지만 존경합니다.

고2 때 우리 집은 망했다. 선하시던 아버님이 보증을 잘못 서서 방 1개에 4명이 살았다. 나는 그래서 선한 남자는 바보라고 생각한다. 본인이야 기분 좋게 선하지만 나머지 부인과 자식은 선한 만큼 고생한다. 마키아벨리의 군주론에서 지도자는 덕망의 대상이 아니라 두려움의 대상이 되어야 한다고 써 있다. 나의 아버지, 나 점근 선생은 '오늘도 걷는 다만은 정처 없는 이 바-알-길, 딸꾹' 의 주인공이니 감성의 극치다. 서울 토박이 분이 어찌 그리 낭만파시고 노래도 잘 부르시는지. 그 정처 없는 이 발길 덕에 우리 집은 잘 살았다 못 살게 되었다. 나는 절대 사업가하고는 결혼 안 한다고 결심했다.

책에 자주 등장하시는, 선생님의 모친, 강석희 여사님은 연세가….
1918년생으로 2남 3녀를 낳으셨죠. 나는 넷째예요. 엄마는 아주 특별하고 멋진 사람이에요!

큰외삼촌 강석규 총장과 우측에 모친 강석희

딸아, 디자인이 뜬다

그러나 내게 감성을 주셨고 북촌에서 생활하며 따뜻하게 지냈고 전통을 하면서 풍류를 알게 했다. 이해의 폭을 넓혔고 사람을 품으면서 살게 했다. 그 선하신 사업가님께서 하필이면 내가 고2 때 보증을 서서 방 하나에 살게 했다. 부모님과 동생 성은이가 한 방에 살고 다른 형제들은 뿔뿔이 흩어졌다. 그런데 엄마는 나를 미술대학에 보내셨다.

보통 엄마 같으면 대학을 못 보내거나, 보내도 교육대학 보냈을 텐데 그 비싼 교수 렛슨비 구해와서 서울미대 응용미술과를 보냈다. 앞으로는 디자인이 뜬다며. 초등학교도 못 나온 분이 대학 보내달라고 매일 새문안교회 가서 시위를 벌인다. 드디어 신학대학을 나오셨다. 55세에.

당시 주물공장으로 돈을 버신 아버지는 우리 5남매와 엄마와 전쟁고아 2명 모두 8명을 가르쳤다. 어머니는 시신도 기증하셔서 없다.

한 위인이 태어나려면 본인과 가정과 사회, 3박자가 맞아야 하는데 어머니는 사회가 따라 주지 않았다. 오빠는 서울대 나오시고 중, 고, 대학까지 설립했는데 어머니는 초등학교도 못 나왔다. 그러나 좌절하지 않고 부단히 노력하신다. 내 남편이 그렇게 갔는데 '너에게 자유 주려고 간 거다. 잊고 큰일 하거라.' 어떻게 이런 말이 나오는가? 항상 희망적이시고 웃으신다. 그 초인적인 절제력과 이성은 이 혜민 작가의 '감정은 사라져도 결과는 남는다'의 샘플이시다.

> **↘ 모친은 어떻게 신학대학을 마치셨나요?**
> 새문안교회 안에 신학대학이 있어요. 교육부에 등록된, 학사증이 나오는 곳은 아니니 고교 졸업장도 필요 없는 곳이죠. 엄마는 새문안교회에 그런 대학이 있다는 소식을 듣고 매일 찾아가서 입학시켜 달라고 했다고 해요. 그 대학에서 만난 동기생들이 나중에 개척교회 할 때와 해외 선교 나갈 때 도움을 주셨고요. 항상 우리 집에는 엄마에게 상의하러 온 젊은 목회자들이 많았던 기억이 나요.

> **↘ 이혜민 작가의 책, 《감정은 사라져도 결과는 남는다》를 좋아하시나요?**
> 삶의 중요한 순간들에서 감정에 휘둘려 판단 실수를 했던 경험을 바탕으로, 순간의 감정보다 지속되는 결과와 방향성에 집중하는 태도를 제안하는 책이에요. '무엇이든 시작해야 알 수 있다'라는 메시지와 '살아온 날보다 살아갈 날을 위해'라는 문장이 내 생각이랑 딱 통하죠.

봉산재 니트
Bongsanjae Knit

봉산재 강역회 여사 (오른쪽)

70년전 할머니 6남매 강역금 호서대 이사장 등 (왼쪽)

강석회 여사 (93세)는 봉산재의 상징이자 지킴이 이십니다.
누군가 돌계단을 올라 대문 들어서는 기척에 대문 왼쪽 방에 앉아 다정한 웃음 보내십니다.
봉산재 주인 나성숙 교수의 모친이십니다. 충청도에서 출생하여 일정 치하, 한국전쟁, 4 19, 5 16, 5 18, 88올림픽 등 굴곡 많은 한국의 근대사를
경험하시며 슬하에 2남 3녀의 자녀와 8명의 손자 손녀를 두셨습니다. 남자 형제들이 명문대학에서 수학한 후 지도자로 활약하는 것과는 달리
아녀자라는 굴레때문에 타고난 영민함에도 제대로 못 배운 것이 한이 되어 자신의 둘째 딸인 나교수에게 꿈을 실어 주었습니다. 이제는 연로하여
보지 못하고 듣지 못하지만 그녀는 부지런히 뜨개질 하십니다. 구순 할머님의 녹록한 손 감각과 가득 찬 사랑으로 한 바늘 한 바늘 꿰어낸
이 스웨터를 판매하여 북촌가꾸기에 쓰고자 합니다. 딸 때문에 사랑하게 된 북촌이니까요.   - 감사합니다 -

Kang Suk-Hee, 93 years old grand mother, Keep Bongsanjae and smile to every visiting person.
She couldn't graduate any school eventhogh her elder brother graduate Seoul National University and established Hoseu Univ. & Daesung middle school & high school
She has 2 sons, 3 daughters, 8 grand son and daughter. She devoted her life to teach and engrew them. Her life is the sample of korea wives.
Now she is too old to do something, but she has a talent knitting, she knits every morning. she can't listen and see. she has sense and hand feeling.
I, Nah Seoung-Sook, Professor, Dept.of Graphic Design, of Seoul National University of Technology am so happy.

Homepage:bukchonart.com   E-mail:nass@snut.ac.kr

73-6, Kye-dong,Jongro-ku,Seoul,Korea 81-2-766-6649(O) 81-2-766-6650(F) 81-11-244-6649(H.P)

원사 : 'Wendy METRO' Made in United Kingdom England, West Yorkshire

* 머플러 : 30,000
조키 : 30,000
긴팔스웨터 : 50,000
앞터짐 스웨터 : 60,000
바지 : 50,000

> **모친의 봉산재 니트, 무척 재미있게 들리는데요?**
> 실제 상표 등록한 것은 아니고 엄마 얼굴을 넣고 레이블을 만들어 스웨터나 머플러에 붙여서 상표
> 로 썼습니다. 당시 살림 도와주시던 변영길 여사가 봉산재 니트 담당이셨지요.

딸아, 나 밥값했다

그런 분이 과부 딸이 북촌으로 왔으니 많은 아이디어와 열정을 쏟아내신다. 일단 동네 사람들에게 쌀을 나누어 준다. 요새 굶는 사람이 어디 있다고 쌀 퍼서 나눠 주시고 나한테 들어온 선물은 즉시 옆집 왕짱구로 간다. 10원 한 장 못 벌면서 왜 쌀은 나눠 주냐고 호통을 치면 몰래 푸다가 들켰을 때 웃으시던 그 야릇한 미소. 빅마트 슈퍼 가서 과자를 늠름하게 들고 나오신다. 홈치는 게 아니고 이 집에 있는 모든 것은 내 것이다. 매달 이번 달은 37만 원 지난 달은 43만 원 주인 아저씨께 드렸다. 그 정도는 드릴 수 있다. 어려운 시절 나를 미술대학 보내신 분이니까.

과자 들고 나오시길래 따라가 보았다. 어느 집 앞에 두고 오신다. 조금 가난하게 보이는 집. 외국인이 봉산재를 들어서면 갑자기 활짝 웃으신다. 순식간에 변하는 얼굴 표정이 그랜마 모델이다. 앞 니는 다 빠지고 주름은 가득 인데 활짝 웃으신다. 그 촬영용 웃음을 보며, 어쩌면 저렇게 눈치가 빠르실까? 생활하시라고 사드린 서로재는 아무도 없으니까 매일 봉산재로 오신다. 그래도 심심하다고 하시니 나는 청계천 가서 영국제 털실을 사다 드렸다. 마후라, 장갑, 쉐타를 짜신다. 나는 '봉산재 니트'라는 레이블을 만들어 뜨개질 물건에 붙였다. 우리 집 일하는 아줌마 변 영길 씨는 엄마가 빼먹은 코 꿰는 것이 주 업무였다. 가끔 이천에 가면 지금도 엄마가 짜셨던 옷들이 나온다. 코바늘을 배우지도 않았는데 장갑을 손가락 하나도 뜨시고 손가락 2개도 뜨신다. 팔리면 즉시 나한테 돈을 가져 오신다. 내 밥값은 했다는 것이겠지.

↘
모친 생활하시라고 사드린 서로재, 지금 작업실로 쓰시잖아요.
서로재에는 방 일곱 개와 마당, 부엌이 있었어요. 전 집주인은 서로재에서 하숙을 쳐서 방이 여럿이 었지요. 엄마는 매일 제 작업실인 봉산재 왜계시니 당시 서울 게스트하우스에 여러 번 방을 빌려 줬습니다. 나중에 수리하여 게스트 하우스로 서로재 전체를 임대하기도 했었어요. 지금은 큰 길가 봉산재를 세주고, 서로재를 작업 공간으로 쓰고 있지요.

↳ 모친 강석희 여사의 자필 편지 1989.1.1

엄마, 난 어떡하죠?

2014년 장례식에 낯익은 한 그룹이 왔다. 왕짱구 슈퍼, 수연상회, 빅마트 등 북촌 이웃 사람들, 붙잡고 한참을 우니 오빠들이 묻는다. 누구신지요?

나는 지금도 벽에 부딪치면 엄마께 묻는다. 엄마, 이럴 때는 어떻게 해요. 엄마는 아이디어의 보고였다. 그 아이디어 어디서 나오는가? 연구하셨다. 즉흥적으로 처리하지 않고 무엇도 연구하셨다. 물론 그 바탕은 나에 대한 깊은 사랑이다. 내 위에 언니가 6·25 때 죽어서 엄마는 나를 무척 사랑하셨다.

연구는 누구나 한다. 생각도 누구나 한다. 그러나 실행으로 옮기는 것은 애정이 없으면 불가능하다. 사랑이 없으면 행동화 되지 않고 사그러든다. 조선의 어머니들은 다 그랬다. 정안수 떠 놓고 비는 모성애, 이 나라 여인의 상징이고 대표적 전통이고 정체성이다. 한국의 전통문화는 어머니들의 사랑과 인내의 산물 아닐까?

서로재 학생들의 모성애에 놀랄 때가 많다. 수업 듣다가 중단되는 이유는 거의가 유학 간 애들 때문이다. 미국 뭔 대학으로 보냈는데 영양실조라고 보약 싸 가지고 간다. 떠나는 엄마 학생에게 말한다. '결핵 체크해 보세요.' 나도 엄마였으니까. 두 분의 사랑을 듬뿍 받은 나는 바꿀 수 없는 천륜이었고 이미 하늘에 쌍무지개 떴다.

<u>유학생 자녀의 결핵 체크, 어떤 이유에서인가요?</u>
제가 들어보니, 생각보다 결핵에 걸린 유학생이 꽤 있어요. 해외에서 영양 섭취는 나쁘고 밤새 공부만 하니 몸이 약해져서 잘 걸리는 것 같더라고요. 그래서 한 번씩 체크해 보기를 권합니다.

지금도 살아있다

두 분이 천륜이라면 남편은 선택이다.

'집 전화번호가 뭐예요?' '집 전화번호?'

나는 그 때 알았다. 그것이 무엇을 뜻 하는 지. 대답을 하느냐 마느냐에 따라 내 운명이 달라진다는 것을. '네, 오구공에 칠이＊＊예요.'

그것이 시작이었다. 운명이 열리는 순간. 신문사 후배에서 연인으로 들어서는 순간. 남편은 신문사 입사 후 기획실에 인사하러 왔었다. 예쁘고 젊고 학벌도 좋은 나는 청춘을 휘날리고 있었다. 나이도 어리고 이제 입사한 신참 기자가 눈에 보일 리가 없다. 어느 날 동료 기자들하고 회식하고 나오는데 집 전화번호를 물었다.

연애라는 거, 사랑이라는 거, 그저 같은 과 친구로, 직장 동료로, 동아리 멤버로 물건처럼 지내다가 사랑으로 넘어가는 순간, 숨이 막힌다. 네 이름을 불러주어 꽃으로 다가오는 대 사건이다. 사랑은 어디서 오는가? 운명은 어떻게 만들어지는가? 이제 이 사랑은 강하고 질겨서 내 삶을 흔들 것이다. 이성과 지성을 뛰어넘어 자기 마음대로 나를 조종할 것이다. 나는 노예가 될 것이다.

거기다 생명을 만들 것이다. 두 분이 나를 만들었다면 우리는 두 딸을 만들었다. 반포 경남아파트 집 전화번호 590-72＊＊. 그 전화번호는 몇 십년이 지나도 지금도 살아있다.

↘
신문사 기획실에서 근무하시다가 부군을 만나신 건가요?
나는 1977년 24세에 입사했고, 남편은 1979년 실습 기자로 입사했어요. 곧 정치부 기자가 되었죠. 남편은 입사 당시 24세였고 남편 입사할 때 저는 26세였어요. 남편이 나보다 2살 연하입니다.

3·2 강물 한 켠에 오두막 짓고 – 사랑

부모님 사랑, 남편 사랑, 제자 사랑 많은 사랑을 받았다. 그러나 사랑이 없다면 다 날아갈 수 있다. 그 많은 아이디어건 뛰어난 기획이건 운영의 묘미건 순간에 다 없어질 것이다. 사랑만은 안 날아가고 나의 바탕을 지켜준다. 이제 전통으로 들어섰고 가르치기로 했는데 무엇으로 사랑을 표현할까? 소반이 제격이다. 그것도 옻칠 소반. 나는 최고위과정 할 때도 '나성숙옻칠학교' 할 때도 소반을 테마로 삼았다. 사랑은 시간이다. 특히 곁에 있어 주는 것.

곁에 있어 주는 것 – 이 주향 《치유하는 책읽기》 중에서 –

삶에는 / 굴곡이 있기 마련입니다. / 우리가 사랑하는 사람의 문제를 / 모두 해결해 줄 수는 없지만, / 그냥 옆에 있어 줄 수는 있습니다. / 결국 오랜 시간을 두고 본다면 / 그것이 가장 강한 사랑의 / 표현이 아닐까요?

그 알량한 일한다고 사랑은 항상 뒤켠이었다. 가족도 친구도 제자도 시간 할애를 못했다. 무늬만 사랑. 그들은 안다. 진짜 사랑하는지 안 하는지를…. 전통을 하면서 사랑에 야박했다는 반성을 깊이 했다. '노를 젓다가 바라보니 이제야 바다였다.' 막스 뮐러가 《독일인의 사랑》에 쓴 말, 인간은 신에게서 버림 받았을 때 최초로 공포를 경험했다. 그러나 사랑은 그 공포를 몰아낸다. 인간은 신의 형상을 본떠 만들어진 다른 인간들에게서 외로움을 달래는 힘을 얻기 때문이다.

↘ 막스 뮐러의 글, 무슨 뜻인가요?

신에게 버림받아 공포가 찾아오는데 사랑을 만나서 공포감을 없앤다는 뜻이에요. 전문은 '사람은 신으로부터 버림을 받았을 때 최초로 공포를 경험했다. 그런데 생명이 공포를 몰아낸다. 인간은 신의 형상을 본떠 만들어진 다른 인간들에게서 외로움을 달래는 힘을 얻기 때문이다. 그러나 인간의 사랑과 위안이 우리를 떠나가면 신이 인간을 떠났을 때와 같은 두려움이 다시 찾아든다(프리드리히 막스 뮐러, 《독일인의 사랑》 중에서).'

황금 북촌

201201
Gold Bukchon
300×300mm

집에 있다는 것

아내는 '안의 해'의 준말이고 마누라는 '마주 누워라'의 준말이다. 내 남편은 내가 집에 있는 것을 가장 좋아했다. 전화 걸어서 집에서 받으면 좋아했고 퇴근하고 와서 내가 집에 있으면 또 좋아했다. 그러나 나는 거의 집에 없었다. 시간 할애를 못 했다. 사실 나는 원래 노는 것은 질색이다. (믿든지 말든지…)

교수 연수, 학생 MT, 협회 야유회, 해외전으로 의무로 놀아야 하는 일이 얼마나 많은가? 그러니 거기에 덧붙여서 더 노는 것은 정말 싫다. 집에서 TV 복권 추첨까지 보면서 신문 부고란까지 보면서 개기는 것을 가장 좋아하는데 쓸데없는 곳에서 자꾸 나를 불러낸다. 의지력 박약녀인 나는 또 줄줄 나간다.

그러나 남편 가고 나서는 거의 집에 있었다.

65평 넓은 집에 90세 어머니와 둘이 있었다. 어머니는 어디로 튈지 모르는 나를 지키셨다. 고2와 중3 딸들도 나를 지킨다. 아빠와 지낸 시간이 나보다는 적고 어리니까 본인이 갈 길을 즉시 간파한다. 딸들은 저녁마다 내 방문을 열어 보며 한 명 남은 어머니 무사하신가?

나는 엄마와 딸 가운데서 윗 세대와 아래 세대 양쪽에서 감시를 받았다. 아무 일도 없는 척 했다. 누군가가 나를 들여다보고 있다는 것. 그 눈길에 사랑이 느껴지고 그 사랑을 갚으려면 적어도 성의는 보여야 한다. 아닌 척이라도 해야 한다. 속으로는 슬픔의 강이 흐르고 있고 술 속에 빠져 지내면서도 엄마와 딸들에게는 아닌 척 했다. 그러면서 일어설 준비를 하였다. 옻칠이다.

> ↘ **안의 해, 마주 누워라…. 진짜 그런 뜻이에요?**
> 진짜 어원인지는 모르겠어요. 안의 해, 마주 누워보는 사람이라는 뜻이 꽤 좋지 않아요? 아내는 안사람이라는 말에서, 마누라는 '마노라' 같은 존칭에서 온 말이라는 이야기는 듣긴 했어요. 근데, '아내'를 안의 해, 마누라를 '마주 누워라.'로 해석하는 것도 꽤 정겹게 느껴져요.

↳ 나전 소반 만들기 강좌 안내

내가 잘 되기를 바라는 사람은

봉산재와 서로재 두 집 다 지하실을 팠다. 칠장을 만들고 책상을 놓고 옻칠과 도구들을 샀다. 그런 물리적인 일은 순식간에 해낸다. 가르치려면 내 실력도 있어야 한다. 옻칠도 공부하고 소반도 공부했다. 전시회도 여러 번 했다. 곁에 있지 못해 미안한 세월을 소반 만들면서 갚아 나갔다.

"사람은 갔지만 내 마음이 하늘로 전해지겠지요. 인생은 최선을 다해도 실패할 수 있다는 것을 알아요. 그러니 우리 둘이는 소반에 마주 보고 앉아 매일 아침 행복에 이름표 붙여요. 내 인생이 잘 되기를 바라는 사람은 나와 당신밖에 없어요." 소반에 내 사랑을 새겨 넣었다.

실기 수업 시간. 학생들이 잠시 자리를 비웠다. 그 자리에 앉아 눈앞에 있는 수첩을 읽어 본다. 거기 적힌 것은 거의가 사랑 얘기다. 해외전을 한다. 회장인 내 방에 모여 하는 얘기도 거의가 사랑 얘기다. 여행으로 해방되어 초저녁에는 시어머니, 밤에는 남편, 12시 넘으면 애인 얘기하고 새벽까지 가면 불륜이 대부분이다. 임금님 귀는 당나귀 귀로 누구에겐가 말하고 싶은 것이다. 새벽까지 안 가고 내 앞에 있으면 걱정이 앞선다. '동이 틀 때는 이혼하지 말아요. Stand by your man'. 사랑이 어디서 오는지 어디로 가는지 우리는 알지 못한다. 사랑은 시시각각 변하고 형태도 없으며 물체도 없다. 그러나 우연히 다가와 이성과 지성으로 제어할 수 없는 운명이라는 이름으로 가슴에 비수를 꽂는다. 그 사랑을 어찌할 것인가? 정신병의 일종이라고 했다.

담담한 사랑, 조용한 사랑을 하고 싶다. 소반이 제격이다. 살아남아 있다는 것은 강하다는 거다. 소반은 오래 남아 있다. 곁에서 사랑을 듬뿍 가지고.

사랑은 정신병의 일종이라고 생각하시나요?
좋은 뜻으로 그래요. 저도 들은 이야기죠. 사랑은 일반적이고 평온한 상태가 아니라 감정이 흥분되어 있으니, 일종의 정신병이라고들 하더라고요. 사랑의 호르몬은 3개월 정도 급상승하다가 다시 평온한 상태가 된다고 하기도 하고요.

↙
하용조 목사님은 누구신지요? 하용조 목사님은 온누리교회의 담임목사로 실천 중심의 신앙생활
강조하는 분이에요. 기독교인들에겐 유명한 분이죠. 1985년 12가정으로 시작한 교회가 7만여 명 이상,
선교사 1,200여 명을 파송할 정도로 커졌으니까요. 저도 충실한 기독교인이에요.

사랑에도 연구가 필요하다

부부는 진심과는 다르게 서로의 가슴을 후벼파는 상처를 많이 주고 산다. 그러나 정작 문제는 그 자체보다 자꾸만 그것을 음미하고 생각하는 자신에게 있다. 잊어야 하는데… 하 용조 목사님은 그러셨다. 여자들은 슬픔을 가슴에 넣고 있다가 심심하면 꺼내서 울고불고 한다고. 한번 했으면 됐지 왜 그러는가? 미련이 남아서 그렇다. 아쉬움이 남아서다. 아쉬움은 왜 남는가? 연구를 안 해서다.

사랑에도 연구가 필요하다. 상대가 언제 배가 고프고 언제 추운지를 알아야 한다. 사랑이 고플 때는 밥을 주고 사랑이 추울 때는 옷을 주어야 한다. 오 헨리의 크리스마스 선물하면 안 된다. 마음은 굴뚝 같은데 어떻게 접근할지 막막하다고 한탄만 할 게 아니라 상대방에 대해 연구를 해야 한다.

내 마음 몰라 준다는 말은 연구를 안 한 게으름이고 그러니 자기 위주의 한풀이 일뿐이다. 상대를 읽으라 그가 원하는 것을 하라! 예수님도 마르다 보다는 마리아를 칭찬하셨다.

나는 차를 잘 안 마신다. 특히 녹차 성분은 내게 안 맞아 속이 쓰리다. 그런데 스승의 날이면 차 선물이 많이 들어온다. 무성의한 것이다. 나를 연구하지 않은 것이다. 나는 꽃 중에 국화를 싫어한다. 초상집 같아서. 어느 가을 날에 10번째 국화 꽃다발 받고서 하는 말 '또 국화야?' 그 연구하지 않은 요식 행위가 지겨워서 일갈 했다. 기왕 하는 선물 적시타를 주고받아 선물 값 합시다. 소반 선물 어떠신지요?

> '예수님도 마르다 보다는 마리아를 칭찬했다'리는 말씀이 어려워요. 기독교인이 아닌 독자께도 설명 부탁드려요. 마르다는 부엌에서 일을 하며 본인이 정한 가치관에 의해 봉사를 한 분이에요. 마리아는 예수님 옆에서 수발을 들며 예수님이 원하는 일을 했죠. 즉 상대방이 정한 가치관에 의해 일했어요. 예수님은 본인 일을 한 마르다 보다는 상대의 일을 한 마리아를 칭찬했습니다. 상대의 입장에 서라는 뜻이지요. '사랑하는데 너는 왜 몰라주냐'라는 마르다식 사랑…. 사랑하는 사람이 원하는 것을 해주는 것이 사랑이라는 뜻이에요.

서로재에 쌓아 놓은 소반

안전기지, 소반

소반으로는 식사를 한다. 식사하고 나도 곧 배가 고프다. 또 식사한다. 매번 반복되는 일. 사랑도 그렇다. 연구하더라도 1번만 하면 사라진다. 예쁜 장미도 반복해서 물을 주어야 살아 있다. 인내와 끈기를 가지고 자꾸 반복해야 한다. 조금 하다가 마는 조급함으로 애써 시도한 노력조차 물거품이 되기도 한다. 힘은 힘대로 들고 결국 허공에 헛삽질한 모습만 된다. 얼마나 우매한가?

여자는 조금씩 계속 주지만 절반밖에 주지를 않고 남자는 한 번밖에 안 주지만 그때 전부를 다 준다는 말이 있다. 한 마디로 남자는 각론에 약하고 관계에 약하다는 말이다. 남자들은 총론으로 끝내버리고 나머지는 할 말 없어 멀뚱이 앉아 있다는 말이다. 소반은 그렇지 않다. 두런두런 말이 나오게 한다. 식사 때마다 들고 온 밥상에 둘러앉아 아무 말이라도 한다.

내가 어렸을 때 살았던 한옥, 어느 집이나 다 그랬던 한옥, 마루를 가운데 두고 안방과 건넌 방이 있고 안방 옆에는 부엌이다. 아궁이에 불을 때야 하니 부엌은 마당보다 낮고 그 낮은 만큼 위가 다락이다. 매끼 때마다 순덕이 아줌마는 밥을 해서 날랐다. 우리는 모이에 모여드는 병아리 떼처럼 모여들어 모이를 쪼았다. 무슨 말이 그리도 많았는지 항상 듣던 말 '조용히 밥 먹어라.'

안전기지(secure base)라고 있다. Harvard 대학교 인간성장보고서에 나오는 말인데 과거의 상처나 트라우마로 인해 불안할 때 찾는 곳. 인간이 불안에서 평온한 상태로 빠져나오는 것은 인간이 할 수 있는 가장 어렵고 놀라운 도약이다. 그 도약, 혼자의 힘만으로는 불가능하다. 누군가가 있어야 하니까. 소반에 둘러앉는 가족이 최고다. 그래서 나는 소반으로 정했다.

> **하버드 인간 성장 보고서에 대해 말씀해 주세요.**
> 하버드 의대에서 1938년 시작된 성인 생애 발달학(Grant Study)는 700여 명을 80여 년간 추적 조사하며 삶의 질, 관계, 건강 및 행복의 결정요인 등을 분석하는 연구입니다. 주요 결과를 요약하면, 인간관계의 '따뜻함'이 수입, 신체 건강, 노년의 정신건강과 높은 상관성을 가진다고 해요. 알코올 사용장애는 주요 사망과 파탄의 원인이 되고요. IQ보다 관계의 질을 의미 있는 성장 지표라고 하네요.

↳ 안동 양반댁에 쌓여 있던 소반

3·3 함께 울었을 눈물인 여자를 보아라 - 소반

소반의 종류부터 찾아본다. 소반은 산지에 따라 그 지역 색이 뚜렷하다. 백두대간을 중심으로 동쪽의 삼재론과 서쪽의 음양오행설이 구별되는 우리나라는 많은 골짜기와 함께 산지, 형태, 용도에 따라 다양한 종류가 있다. 그 중 대표적인 소반으로 해주반, 나주반, 통영반이 있고 평안도의 안주반, 충청도의 충주반 등이 있다. 처음에 소반을 보면서 직선으로 뽑으면 재료비도 인건비도 절약될 텐데 왜 곡선일까?

우리 민족은 곡선에 익숙하다. 노년기 산하를 보고 살았으니까. 고2 때 이대 김 길홍 교수님께 렛슨 받으러 다녔다. 처음 한 달을 테이블 위에 있는 와인 잔만 그리게 했다. 매일을 곡선만 그렸다. 그리다 보니 곡선은 완만도가 다 틀리고 곡선의 완급에 따라 느낌도 다르다. 안정감도 세련미도 빈약함도 다르게 느껴지니 곡선이야말로 조형미의 극치다.

모더니즘의 효율적 직선보다는 포스트모더니즘의 난해한 곡선이 훨씬 더 아름답다. 바우하우스보다 에토레 솟사스(Ettore Sottass 이태리 디자이너: 색채와 패턴을 이용한 포스트모더니즘 디자이너)가 더 풍요롭게 살고 있다. 그 곡선을 우리 민족은 잘 응용했다. 도자기도 한옥 처마 선도 소반 다리도 곡선이다. 한때 재료비 아끼려고 12각 호족반 높이를 1cm 줄였는데 난장이 뭔 자루 같아서 다시 원상 복귀했다.

김길홍 교수님께 언제, 무슨 개인지도를 받으신 건가요?
이화여중 미술 선생님이셨던 김길홍 선생님은 나중에 이화여대 장식미술과 교수가 되셨는데 나는 그때 교남동 화실로 개인지도 받으러 다녔어요. 매일 포도주잔을 그리라 하시던 기억이 생생해요. 직선 그리는 수업이 대부분이었는데 곡선을 그리게 했던 것도 기억나고요. '곡선의 시대가 온다'라고 강조하셔서 곡선의 난해함을 익혔어요.

위에서부터

해주반 / KCDF 소반전시 2014.7

리움 납품 삼베강원반 2011.10 / 나주반

나성숙옻칠전 소반 2014.10

하나은행 압구정PB센터 주칠 나주반 2023.10

아름다운 우리 소반

옛날 문화재청에서 소반에 대하여 글을 써 달라고 했다. '아름다운 우리 소반'으로 기고하면서 도입부에 썼다. 좌식 생활인 우리 전통은 편안함을 준다. 소반과 반닫이, 요와 이불이 주는 낮은 생활 높이는 우리에게 편안함을 주어 입시생 방을 좌식으로 꾸미는 수험생 엄마도 있다고 썼다. 소반은 우리 정서에도 맞고 편안하고 자연친화적이라 앞으로 우리 안방에서 중요한 자리를 차지할 것이다.

> 해주반 : 다리가 판각으로 이루어졌고, 판각의 문양은 수복강녕이나 모란, 국화 등을 그리고 파낸다. 생각보다 시간이 많이 걸리고 사포질할 때도 구석구석 파내느라 인내력 테스트다. 강원도 반은 해주반과 비슷하지만 해주반의 화려한 문양에 비해 단순하다. 모던한 느낌의 소반이다.
>
> 통영반 : 통판을 파내어 변죽을 만들고 여기에 홈을 파고 다리를 직접 결합한다. 다리를 서로 연결하여 주는 윗 중대와 아랫 중대 두 개가 상하로 놓이는 점이 통영반의 특징이다. 통영지역은 특히 나전칠기가 발달하여 소반의 생명이기도 한 칠 마감이 뛰어나다.
>
> 나주반 : 변죽을 따로 제작하여 상판에 부착시키는 방법으로 상판의 휨을 방지하며 크기를 크게 할 수 있다. 원통형의 다리가 주류를 이루나 호족, 구족의 다리 모양도 적지 않다. 대개의 경우 중대가 없거나 다리 위쪽으로 한 가닥을 두른다.

서로재에서는 주로 홍송으로 나주반을 제작하였고 4개월 과정이었는데 2달을 연장할 정도로 시간이 많이 걸렸다.

↘
문화재청에 쓰신 글, '아름다운 우리 소반'을 지금 찾아볼 수 있을까요?
2013년 11월 13일 기사를 넘겼어요. 문화재청에서 나오는 정기간행물이었던 걸로 기억해요.

모이소갤러리 소반 전시 2021.1.15-24

아름다운 우리 소반

내가 처음 소반을 배우러 다닌 것은 2006년 5월부터다. 이 인세 옹(무형문화재 99호 소반장, 2009년 별세)을 만나러 갔다. 우리 학교 근처, 상계동에 그런 분이 살고 계셨네요. 들어가는 길목은 켜놓은 커다란 목재가 즐비하다. 열병식 같은 은행나무 판재를 통과하고 나니 안에는 소반이 차곡차곡 쌓여 있었다. 그 후 한국전통공예건축학교 소반반에 등록하여 이 인세 옹 아드님이 종석 선생께 수업을 들었다. 은행나무 끼고 앉아서 대패질하며 '장님 코끼리 만지고 있네요.' 당시 내 홈피 www.yeuwoobo.com 2006.5.11 게시판 751에는 다음이 써 있다. "언제 전람회 할지 모르지만(안 바쁘다.) 하루하루 걸음마를, 그 과정을 여우보에 쓰려고 한다." 그 '언제'가 20년 지났고 많은 작업을 하였다. 연혁을 정리해 본다.

*2007.11.25 : 봉산재 지하 옻칠방 소반 수업 시작. 한샘직원과 숙자 언니 등 5명 *2008.4.26 : 행복이 가득한 집 소반 강의 1기 시작 *2009.3.28 : 리빙디자인페어 참가. "나성숙황칠" 브랜드로 소반전 참가 *2010.1.28 : 현대백화점 납품. 매상 많은 고객들 선물용 상품. 에디션 5세트 혼수함과 교칠 소반 납품 *2012.8.22 : 제1회 봉산 옻칠전 개최. 서로재 마루에서 전시 *2014.2.27 : 하나은행 압구정 PB센터. 소반과 옻칠화 전시 *2014.7.29 : 봉산재 소반전 *2015.6.16 : 예술의 전당 개인전 출품 *2016.8.30 - 9.27 : 봉산재 소반전 *2023.12.8 - 2024.1.31 : 나성숙 소반전. 모나무르 갤러리 *2015.6.16 예술의 전당 전시 : 전시장 벽면에 평면 작품만 진열하면 지루하다. 소반을 벽에 걸고 한국의 사계와 optical 패턴을 투영하니 제자들은 그 영상이 가장 인상적이었다고 한다. 역시 시각디자인과 젊은 학생들에게는 첨단이 다가오나 보다. 전통도 바꾸어야 한다는 생각을 재확인했다. *2016.8.30 - 9.27 : 봉산재 소반전. 봉산재 전체에 소반만 전시하였다.

> ↘ **한국전통공예건축학교 소반반에서 언제부터 언제까지 공부하셨나요?**
> 2006년 5월부터 2006년 12월까지, 무형문화재 소반장 99호 이인세 옹의 아드님이신 이종석 선생님께 배웠습니다.

⤶ 리빙디자인 페어 소반 2009.3
서울 과기대 다빈치관 소반 작업 2016.8

소반에 다양한 옻칠 기법

나는 소반 작업하며 옻칠 기법을 다양하게 사용하였다. 금박도 붙이고 자개를 잘라 모던하게 붙이기도 하고 진주를 직접 천판에 붙이기도 했다. 색옻칠로 그림도 그렸다. 구조적인 면에서도 개다리소반의 다리 곡선을 더욱 강조하였다. 곡선의 날렵함과 목재의 mass 감이 잘 어울린다. 다리 높이에 따라 다양한 느낌이 연출된다.

해주반에서 옆 판 투각에 옻칠 하려면 온몸에 땀이 난다. 뚫린 공간감은 헨리 무어의 negative volume이다. 강원도 소반의 투각이 없는 단순한 옆 판은 모던하여 현대적인 느낌이 난다. 나무의 질감이 나타나서 훨씬 더 자연적이다. 무형문화재 전시를 보러 갔다. 그 형태, 그 기법 그대로 제작된다. 오랜 세월 같은 방법을 지켰기 때문에 무형문화재로 인정받았고 그 인내와 세월에 존경심이 간다. 그러나 그 외에도 방법은 많다. 국가에서 그런 방법으로 내려온 것을 인정한 것이고 다른 방법도 많다.

가령 옻칠을 여러 번 하여 색이 너무 검을 때는 감물 한 번 올리면 검은 색이 덜 하다. 자개도 밑에 반드시 골회바르기 안해도 나무에 따라 생칠을 여러 번 하면 단단하다. 무형문화재 없는 황칠, 가죽에 옻칠하기, 금알갱이 붙이는 누금 기법 등은 지금도 기법이 내려오고 있고 존속하고 있다.

나는 전통이 유리 상자 박물관에 거룩하지 말고 쓰고 버리는 소모품이 되기를 바란다. 200년 전에는 모든 것이 전통기법에 의한 것이었다. 쓰고 버렸다. 쉽게 가르치고 배우고 생활화해야 한다. 일상에서는 접근성이 쉬워야 한다.

↘ **헨리 무어 네거티브 볼륨? 선생님께서 조금 설명해 주세요.**
물체가 실제 만져지고 보이는 것은 포지티브 볼륨이고, 빈 공간처럼 보이지 않고, 만져지지 않은 공간은 네거티브 볼륨이에요. 그러나 빈 곳도 분명 존재하고 있고 현대에 와서는 중요한 비중을 가집니다. 도리어 빈 곳이 마음의 여유와 휴식을 준다고 하잖아요. 요즘 건축에서 많이 사용하는 개념이에요.

봉산재 마당에 쌓아둔 미완성 소반 2009.8
봉산재 소반작업 2014.7

미완의 완성

서로재는 옻칠 가르치며 데이터 판을 안 만든다. 부딪치고 망하고 미진해도 처음부터 직접 쓰는 기물을 만든다. 더 실력을 쌓아 올라가면 그때 또 칠하면 된다. 일단 시작하여 친숙해지고 내용을 아는 것이 중요하다.

보통 소반은 옻칠 배우러 가면 1년이 지나야 가르친다. 서로재처럼 처음부터 하지 않는다. 그러나 나는 시작했다. 방법은 많으니까 쉽게 다가가고 사용하기를 택했다. 마음에 안 들면 다음 과정에서 두고두고 더 칠하면 된다.

나는 놀란 날이 있었다. 봉산재 마당에 짐을 빼느라고 소반을 잔뜩 쌓아놓았는데 팔라고 한다. 미완성품과 중간과정 소반이라 안 판다는데 지나가던 방문객이 자꾸 팔라 한다. 아직 갈 길이 먼데 이것은 중간인데…. 그래도 손맛이 멋있다고 사간다니 팔아야 하나 말아야 하나.

그러나 나는 팔았다. 아, 눈이 달라졌구나. 개미 미끄러지는 완성도 높은 옻칠은 우아하다. 우아는 우아로 가시고 지금은 빈티지도 우아하게 보인다니 달라진 안목을 따라가자. 쉽게 다가가자. 모두가 즐겁게 작업하는 옻칠 소반이 되자. 누구나가 전통을 즐기는 일상사가 되자.

나는 열 살에 공방 들어가 심부름하며 옻칠 배우고 '아교 서 말 먹어야 하는' 장인이 아니다. 지금은 그렇게 어려운 학생도 없고 아교 서 말은커녕 많은 접착제들이 일을 쉽게 만들어 준다. 30cm짜리 소반 칠하며 혼자 미소를 머금는다. 무생물인 나무가 내 마음을 다스리고 잡아준다. 요 것 봐라! 이미 만날 수 없는 사람, 돌아올 수 없는 사랑, 먼 곳에서의 촉감, 그 괴상한 추상에 그만 시달리고 눈앞에 보이는 나무랑 사랑하자! 소반은 내게 평안과 위로를 주었다.

> ↘
> **'아교 서 말 먹어야 장인이 된다'라고 하는데, 그 뜻이 뭔가요?**
> 자개를 붙일 때, 특히 끊음질할 때는 바닥에 아교를 발라 놓고 혀로 녹여가며 자개를 끊어서 붙여요. 혀로 녹인 아교는 목을 넘어가니 먹게 되지요.. 그 아교를 서 말 먹어야 한다니, 작업량이 많다는 뜻이겠지요? 나전칠기, 옻칠을 배우는 사람들은 익히 들어본 말이에요.

⤸ 봉산재 지하실 입구 2008.2

안으로, 안으로

아침부터 밤까지 바쁘게 살다 보면 언제 연두색 싹이 솟아났는지 언제 가을 낙엽들이 숱한 사연을 담고 굴러가는지 알지 못한다. 실체도 없는 무언가에 매달린 채 성취했다고 웃고 실패했다고 운다. 인생이 피에로다. 그러다 보면 자신의 영혼이 언제 어느 구석에서 몽당빗자루가 되어 처박혀 있을지 모른다.

우리는 의식적으로라도 머리를 비워 놓고 자신의 영혼을 찾아야 한다. 적어도 우리가 어디로 가고 있는지를 알아야 한다. 영혼을 감싸고 있는 몸뚱아리는 분주하기 짝이 없는데 영혼은 멀뚱하게 앉아 있다.

적어도 소반을 끌어안고 보내는 시간은 동안거 들어간 스님의 정진 시간 같았다. 그 시간만큼은 나에게 충실했다. 영혼에 대한 생각을 많이 했다. 진짜 자기 찾기. 명상이다.

소반 만들면서 명상이라 생각했다. 소반 전시 한번 하려면 30개는 출품해야 하고 1개 칠하는 데 18분 걸리고 6번 칠하려면 하루 6시간씩 3개월은 매달려야 한다. 거기다 사포 작업까지 하려면 더 오래 걸린다. 나는 이 단순 노동을 하면서 내 삶에 대해서 많은 생각을 했다.

'강한 여자'로 자라온 나는 울어도 속으로만 울었다. 외로움에 치를 떨고 있으면서도 그걸 부인하였고 무시하였다. 잘 왔다. 이 실패. 이번에는 안으로 들어가 보자.

소반 전시할 때 30개는 출품해야 한다는 기준이 있나요?
소반으로 전시하려면 작품 30점은 보여줘야 한다는 게 내가 정한 기준이에요. 너무 숫자가 적으면 빈약하고 너무 많으면 복잡하니까요. 30개 정도 출품하는 것이 적당해요. 경험에서 얻은, 나만의 기준이지요.

서로재 소반전 2014.7

오답 끝 정답

나를 파악하자. 영원할 수 있는 유일한 관계는 나 자신과의 관계다. 모든 것이 변한다. 특히 주변 상황은 수시로 변하고 나만이 나와 영원한 친구다.

너를 사랑하라. 너는 너를 사랑하고 있지 않다고 큰 외숙께서 지적하셨다. 사랑의 기초는 자기 사랑이다. 자기 사랑은 자기 수용에서 시작된다. 무엇도 괜찮다고 나는 나를 위로했다. 꿈은 꿈일 뿐이다. 꿈을 눈 앞에 두고 따르지만, 안 돼도 실망하지 말자. 빈 손으로 가도 그뿐이다. 무로 돌아가도 좋다고 빈손에 대해 훈련을 했다.

세상에는 오답을 너무 잘 알기에 정답에 가까워질 수 있다. 매일 같이 불행한 것은 반대로 어떻게 살아야 그렇게 안 되는지를 아는 것이다. 나는 그게 부정이 가진 힘이라고 믿는다. 부정으로도 긍정을 쌓을 수 있다. 오답을 너무 잘 알면 오히려 정답을 잘 찾아낼 수 있다. 오답으로 정답을 찾아 나섰다. 나답지 않은 소반 만들기의 시간 투자와 단순노동은 다른 정답을 제시하였다.

사포질하며 혼자서 나를 파악하면서 장점과 단점을 파고 들었다. 나의 정체성은 무엇인가? 내게는 절대 못 버리는 것이 있구나. 이것은 도무지 버려지지가 않는구나.

소반을 끌어안고 사포 치며 많은 것을 포기하여도 앞날에 시달리기 싫어이미 단념을 준비하여도 안 버려지는 것이 있다. 어쩔 수 없다. 그것은 그대로 가자.

그것이 무엇인가 하면 열정이다. 열정!

선생님은 단순노동을 어떻게 생각하세요?
할 일 많은 젊은 시절에 단순노동에 집중하는 사람은 드물잖아요. 그 시간이면 훨씬 더 효율적인 일이 많으니까. 그러나 남편이 가고 마음은 허전하고 만사가 회의적일 때는 느낌이 다르더라고요. 단순노동이 나를 깊이 생각하게 했고, 나를 정리하게 했고, 삶에 대한 태도를 잡아줬어요. 스님들께서 안거하는 이유를 알 것 같았어요. 명상 차원의 단순노동이 내게 많은 도움이 되었지요.

책을 쓰기로 했다

이번에는 열정에 대해 연구했다. 열정이 쌓이면 인간은 성장한다는 것이리라. 그러면 결국 나의 열정은 성장에 대한 욕구다. 나의 본질은 성장 욕구다. 내 인생을 피곤하게 만들고 있지만 어쩌랴.

소반을 만들며 나에게 파고 들며 얻은 것은 내 본질 알아내기였다. 열정과 성장. 달라진 게 있다면 보답을 바라지 않는다는 것이다. 결과에 담담하니 자유롭다. 꽃피지 못한 날들이 슬프지 않다는 것이다.

그래 슬프지 않다. 체질이 그렇게 생겨서, 태생이 그래서, 열정덩어리라서 성장 욕구로 24시간을 시달리며 살고 있지만 그것으로 끝내자. 이루지 못했다고 슬퍼하지 말자. 준비하고 맞는 매는 덜 아플 것이다.

보통 때도 내 일기장에는 자기 위로를 많이 썼지만 혼자서 생각을 깊이 하며 얻은 결론은 보통 때와는 달랐다. 산사에서 도 닦는 심정으로 명상 차원의 생각은 나를 나답게 살자로 만들어 주었다. '생긴대로 살자' 가 더 확실해졌고 단단해 졌다. 걸어가는 길도 훨씬 더 가벼워졌다. 그래, 계속 성장으로 걸어가는 거다. 성장이라….

그러다가 뇌가 터졌다. 30분만 늦었어도, 원 유삼 의사 선생님만 안 계셨어도, 의료 파업만 했어도 나는 이 세상에 없다. 거기다 중환자실에선 매일 사람이 죽어 나갔다. 우와, 이 충격적인 사건은 내게 이 책을 쓰게 만들었다.

↘ **선생님, 뇌출혈을 겪으신 건 이제 괜찮으신가요?**
내가 '뇌가 터졌다'라고 표현한 것은 뇌동맥이 4.5mm 터졌던 것을 말해요. 지주막하출혈이었지요. 2023년 11월 27일, 서로재 지하에서 일어났는데 뭔가 앞으로 쏠리는 느낌이 들었고 멍한 기분이었어요. 앉는데 토할 것 같았죠. 119다! 내가 119를 불렀고, 응급차가 데리고 간 곳은 강북삼성병원이었어요. 신경외과 원유삼 선생님! 나의 명의! 뇌출혈에는 '골든타임'이 있다고 하던데 잘못됐으면 나는 죽든가 후유증이 크게 남았을 거예요.

서로재에 모여 이야기를 나누다 보면

위로를 주고 위로를 받게 된다.

제4장

하늘과 바다가
한 끝에서 만나듯

4·1 꽃 피지 못한 날들이 슬프지 않다 – 정년퇴직

문제는 방향이다. 남편에게 미안한 마음에 소반 끼고 앉아 작업하고 전시하는 것은 여러 번 했고, 충분히 할 수 있다. 그러나 옻칠학교 교육은 다르다. <u>가르칠 교(教)가 기를 육(育)이 되는, 가르치고 기르는 일이다.</u> 세상에는 정말로 공부를 좋아하는 사람이 있고 또한 잘하고 그것 아니면 인류에 기여할 게 없는 사람이 있다. 나는 그것이 바로 교수라고 생각한다. 그러나 <u>교수와 교육자는 다르다.</u> 교육자는 가르치고 길러야 한다.

나는 교수로 정년퇴직했고 교수를 천직으로 생각했다. 몸이 아프다가도 백묵만 들으면 기운이 펄펄 나고 학생 이름은 한 번만 들으면 잊지 않는다. 8개 대학 일주일에 33시간 가르치던 강사 시절에도 학생들 이름은 귀신처럼 기억한다. 개강하고 2주째 수업 시간 '김 소영 학생 핸드폰 그만 하세요.' 그렇게 좋아하는 일을 공적으로 끝낸 것은 2018년 8월이었다. 내 삶의 한 부분이 끝났다.

시원섭섭하다고요? 섭섭은 별로 없고 시원함이 더 컸다. 워낙 회자정리(會者定離)를 일찍 훈련했으니 헤어짐은 당연하다. 부모님, 남편이 떠날 때 스스로 했던 위로, 회자정리, 만나면 누구나 헤어진다. 어차피 헤어질 거, 궁상떨며 상처받지 말자를 평상시 여러 번 다짐했었다.

퇴직을 하면 직업란에 쓸 직함이 없다. 언제나 직업란에 '교수'라고 쓰다가 빈칸으로 있으려니 허전하다. 그래서 퇴직 5년 전인 2013년 (주)봉산을 설립했고 대표이사직을 맡았다. 내가 나한테 월급 주기. 아주 작은 월급으로 책정했지만 직업란에는 '대표이사'라고 쓴다.

> ↘
> **'교수와 교육자가 다르다'라는 말, 어떤 뜻을 담고 있나요?**
> 교수는 학문을 전달하는 사람이고 교육자는 사람을 가르치고(教) 키우는(育) 사람이지요. 지식을 가르치고 사람으로 키워내는 일이 교육이에요.

좋다, 할 일이 있어서

나는 26살에 교수를 시작했으니 제자들이 나이가 많다. 늙은 제자 교수들에게 정년을 준비하라고 했다. 정년퇴직은 교통사고도 아니고 집에 불난 것도 아니고 이미 날짜가 나와 있는데 무직으로 있지 마세요. 말만 하면 뭐하는가? 내 스스로가 회사를 설립했다. 정관 목적에 전통을 넣었다.

> 옻칠, 황칠 제조업 • 전통옻칠교육 서비스업 • 전통상품 판매업 • 전통음식, 차 판매업 • 미술작품 전시사업

전통을 한다. 앞으로 100세 시대다. 재수 없으면 30년은 더 산다. 디자인은 55세만 넘어도 젊은이들 감각을 못 따라간다. 더욱이 66세에 디자인과 수업은 역량 초과다. 기초과목만 맡는다지만 그것도 트렌드가 달라져 민폐 끼치고 있다.

다행히 오래 할수록 좋은 전통, 샘물처럼 계속 솟아올라 목을 축여 준다.

"성숙아, 너는 좋겠다. 할 일이 있어서." "응."

그중 '전통옻칠교육 서비스업'을 근거로 '나성숙옻칠학교'를 세웠다. 학교는 제도다. 조형론을 가르치는데 '교수님, 그거 책에 다 있어요.' '아무렴, 학생은 다음 주부터 안 와도 좋아요. 시험만 보세요. 평가 기준은 필요하니까.' 혼자 공부를 하다가 다시 왔다. 넓은 바다 헤매다 왔다. 그렇다. 학교는 그 지식을 정리하여 전수하는 곳이다. 학생들에게 제도의 중요성을 강조한다. 인류 역사 이래 계속 축적되어 남아 있는 제도는 요긴한 것이 많다. 총장님 월급은 학교 발전 위한 거니 좋은 제도를 많이 개발하신다. 학교에서 개발한 제도를 잘 살펴보고 따르라고 권한다. 내가 왜 그 고생을 합니까?

66세 디자인과 교수는 기초 과목을 맡는 것이 맞다고 생각하시나요? 디자인 트렌드가 달라져서요?
노교수의 기초 과목 강의는 잘 가르칠 수 있다고 생각해요. 그러나 20세 학생들과 66세 교수는 감각과 정서 면에서 차이가 크게 납니다. 이건 부정할 수 없어요. 거기다 젊은이들이 따르는 트렌드가 달라서 이해하기도 힘들지요. 노력한다고 될 문제가 아니에요. 근데 학생들은 기초 과목도 트렌드 잘 아는 젊은 교수한테 배우는 게 더 좋지 않나? 하하

전시회로 정년 퇴임 파티를

'나성숙옷칠학교'는 작은 교육기관이다. 아니, 보통의 학원이다. 그래도 2008년부터 시작했으니 10년이 지났고 이제 학교는 퇴직이다. 학교를 떠나 제2의 삶을 만드는 데는 미리 만들어 놓은 이곳이 좋다. 퇴직의 단어 retire는 tire를 간다는 뜻이다. 타이어를 갈아 끼우며 퇴직 후 새로운 마음으로 시작했다.

일단 정년 퇴임식 대신 전시회를 했다.

호텔에서 스테이크 썰고 이미 지난 논문 증정식하고 가난한 제자들 주머니 터느니 전시회를 한다. 예술의 전당 한가람미술관 1층 전관. 200평의 넓은 공간이다. 높이 5m의 1전시관에 대형 그림 걸고 벽에도 걸고 가운데는 소반, 함, 조형물을 늘어놓고 내가 쓴 책 '유쾌한 반란', '북어국'을 진열하고 그 많은 신문 기사와 잡지에 실린 홍보물을 보여 주었다. 친구 박승현 덕분에 KBS '문화의 향기'가 1주일 찍어 TV 방영도 했고 아리랑 TV, MBC 등 매체를 한쪽에 틀었다. 건물 밖에는 커다란 현수막이 걸렸다.

모든 준비를 내 스스로 했다. 비용도 기획도 식순도 내가 짰다. 배 한성 성우의 진행으로 퇴임식을 하는데 즉흥적으로 나온 서울과기대 학생들의 합창 '스승의 은혜는 하늘 같아서-' 그날 내 마음은 하늘 같았고 그것으로 65세를 날려 보냈다. 내 교직 생활 39년을 날려 보냈다. 속이 다 후련했다.

새로운 시작이다. 3월 23일 퇴임식 끝나고 제일 먼저 한 일. 나무를 심었다.

마지막 석사 학생들과 이천 가서 나무를 심었다. 산수유, 꽃사과, 보리수, 감나무, 산딸나무, 모과나무 등에 학생들 이름표 붙여 심었다.

친구 박승현 덕분에 방송할 수 있었다고 하셨잖아요.. 어떤 친구인지요?
박승현은 이화여고 친구예요. KBS 방송 PD 출신으로 2015년 KBS 방송 대상도 받은 실력자입니다. 나를 여러 차례 방송에 나가게 해 주었어요. 그 친구 소개로 유명한 김학순 PD가 제작하는 '문화의 향기' 팀이 정년 퇴임 전시를 취재, 2018년 4년 18일 '문화 자화상 나성숙'으로 13분 방송했어요.

위에서부터 정년퇴임전 2018.3.23~4.14 | 정년퇴임전 오픈식 예술의 전당 2018.3.23 | 서울과기대 마지막 석사들과 나무 심기 2018.4.14

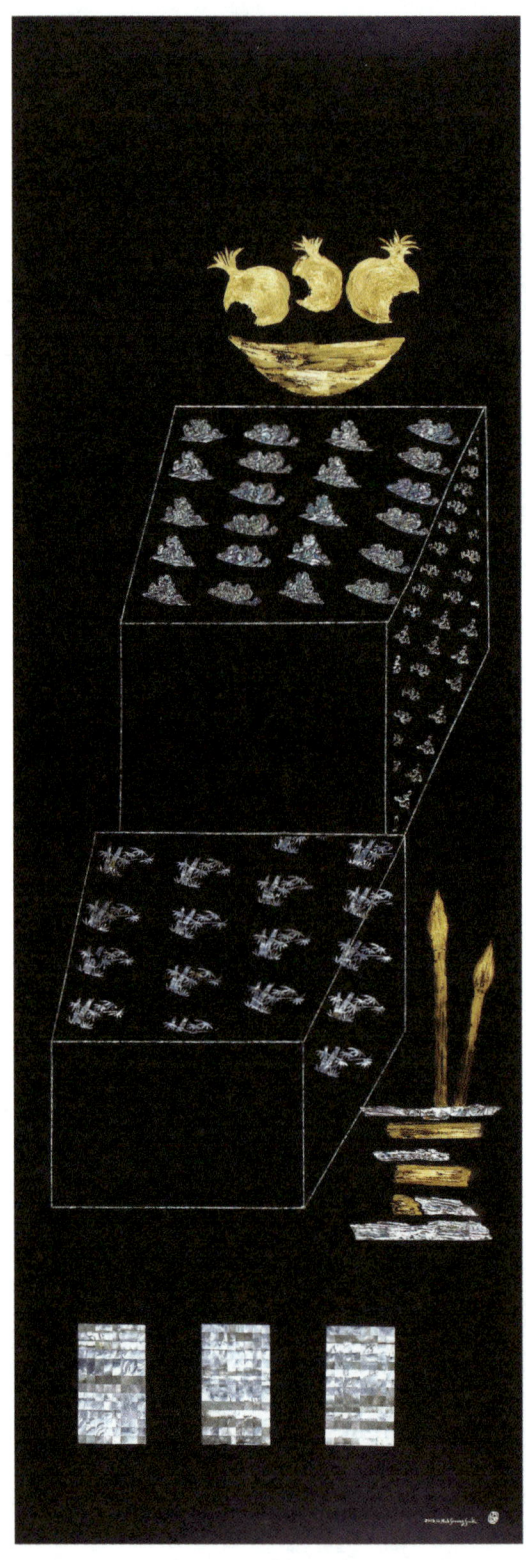

황금 책가도

201412
Golden Chaekkado
600×1800mm

서로재에서 창업하라!

학생들에게는 새로운 창업 하라고 권했다. 임대료가 없을 테니 서로재를 영업장으로 사업을 시작해 보아라. 뜻밖으로 <u>고 봉신 이사</u> 외에는 아무도 안 했다.

정년퇴직이 없는 Harvard는 수강 신청이 관건이다. 학생이 없으면 폐강이니 수강 신청하기 전에 듣는 코스 쇼핑, 교실 입구에는 1학기 커리큘럼이 있다. 마지막 종강에는 얼마를 번다가 써있으니 학생들은 신청하고 교수들은 그 내용으로 가르친다. 돈 버는 수업에 놀라웠다. 나도 그런 수업을 하고 싶은데 국립대라서 무서워서 못 했다가 1년 남겨 놓고 해보았다.

임대계약서는 우리 집으로 내가 써 줄 테니 서로재를 영업장으로 창업해 보아라. 학생들은 악세서리, 사진 촬영, 헌책방, 막걸리 담그기, 전통 체험하기 등 여러 가지 사업을 제안했고 진행했다.

사업자 등록증과 관계부서에 허가증 내고 홍보하고 구매자들 찾아내고 세금 처리하고 여러 가지 사업에 필요한 사항을 수업 시간에 연구하고 발표했다. 드디어 서로재서 사업을 실제로 하라고 했는데 아무도 안 한다.

이유를 물어보았다. 실패하면 후유증이 2~3년 지속되어 못한다는 것이다. 그렇다. 젊은이들은 실패가 두렵고 다시 일어서려면 시간도 걸린다. 스티브 잡스나 빌 게이츠하고는 다르다. 왜 다를까? 실리콘밸리하고 틀리다. 나는 그제야 알았다. 우리나라는 아무 보상이 없다. 젊은이들은 아주 열심히 110% 노력으로 온몸을 바친다. 그렇게 열심히 했는데 실패하면 돌아오는 부정적 영향도 110%다. 실패하면 몇 년을 죽어 있어야 한다.

↘
<u>글에 등장하는 고봉신 이사님은 누구신가요?</u>
서울과기대 디자인과 석사과정 학생으로 내가 설립한 ㈜봉산 직원으로 채용했지요. 직함을 이사로 해주었는데 등기 이사는 아니고 직함이 이사예요. 명함 기재용이랄까? 하하.

↰ 서로재 전경

방향성이 중요하다

보상이 없다. 젊은이들은 아이디어도 있고 패기도 있는데 실패에 대한 보상이 전연 없다. 그러니 나는 창업하라고 권할 수가 없었다. 그러면 내가 해야겠다. 뭐를 하면 좋겠냐고 주변에 물어보았다.

입 달린 사람은 누구나 한말씀 하신다. 그것도 애정을 듬뿍 가지고 서로재 운영을 말씀하시는데 전통찻집, 와인 바, 생 맥주집, 한정식, 고급 회의 장소, 꽃잎 차 등등. 그러다 맥주집을 하기로 했다. 나는 소주, 양주 등 독주는 못 마시고 맥주만 마시니까 맥주집 차리면 돈도 안 들겠구나. '서로 맥주' 이름도 다정해서 간판부터 걸었다. 그릇도 사고 안주도 사고 익선동, 성수동에 답사도 갔다. 우리 집 단골 될 여러 팀을 모셔다 '서로재를 위하여'를 외치며 퍼마신다.

그러다 어느 날 오신 손 봉숙 의원께서 1시간을 야단치신다. 마당으로 나오라 하시더니 '나 교수, 맥주집이 뭐예요? 상대편 위주인 서비스업 10년하고 나면 뭐가 남아요? 자기 그림 그리고 <u>돈 부족하면 윗집 봉산재</u> 팔아요', 구구절절 맞는 말씀에 정신이 번쩍 드네요. 누가 이런 반대말을 해주는가? 한 곳에 빠져 있으면 본인은 모른다. 검은 선글래스 끼면 다 검게 보인다. 아마 불륜의 사랑에 빠지는 것도 이런 심리이리라. 다음 날로 간판을 내렸다. 그때 나는 알았다. 방향성이 얼마나 중요한지를.

늦게 옻칠을 시작한 나는 매번 입에 달고 살았다. '부족하면 더 해야지요.' 그러나 방향성이 중요하다. 칠하는 것도 중요하지만 for what? 무엇을 위하여 하는가를 알아야 한다.

> **'상대편 위주인 서비스업'이라는 게 어떤 뜻인가요?**
> 서비스업이니까 상대가 요구하는 대로 해야 하잖아요. 맥주를 시키면 맥주를, 콜라를 시키면 콜라를 가져다주어야 하는 셈이죠. 결국 '나'라는 정체성이 발현되기 힘드니까 서비스업 10년을 해도 상대를 위하는 일만 남고 내게는 남는 것이 없는 것 같아서요. 물론 접객업 자체가 소중한 일이고 천직인 사람도 있잖아요. 나같이 내 멋대로 뭘 만들어야 하는 사람에게는 그 시간과 경험이 휘발되는 것처럼 느껴져요.

낙수

201412
Falls
600×600mm

의식적인 연습의 총량

1만 시간의 법칙이 있어 성공하려면 1만 시간을 하라고 한다. 그러나 그 1만 시간이 아침부터 저녁까지 해도 물거품일 때가 있다. '단순한 연습의 총량'보다 '의식적인 연습의 총량'이 필요하다. 판단력!

징기스칸 책사 야율초재는 이렇게 말했다. "하나의 이익을 얻는 것이 하나의 해를 제거함만 못하고, 하나의 일을 만드는 것이 하나의 일을 없애는 것만 못하다." 나의 멘토 큰 외숙은 105세에 작고 하시기 전에 나를 불렀다. '부동산 팔아서 연구하라' 나의 큰 숙제다. 나성숙옻칠학교는 작은 집 50평 한옥에서 시작한 학교지만 커리큘럼부터 짰다. (www.bukchonart.com)

교육목표 : 전통 알리기 | 소재 : 옻칠 소반 만들기 | 기간 : 8주 | 기초과정, 2차, 3차, 심화 과정을 짰다. (커리큘럼은 부록 참고) 나는 외국 가면 제자들에게 레스토랑이나 관광지보다 대학을 보여 달라고 했다.

MIT, Yale, Stanford, U Pen, NYU, UCLA, 파리7대학, Oxford, Sydney, 북경대, 칭화대, 파리7대학, 동경대, 무사시노, 카이로대학 등 많은 대학을 보았다. 대학에서 대학원이 많으면 연구라 수준이 높고 대학이 많으면 강의 수준의 일반 대학이다. 가르침은 쉽고 연구가 어렵기 때문이다. 강의는 누구나 부지런하면 한다. 그러나 연구는 그게 아니다. 거기다 요즈음 연구는 협동해야 한다. 종합적이다.

↘

나성숙옻칠학교의 교육 목표와 프로그램은 최고위 과정과 다른 건가요?
나성숙옻칠학교는 최고위 과정과는 별개로 옻칠을 가르치는 교육기관입니다. 처음에 최고위과정에서 옻칠 소반 가르치는 실습이 확대된 셈이지요. 최고위 과정에서 나성숙옻칠학교가 별도 교육기관으로 분리되어 나갔어요.

봉산재 소반 수업 시작 2008.6

평범하기를 연습한다

대학만 60개 있다는 보스톤에는 '변호사 없이 이혼하는 법', '벚꽃 길 멋 있게 드라이브 하는 법', '포도주 감별법' 등 다양한 강좌가 개설되어 있다. 모두 가르치는 과목이다. 엄숙한 강좌보다 즐기면서 부담 없이 배우는 강좌는 거의가 가르치는 과목이다.

나는 <u>가르치는 교육을 택했다.</u> 연구는 차분히 시간 들여 오랫동안 하기로 했다. 나는 큰 외숙 105세 어머니 97세 아버지 88세 장수 집안이니 분명히 오래 살 것이다. 커리큘럼을 짜며 현재 나부터 건강하고 따뜻하기로 했다. 위인도 필요 없고 대사업가도 필요 없는 평범하기를 연습한다. 삶에 지치면 평범함도 꿈이 된다고 했다.

가르치는 대상은 일반 주부들이다. 건강하고 따뜻한 주부들 상대로 '나성 숙 옻칠할교'를 모토로 했다. 처음으로 온 학생들은 함께 판소리하는 판소 리반 친구들이었다. '이산 저산 꽃이 피니 분명코 봄이로구나!'

↘ **'가르치는 교육'이라는 말을 쓰시는데, 어떤 뜻을 담으신 건가요?**
앞서도 말했는데 교육은 가르치다 교(敎) 자와 기르다 육(育) 자를 합친 말이잖아요. 지적인 학습과 함께 인격 함양과 교양 등 인간적인 완성도 해야 하는 일이에요. 소중한 뜻을 강조하기 자꾸 '가르 치는 교육'이라는 말이 나오네요.

교칠북촌

202308
Kyochil Bukchon
300×300mm

4·2 창밖에는 윙윙 바람이 불고 - 중년 여자

'당신 밖에서 당신을 추구하지 말라. 인간은 스스로 별이다. (Man is his own star)' 나는 옻칠학교를 운영하며 훈장 같은 훈계는 안 하려고 노력했다. 그래서 생의 찬미, fun, fun, fun은 강조했다. 더욱 환란이 올 때 즐거움 찾기를 말해주고 싶었다. 외눈박이 달걀귀신 두 손 치켜들고 달려오는 환란, 이 또한 웃음이고 기쁨의 기회라고 말했다.

약간은 질겨야 맛있는 고기처럼 환란이 없으면 삶도 멀멀하다. 볼펜 쥐고 숨은 그림 찾으면 즐거운 묘책이 살금살금 솟듯이 우리 인생에 숨은 그림 찾으며 고난도 헤쳐 나갑시다. 옻칠에서 <u>변칠 기법</u>이다.

옻칠을 다 덮어 칠해 놓고 사포 치면 밑에서 여러 가지 숨겨졌던 색옻칠이 나온다. 사포 안 치면 안 보인다. 고통이 없으면 아래 색이 안 보일 것이다. 온갖 미물 중 인간으로 태어나 생명 다할 때까지 일어나는 내 몸 하나 수발들기. 형제, 친구, 제자, 스승 등 나는 선택하지도 않았는데 엮어지는 관계들. 살아가며 벌어지는 많은 사연들, 흐르다 어는 강기슭에서 만난 물망초 한 송이다.

어떻게 할 것인가? 그만큼 했으면 되었다가 가장 큰 답이다. 유한의 인간이 무한의 욕심을 채울 수는 없기 때문에 스스로 얻는 스스로의 '이만하면 됐다.' 자위는 중요하다.

'나성숙옻칠학교'를 하면서 얻은 위로는 사실은 내가 가장 컸다. 이만하면 됐다. 그리고 어려움에 빠진 학생들에게도 그 말을 많이 했다. 이만하면 됐어요.

> ↘
> **변칠 기법이 뭔가요?**
> 변칠이란 옻칠에 변화를 준다는 뜻이에요. 변칠 기법엔 다양한 기법이 있습니다. 예를 들면, 여러 가지 옻칠을 층층이 칠하고 사포를 치면 아래 칠한 색깔들이 표면으로 나타나요. 그 외에도 뿌리고 비비고 섞고! 정석인 옻칠 과정에서 변화를 준 기법을 통틀어 이르는 말입니다.

↳ 서로재 학생용 사물함

조용히, 내용 있게 살아간다

수강생들은 그저 보통 주부들이고 조용하다. 짜릿함보다는 안도감에, 특별함보다는 일상성에 더 가깝다. 아무 탈 없이 일할 수 있어서, 아픈 곳 없이 가족과 통화할 수 있어서, 희망은 없어도 절망도 없이 내일을 또 살아갈 수 있어서 행복하다는 것이다. 무소식이 희소식임을 피부로 느끼며 산다.

나는 뇌출혈 후 80세 언니네로 갔다.

언니와 동생의 일상을 자세히 보았다. 평상시 저렇게 하고 어떻게 살지 했는데 그토록 조용한 인생에서도 재미가 있었고 행복이 있었다. 꼭 나처럼 욕망에 휘달려 널 뛰지 않아도 충분히 내용 있게 살아가고 있었다. 조용함은 웃을 일이 없는 상태가 아니라 울 일이 없는 상태니까, 기쁜 일이 없는 하루가 아니라 나쁜 일이 없는 하루니까, 아무 일도 없이 지나간 이 조용한 하루를 여유로 받아들이고 있었다.

어느 날 연세가 많으신 분이 옻칠을 배우러 오셨다. 먼저 왜 배우러 오셨는지 무엇을 원하는지를 여쭤보았다. '내 길을 찾아야겠어요' 외동딸이 의사라서 외손주를 정성껏 키웠는데 중학생이 되더니 할머니 냄새 난다고 오지 말라고 한다. 허무해서 오셨다. 모르셨어요? 인간사 회자정리라는 것을. 그러나 그런 말은 힘든 사람을 더 힘들게 할 뿐이다. 내가 해봐서 안다. 일단 그의 입장 되는 것이 가장 중요하다.

그녀의 입장 되기. 이 세상에 진실(true)은 존재하지 않는다. 사실(fact)만 있을 뿐이다. 우리는 진실이 있다고 믿고 있지만 그것은 상황에 따라 보는 각도에 따라 수시로 바뀌는 그 어떤 것일 뿐이다. 그러나 사실은 바뀌지 않는다.

'이 세상에 진실(true)은 존재하지 않는다. 사실(fact)만 있을 뿐이다.'라고 하시는 이유는요?
진실은 해석에 따라 바뀔 수 있잖아요. 그러나 사실은 사실로 존재하므로 언제나 그대로 있습니다. 누가 한 말인지는 모르나 맞는 말이라고 생각하고 내가 자주 사용하는 말이에요.

섬세함과 친절함을 내게도

그냥 지금처럼 살아라. 그렇게 살되 어떤 감정조차 책임질 수 없을 만큼 힘든 날, 일부러 나밖에 없는 공간으로 도망가자. 그 조용한 공간에서 자신에게도 말할 기회를 주자. 그래서 오신 곳이 옻칠학교 라고 말씀 하신다.

나이를 먹으면서 가장 두려운 것은 자신의 존재 가치에 대한 의심이다. 그러므로 중년 이후의 삶을 만족스럽게 살려면 무언가 의미 있는 것 즉 내면의 사명감이 필요하다. 그래서 손주에게 갔는데 그것은 더 큰 실망을 주었다고 하신다. 나는 이렇게 말하며 힘을 드렸다.

'나 안 괜찮아.' 하세요. 가끔은 남에게 줬던 섬세함을 나에게도 허락하세요. 내가 나를 위로 하세요. '나 안 괜찮아.' 포기가 습관이 되면 포기하지 않아도 되는 것까지 포기하게 됩니다. '나 안 괜찮다.' 하세요. 그리고 위기를 기회 삼아 더 큰 것 얻으세요.

스스로 발견하는 것은 결단코 저절로 주어지는 것이 아니며 뭔가 계기가 있지요. 문제가 많다는 것보다 더 나쁜 건 문제가 있어도 표출되지 않는 거예요. 그래도 표출하셨고 오셨잖아요. 일단 스스로에게 칭찬하세요. 이 나이까지 살아온 것이 어딥니까? 넋두리를 다 들어 드렸다. "이제 그만합시다. 누구든 자신이 처한 원통이 가장 큰 원통 같겠지만 대단한 것도 아닙니다. 용건은 '그것을 어떻게 받아들이고 이용하는가?' 에 달렸어요. 무엇을 시작할지 아직 확실치 않은 노인도 많은데 옻칠이라는 구체적 대상을 가지고 오신 것이 대단하십니다."

'나, 안 괜찮다.'라고 하시는 이유는요?

보통은 본인이 괜찮지 않으면서도 괜찮다고 하고 넘어가지요. 솔직하게 괜찮지 않다고 하는 것이 좋아요. 자존심 상하는 것도 아니고 뒤처진 것도 아닙니다. 괜찮지 않으니 '안 괜찮다'라고 하는 겁니다. '안'이 앞에 오는 게 더 절절히 다가오지 않아요? '나, 안 괜찮아'라고 해야 내 속도 편하고 도움도 옵니다.

↳ 서로재 마당에서 작업 중

스스로의 힘

나는 계속해서 인정해 드렸다. "무엇을 시작할지 확실치 않은데 그래도 정하고 오셨잖아요. 그것만 해도 어디예요. 손주는 그만큼 자랐으면 다 컸어요. 떠나 보내세요. 따님도 키운 세월과 정성, 다 아니 인정해요."

노인에게 필요한 것은 아직도 <u>스스로의 탄력성과 자생력</u>이다. 갖고 계시니 얼마나 다행인가? 나는 칭찬을 많이 해드렸다. 아니 칭찬이 아니라 새 삶을 찾아 자기를 찾아오셨다는 것이 훌륭했고 그 자생력에 감탄했다. 그 노인 학생은 칭찬보다도 자신을 인정해 주는 것만도, 당신 하소연을 들어주고 공감하는 것만도 고마워했다. 그 후 그분은 다른 젊은이보다 훨씬 더 열심히 하셨다.

손주에게 해줄 떡가루를 호칠할 때 쓴다고 가져오시고 색옻칠도 직접 만들어 찬합 만드시고 자신의 열정을 찾아 열심히 추구하는 것을 보았다.

보통 여자 노인들은 잘 모른다. 해본 적이 없다. 백화점 문화센터와 계모임, 점심 식당가에는 외롭다는 여자들이 모여 서로가 서로를 구경하고 있다. 그러나 이분은 이미 찾아서 오셨으니 채우기만 하면 된다.

이런 학교를 운영하다 보니 옻칠학교가 7번째 배우기인 주부도 있었다. 보자기 만들기, 코바늘 뜨기, 수채화, 아트플라워, 사진 등 여러 분야를 배우러 다니다 드디어 옻칠 소반 만들기로 오셨다.

홀로서기 해보지 않은 주부가 마음 붙이려고 다니는데 주제를 못 정한다. 신체는 건강하고 손녀, 손주는 다 컸고 돈도 약간은 있고 매일 놀기도 지겨우니 뭔가를 배우러 다닌다. 나는 전통을 집중해서 권했다.

> **노인 자신의 탄력성과 자생력에 관해 설명해주세요.**
> 노년기가 되면 탄력성이 줄어요. 그동안 본인이 만들어 놓은 것을 고수합니다. '변화해서 뭐 해?'라고 하거나 바꿀 자신이 없으니 불평하면서도 그대로 안주합니다. 더욱이 자기 자생력도 떨어지지요. 내 친구들도 무슨 제안을 하면 그대로 안주하기 다반사이고 자생력은 아예 없어요. 무슨 겁이 그리도 많은지 한 발짝도 내밀지를 못해요. 그러면서 자신의 신세타령만 하고 남이 한 것을 부러워만 합니다. 이참에 이야기할게요. 이제 100세를 살고 노인이 그리도 많은데, 나라에 '노인부'라도 생겨야 하지 않아요?

사랑이 중심

꼭 옻칠 아니어도 다른 전통분야 어느 것도 한국의 전통은 내용이 깊고 잘하면 세계 1인자도 될 수 있다. 수채화나 유화로는 세계적 톱이 되기 힘들다. 그러나 우리 전통은 아직 연구가 미미한 분야가 많기 때문에 죽을 때까지 꾸준히 연구하면 권위자가 될 수 있다. 나도 그랬다.

2005.11 큰 외숙께서 꿈을 가지라 하실 때 무엇을 할지 막연했다. 그런 상황을 상상조차 안 해보았고 국가 공무원은 철밥통이니 사업할 생각은 추호도 안 했기 때문이다. 무엇부터 할지 막막했다. 방황하는 주부들과 같았다. 의, 식, 주를 써놓고 관련 사업을 하나씩 지워 나갔다. │의 - 웨딩드레스, 애기 옷. 식 - 갈비집, 통닭집. 주 - 빌라 짓기, 리모델링. │ 아무것도 마땅한 것이 없고 꽃잎만 따러 다니지 열매 맺을 자신이 없었다.

그렇게 목마르게 찾고 있으니 양 승춘 교수님께서 전통 해보라는 말에 귀가 번쩍 뜨였던 거다. 단번에 결정했다. 양 교수님은 석, 박사를 비롯한 200여 명에게 전통을 권했는데 실제로 행동화한 사람은 나 교수뿐이라 하셨다. 나는 왜 말씀을 들었는가? 물론 찾고 있었지만 스승님의 사랑을 느꼈기 때문이다.

사랑…. 학생에 대한 사랑…. 나도 옻칠학교 시작하며 사랑을 잊지 않으려고 애썼다. 일단은 내게 배우러 왔으니 내 앞에 있는 학생을 사랑하자. 가장 기본적인 출발점이다. 중심에 해당한다.

↘
양승춘 교수님이 말씀하신 '전통', 어떤 의미였나요?
양승춘 교수님은 나의 모교 서울대 미대 디자인과 교수님이에요. 88서울올림픽 엠블럼과 OB맥주 로고 등을 제작한 유명한 시각 디자이너지요. 내가 무엇을 할까로 고민할 때 전통이란 화두를 던져 준 것이 큰 계기가 되었어요. 나를 일깨운 것이 감사해서 교수님 퇴직 후 서울과기대에서 5년 동안 강의를 이어갈 수 있게 해드렸어요.

내 사랑, 풀어주세요

나는 1979년부터 가르쳤으니 39년 동안 제자가 3000명은 될 것이다. 전국에 흩어져 있는 학사, 석사, 박사. 그 추억 가지고 서로재에서 만나면 북촌에 축제가 될 것이다. 지금은 옻칠을 하지만 80년대는 시각디자인과 여교수가 매일 경찰서를 갔다. 시위하다 걸린 학생 풀어 달라고 갔다.

여자 교수는 경찰서 갈 일이 드문데 '본인은 위 학생의 지도교수로서 평소 성실하고 학업에 열중인 학생이 잠깐의 실수를 저질렀사오니 선처를 바라옵고 다시 학업에 열중할 기회를 주시고 우짜고 저짜고.'

경찰은 거짓말인 줄 다 안다. 그래도 여자 교수가 직접 찾아와 학생을 풀어 달라고 하니 경범으로 처리하여 빨리 풀어 준다. 세상일은 사랑과 성의다. 옻칠학교도 마찬가지다. 아무리 특수분야 옻칠학교라도 사랑과 성의는 필수적이다. 가르치는 것이 목적인 <u>학원은 헤어지면 그뿐이니 마음 아끼라</u>는 조언도 많이 들었다. 그러나 오랜 교수 생활이 몸에 배서 그런지 천성이 그런지 선이 그어지지 않는다. 나는 나무 한 그루 심어 놓고 날마다 물을 주었다. 비바람 헤치며 나무는 잘 자랐다.

↘
'학원은 헤어지면 그뿐이니 마음 아끼라'라는 말은 무슨 뜻인가요?
학원은 필요한 지식과 정보를 알려주는 곳이지요. 사람을 가르치고 기르는 곳이 아니라 학습이 끝나면 그대로 헤어져요. 더 이상의 연결이 없고 사제지간의 정도 약하지요. 그래서 나성숙 옻칠학교도 학원이니 끈끈한 인간관계를 만들지 말라고 한 것이겠지요? 그러나 나는 천성이 사람 좋아하고, 또 어려운 사람을 보면 자연스럽게 마음이 가니 자꾸 연결됩니다. 아마도 내가 큰 슬픔을 안고 지내서 그런가 봐요. 따뜻하게 대했고, 마음을 열어 주고 위로받고 지냈습니다. 30기까지 하게 된 이유라고 생각합니다.

서로재이야기1 모이소갤러리 전시 2021.1.15

들어줄 사람

어느 날 이메일이 왔다. 갑자기 혼자 되니 옻칠을 배우고 싶다고 하신다. 미망인이다. 혼자 된다는 거. 안 당해 본 사람은 모른다. 오시라고 했고 기초 옻칠부터 수업하며 서로 기댄다. 과부 마음 과부가 안다. 보통은 첫날 옻칠을 왜 배우려고 하는 지, 나중에 목적이 무엇인지를 묻는다. 그러나 그 학생에게는 묻지 않았다. 대답을 짐작하기 때문이고 아픈 가슴 더 아프게 하고 싶지 않았다. 사랑의 기본은 존재다. 사람이 없는데 무슨 사랑이 성립되겠는가? 삶은 그야말로 존재의 결정체다. 내가 혼자 되고 난 후에 가장 아쉬운 것은 '존재'였다.

그럼 그 존재 중 뭐가 가장 아쉬웠을까? 대화다. 주저리 주저리. 아무 말이나 하기. 항상 과묵하지 못한 나는 종알거렸고 그는 듣기만 했다. 종알댈 상대가 없어진 것이 가장 아쉽다.

고3 때 같은 반 친구 송 경혜가, 혼자 된 나를 곤지암CC로 초대해서 골프를 쳤다. 경혜는 18홀을 나와 같이 돌며 내 상황을 물었다. "뭐가 제일 아쉽니?" "말할 사람 없는 거. 아무 말이나 말하고 살았는데……."

과부 학생에게 말한다. 우리 둘이는 말하고 삽시다. 아무 말이나 말하고 삽시다. 삶에서 도망치지 않는 것만도 얼마나 대단하냐고 칭찬부터 했다. 도망치지 않는 것도 능력입니다. 빌어먹을 인생에 정직하게 부딪히는 우리는 충분히 대단한 사람입니다. 둘이는 공동으로 욕도 했다. 혼자되고 나서 갑자기 나를 하대하는 사람들 사례를 들며 둘이서 합심해서 욕했다. 그러면서 우리 팔자가 그렇지 뭐. 스스로를 탓도 하지만 그래도 말을 하고 나면 후련했다.

> ↘ **'사랑의 기본은 존재다'라는 말씀이 조금 어려운데요.**
> 아니에요. 쉬운 말이에요. 너무나 당연한 말이잖아요. 사람이 없는데 무슨 사랑을 해요? 남편이 가고 나서 없다는 것은 곧 무(無)입니다. 존재할 때 사랑을 줘야 해요. 존재는 사랑의 기본입니다.

> ↘ **선생님의 친구 송경혜 님과는 어떤 인연인가요?**　이화여고 3학년 진 반 친구예요. 동창입니다. 이화여대 미대 졸업 후 한양여전 교수를 했어요. 같은 전공에 같은 직업이니 통하는 점이 많았습니다. 친정이 S호텔 집안으로 부자입니다. 하하하. 나를 많이 위로해 준 고마운 친구죠.

봄비내리는북촌

201504
Spring Raining
600×600mm

내 마음을 뺏어갈 대상

나는 직업도 있고 보통 여자들보다 인적 인프라도 넓다. 그런데도 헤매는데, 일반 주부들은 얼마나 힘들지 뻔하다. 나도 혼자 서는데 몇 년이 걸렸는지 모른다. 보통 주부들은 살아내기 힘들겠구나 정말 막막하겠구나 했다. 오죽하면 덜 망한 사람이라고 미망인(未亡人)이라고 부르겠는가? 나는 미망인 학생의 친구가 되기로 했다. 초록은 동색끼리 종달새로 떠들기로 했다. 그런데 어느 날부터인가 둘이는 그만 종알대고 있었다. 우리는 이미 서로를 다 안다. 그 학생과 나 사이에는 말없이 흐르는 공통분모의 깊은 강이 흐르고 있었다.

나는 이렇게 말했다. '살아요'라는 무책임한 말보다 살아볼 만한 가치를 같이 느껴보자고 했다. 그러면서 옻칠을 잘 배워보자고. 행동하자고 했다.

시간이 약이라지만 절대 그렇지 않다. 3년, 5년, 10년은 물리적인 숫자일 뿐 의미가 없다. 나는 옻칠 덕분에 잊을 수 있었다고 했다. 시간이 아니라 내 마음을 뺏어갈 대상이 생겨서 잊었다고 했다. 옻칠 생각하느라 잊혀져 갔고 앞으로의 희망도 있다고 했다. 남편을 천국에서 만나면 예쁜 12각 옻칠 소반에 북엇국 끓여 줄 거라고 했다.

'살아요'라는 말이 무책임하다고 하신 이유는 무엇인가요?

'살아요'라고 말하면 추상적입니다. '살아볼 만한 가치를 느낍시다.' 하면서 가치를 느낄 대상을 함께 찾으면 좀 더 구체적으로 도움을 줄 수 있어요. 예를 들면, 전통 소반을 만들고 전통을 알아가는 가치를 말하는 것이 더 빠르고 큰 위로가 되었듯이 말이에요. 딱 죽고 싶은 사람이 '살아요'라는 말을 들으면 더 막막할 수 있습니다.

은비내리는북촌

201909
Silver Rain Bukchon
300×300mm

살아갈 수밖에

그 후 그 학생은 허리에 병이 생길 정도로 열심히 했다. 오늘 나는 실패했다. 하지만 그럼에도 불구하고 나는 아직 무너지지 않았다. 나는 오늘 다시 시작한 사람이다. 어느 날 찰리 채플린의 인생관을 적어 보냈다. 유명한 코메디언도 그러하니 우리도 담담하게 받아 들입시다. '인간이란 모두 괴로워하며 살아가는 수밖에 없는 것이다.'

찰리 채플린의 인생관 - 〈고도원의 아침편지〉에서 2002.8.15 수집

내가 맛보았던 불행, 불운이 무엇이었든

원래가 인간의 행운, 불운은

저 하늘에 떠다니는 구름 같아서

결국은 바람 따라 달라지는 것에 지나지 않는다.

그렇게 생각하니까

나는 불행에도 그다지 심한 충격을 받지 않았으며

행운에는 오히려 순수하게 놀라는 게 보통이었다.

나에게는 인생의 설계도 없으며 철학도 없다.

현명한 사람이든,

어리석은 사람이든,

인간이란 모두 괴로워하며 살아가는 수밖에 없는 것이다.

- 《찰리 채플린의 자서전》 중에서

찰리 채플린의 인생관이 선생님 생각과 잘 맞나요?
'행운과 불운은 바람에 따라 바뀌는 구름과 같아서 그다지 큰 충격을 받지 않는다'라는 채플린의 말을 자주 떠올려요. 결국 삶이란 괴로워하며 살아간다는 것! 인생에 대하여 담담한 대비를 하는 태도가 훌륭하게 다가옵니다.

↻ 청주공예비엔날레 참가 2023.9.20

4·3 우리 서로 다리가 되어 – 청주공예비엔날레

옻칠하면서 가장 보람 있었던 일은 청주공예비엔날레 출품이다. 서울미대 기라성 같은 친구들도 초대받은 적 없는데 내가 감히… 전시회 때마다 특이한 옻칠을 하는 나를 눈여겨 본 강 재영 청주비엔날레 총감독의 초대다. 전시장을 금으로 바르건 삼베를 펼치건 혼자서 해낼 수 있다. 그러나 혼자보다는 여럿이 하는 것이 더 의미가 있다고 생각했고 주제를 '우리 서로 다리가 되어'로 내 스스로 정했다.

안젤름 키퍼(Anselm Kiefer, b. 1945)처럼 하늘에서 사다리를 내릴까? 조약돌을 쌓아 올릴까? 별궁리를 다 하다가 기획의 달인 서 정기 선생님께 SOS 쳤다. 역시 또 사람 만나기다. 난관에 부딪치면 사람의 도움을 요청하시라.

출품자 17명 모두 앉을 수 있는 벤치를 구상하셨고 연결하셨다. 다른 작품들은 감상용으로 수직인데 우리 작품은 쉬라고 수평이다. 편안하다.

우리는 여러 번 회의를 통해 의견을 나누었고 2주에 한 번씩 만나 서로의 진행을 보았다. 청주시에서 나온 작품 제작비로 옻칠 밑판 만들고 제작에 들어갔다. 일단 하도를 그려온다. 17명이니 여러 가지 기법에 여러 가지 주제로 다양하다. 옻칠이 이럴 수 있나 할 정도로 현대적 느낌이다. 각자 완성된 작품을 합동으로 설치했고 오프닝에도 일렬로 죽 앉았다.

> ↘ **청주공예비엔날레와 선생님과의 특별한 인연이 궁금합니다.**
> 2023 청주공예비엔날레는 세계 57개국이 참가한 세계적 행사였어요. 주제는 「사물의 지도 – 공예, 세상을 잇고 만들고 사랑하라」였고 청주시 문화제조창에서 2023년 9월 1일부터 10월 15일까지 45일 동안 개최되었습니다. 총감독 강재영 감독은 서울역 청사 전시에 나를 초대하기도 했던 분이에요. 2019년 세종호텔 개인전과 2021년 모이소 개인전에서 내 작품을 눈여겨 보다가 비엔날레에 초대한 겁니다. 나성숙 개인을 초대했지만 서로재 학생 17명과 '우리 서로 다리가 되어'라는 주제로 함께 출품했고 소유가 아닌 공유의 시대 흐름을 표현했습니다. 우리의 작품은 청주시에 소장되어 있습니다.

↳ 하도가 다양하니 기법도 다양하다.
총괄 윤혜정 작가, 청주공예비엔날레 참가를 위하여 준비하는 작품들 2023.9.20

청주 단상

산업 시대는 소유의 시대지만 아직도 소유에 집착하는 것은 바보다. 재산의 소유는 이제 '시간과 체험의 공유화'로 바뀌었고 그 중 단연 1위는 협동이다. 허벅지 꼬집는 고생도 나누면 가볍고 베란다에 날아온 풀씨에 물 한 바가지 주면 서로 기대고 산다. 이천에 나무를 심는데 옮기기 싫어서 띄엄띄엄 심었더니 다 죽었다. 말 없는 식물도 서로 얘기하고 기대고 산다.

'나성숙옻칠학교' 출신 옻칠 작가 17명은 뭉쳐서 함께 했고 함께 살았다. 평생 잊지 못할 것이다. 우리 작품은 청주시 소장품으로 선정되었다.

> 참여작가 : 강정웅, 나성숙, 남영록, 남희정, 노은정, 민수인, 박경화, 배성미, 송난영, 신경미, 윤순원, 윤혜정, 정부용, 정재원, 정현정, 조숙희

청주비엔날레 하면서 오 범수 이사장님 생각을 했다.

전시장에서 10분이면 가는 충청대학. 내가 8년 반 근무한 곳이다.

경부고속도로도 2차선이던 시절, 청주로 5시간 출퇴근하고 박사 공부하고 애들은 연년생으로 낳았으니 고생이란 이런 것이다. 신문사 기획실에서 휘날리던 내가 허벅지 꼬집으며 이게 생시인가 꿈인가? 얼마나 고생을 했는지 경부고속도로 달리다가 청주가 나오면 지금도 마음이 싸아하다.

왜 내 인생은 그리도 널을 뛰고 있는지 의심스럽다. 화려했다 비참했다, 변동이 심하니 옻칠의 불변성과 비교된다.

오 범수 이사장님과는 어떤 인연인가요?

호서대학교 설립 초기, 자금 부족으로 순복음교회 조용기 목사님의 후원을 받았습니다. 신학과와 종교음악과 등이 개설되어 내가 재직하는 디자인과가 잠시 폐과되었지요. 전임교수를 찾으러 다니다 서울대 후배 김현 교수(당시 고려대 교수)의 소개로 충청대학 이사장 며느리 김희재 교수를 알게 되었고 오범수 이사장님을 만나게 됐습니다. 김현 교수는 김희재 교수가 정신여고 다니던 시절 입시 구성을 가르쳤던 은사였어요. 저는 소중한 사람의 소개로 만난 인연을 중요하게 여겨요. 그렇게 연결되고 해결되는 일이 많습니다.

붉은 하늘

202108
Red Sky
200×200mm

널뛰는 말 같구나

26살 대학원도 안 하고 전임강사로 발령받았으니 내 동기 중 가장 빠른 임용이다. 신설 대학인 <u>천원공업전문대학 교수.</u> 만원도 아니고 천원이고 거기다 전문대학이니 가기 싫었다. 그러나 외삼촌께서 설립하시고 대학 교수 확보율 때문이라니 천안을 다녔다.

처음부터 너무 쉽게 전임되더니 신설 대학 자금 부족으로 우리 과가 없어졌다. 3년 후에 다시 생겼는데 나는 그동안 다른 대학을 알아보았다. 8개 대학 강사 경력과 전문대 전임 경력, 신문사 기획실 경력으로 지원하는데 이번에는 도무지 전임이 안 된다. 그래도 다행으로 1985년 청주에 있는 충청전문대학으로 갔다. 3년이면 서울로 올 줄 알았는데 8년 반이나 근무했다. 그때 우리 전통을 알았고 옻칠을 알았으면 얼마나 좋았을까? 전통이 지천으로 깔려 있는 시골에서 나는 시각디자인만 역설하고 있었다. 내 것도 아닌 것이 뭐가 그리 좋다고…. 그래서 지금 나는 많은 홍보를 하고 있다. 접수는 그 사람 영역이고 나는 떠들기라도 해야 한다.

나를 채용하신 오 범수 이사장님은 풍채도 좋으시고 낭만도 있고 돈도 많아서 인기가 많았다. 처음 뵐 때 나보고 뛰는 말 같다고 하신 분, 비빔밥과 냉면을 한꺼번에 먹으니 조선시대 태어났으면 소박 맞았다고 하신 분, '갈매기 나는 포구에 배를 띄우고' 시를 한밤에 쓰시고는 그림 그리라 하신 분, 이사장 앉는 의자는 나 교수가 특별히 디자인 하라 하신 분, 새로 설계한 무용실에 벽화 그리라 하신 분, 여교수들 한복 입고 이사장님 댁 세배드리러 가면 나만 남아 떡국 담으라고 하신 분.

<u>천원공업전문대학을 '만 원도 아니고 천 원'이라 한 농담이 재미납니다. 학교이름이 '천원'이죠?</u>
천원공전 주소가 천안시 천원군이라 천원공업전문대학입니다. 학교를 사랑하는 사람만 할 수 있는 농담이에요!

옻칠화의 주요 작가 17명. '우리 서로 다리가 되어'

안녕, 청주

나는 하라는 대로 했다. 근무 여건도 힘든데 이사장님의 사적인 일은 더 힘들다. 그러나 아무 내색도 안 하고 다 했다. 표도 안 내고 그 고생하며 지내면서 이력서를 34번 냈고 서울로 오게 되었다. 완전 내숭 덩어리다. 2중 인격자. 그래도 2중은 약과다. 10중이 아니니까.

나는 노처녀 시절, 방배동 '이채'라는 <u>절세미인 미영이가 운영하는 술집</u>에서 소위 놀았다. 월부터 목까지는 청주에서 '못 먹어요. 못해요.' 금부터 일까지는 서울에서 청춘을 구사한다. 혼란스럽다.

어느 경영학과 교수님과 합석 자리에서 이중 생활로 골치가 아프다고 했다. '2개가 뭐 어려워요. 10개는 구사해야지요.' 내 머리에는 그 말이 오래 남아 있다. 범죄만 아니면 얼굴이 여러 개인 것이 좋고 상대도 바보가 아니면 짐작한다. 그 거짓도 성의로 보인다는 것이다. 100% 솔직은 말이 솔직이지 게으른 것이고 무례하다는 것이다. 거기다 성의도 없는 불성실로 느껴지니 얼굴 10개를 가지고 부지런히 구사하라고 하신다.

그래서 그 보수적인 동네 청주에서 안녕하게 지냈다. 이제는 말각을 드러내고 떠나야 한다. 형원이는 내년에 초등학생이 된다. 서울로 와야 한다. 이사장님은 학교 운영을 학장에게 맡겼고 과잉 충성 학장은 사표 수리를 안 해주고 무단결근으로 처리한다. 다른 대학으로 못 가게 한다. 정말 악질이다. 어렵게 서울 소재 국립대학 교수 발령인데 무단결근으로 못 떠나면 안되는데….

절세미인 미영이가 운영하는 술집이라니, 누구라도 궁금할 것 같아요.
이화여고 친구 조미영은 이대 메이퀸으로 절세미인인데 집안 사정으로 파혼과 이혼을 겪었어요. 그 후 방배동에서 이채라는 주점을 운영했습니다. 유명인인 손님이 무척 많아서 저에게는 무척 재미있는 곳이었지요. 저는 저녁마다 친구네 가게에서 놀았던 거예요.

오범수 충청대학 이사장님과 함께 1989.10

성숙이를 보내며

'이사장님, 저, 서울로 가게 되었습니다.' '잘 됐구면. 이제 아기들도 크고 남편도 서울에 있으니 가야지.' 놀라지도 않는 커다란 벽오동나무 남자 할아버지다. '나 교수는 언젠가는 떠나리라 보았어요. 더 큰 물로 가서 크게 살아요.' 그 나이까지 그렇게도 철저히 나를 부리는 분은 처음 보았다. 그러나 흔쾌히 보내신다. 사표 수리 후 '성숙이를 보내며'라는 칼럼을 교지에 쓰셨다. 나 교수가 아니고 성숙이였다.

나는 내 자리를 며느리 김 희재 교수에게 주었다. 나는 이사장님 밑에서 채찍을 배웠다. 특히 사람 다루는 것에 대해서 배웠다. 보통 성공한 사람들은 당근과 채찍을 구사한다.

나는 37세와 38세 늦은 나이에 연년생으로 딸 둘을 낳았다. 그것도 청주 다니면서. 둘째 형주를 8월 19일에 낳고는 9월 1일에 학교를 간다. 학과장이라 부기도 덜 빠진 채 자동차 뒤에 누워서 가는데 여성 복지는커녕 비참한 지방대학 교수 생활이 돌 맷돌 지고 간다. 그래서 엄마는 호서대학으로 가라 했는데 눈칫밥 먹기 싫어 청주를 다녔더니 이렇게 되었네.

이를 어찌 아셨는지 보직 교수 불러 놓고 한 말씀 하신다. 나 교수가 마흔이 다 되어 출산했는데 석 달은 못 쉬나마 열흘 만에 출근하라고? 이게 무슨 교육 기관인가? 그렇게도 나를 부리시던 이사장님의 불호령에 한 달을 쉬었고 그때 내 강의 대신 해준 대타 강사들은 나중에 여기저기 교수로 임용되었다. 가장 고생한 때가 가장 생각난다고 한다.

'성숙이를 보내며'라는 칼럼은 어떤 내용이었나요?
학교 발전을 위하여 수고를 많이 했다는 내용이었어요. 나를 보내며 섭섭하지만 앞으로 큰 발전 있으라는 축복의 말씀을 써주셨지요. 공식적 명칭인 '나 교수'라 쓰지 않고 '성숙이를 보내며'라고 쓰신 이유는 친숙함의 표현이었고요. 정과 사랑이 느껴졌어요.

나는 옻칠로 위로받았다 | 나성숙 옻칠과 서로재 이야기　　　　　200

긴급 상황

내 평생 가장 고생하던 시절 충청대학 교수 시절, 그렇게 일 많이 시키시던 이사장님 살아계셨다면 이번엔 뭘 시키셨을까? 아마도 옻칠학과 신설일 것이다. 아니 내가 그렇게 만들도록 만들었을 것이다. 한국에는 옻칠학과가 없으니 학생들이 몰려올 것이다.

2023년 2월 청주비엔날레에서 단합과 실력을 본 송원아트센터 초대로 전시가 이어졌다. 마침 학생으로 있던 남 희정 관장님의 초대로 조 민석 건축가가 설계한 전시장에서 전시를 한다. 송원아트센터는 동국제강 장 상태 회장님께서 우리나라 문화발전과 창달을 위해서 설립하신 숭고한 미술관이다. 그러니 우리 학생들은 부담스럽다. 그러나 옻칠 기물은 기술적인 기법만 따라가도 옻칠 특유의 광택과 색감으로 전시장을 채워주니 해보자.

<u>그러다 나는 뇌출혈로 쓰러졌다.</u> 탱크부대도 맨몸으로 이겨낼 만큼 건장한 내가 뇌출혈이라니…. 갑자기 서로재에 난리가 났다. 나 없는 서로재는 긴급회의를 열었다. 강정웅 선생님과 남희정 관장이 협동하여 학생들끼리 운영한다. 나 없어도 잘만 운영되고 있었다. 일본에서 큰 딸이 왔지만 닛산 자동차 다니는 딸은 아무것도 모른다. 놀래서 왔을 뿐이다. 16년을 따뜻하게 흐르는 정과 협동으로 만들어진 분위기 덕분이라 생각했다. 그 바탕에는 서로 도우며 속을 터놔서 서로를 안다. 업무 진행도 효율적이다. 속 썩지 말고 털고 삽시다.

↘ **뇌출혈로 쓰러지셨다니, 지금은 괜찮으신가요?**
2023년 11월 27일 4.5mm 뇌동맥 파열로 지주막하출혈이 있었습니다. 아침에 서로재 지하에서 일어났는데 뭔가 앞으로 쏠리고 멍한 기분이라 앉아보려고 했어요. 구토가 확 몰려오길래 '119다!'라고 생각했지요. 내가 직접 119를 불렀고, 응급차가 데리고 간 곳은 강북삼성병원이었습니다. 신경외과 원유삼 선생님이 생명의 은인이에요. 빠른 수술이 아니었으면 사망 아니면 신체 마비가 왔을 거라고…. 지금은 머리부터 발끝까지, 쌩쌩하게 옻칠 작업하고 있으니까 걱정 말아요.

봉산옻칠전 2012.9.22, 세종호텔 초대전 2019.6.18-30

보여줘야 실력이 는다

서로재 학생들 전시는 2010년에도 있었다. 초보 학생들은 전시회라면 망설인다. 전시는 어차피 '원맨쇼'고 언제 해도 만족이 없다. 인간은 부족한 존재니까. 그러니 쇼 차원에서 보여 주기만 하자. 그러면서 실력도 는다.

나는 출품자 작품을 선별하지 않았고 전시하고자 하는 학생들 작품은 모두 전시했다. 그 중 손 길선 학생은 타계했다. 15년 전 입학할 때도 60세 넘었으니 작고하셨고 문상 가서 초상 사진을 오래 보았다. 학생들 옻칠전은 2011년 봉산재에서 했고 2012년 서로재에서도 했고 북촌 축제에 참가하여 감고당 길에서도 했다.

2019년 세종호텔 초대전에는 학생들도 찬조 출품했는데 전시 운영 차원에서 매우 효율적이었다. 손님도 많고 매상도 오르고 당번 서기도 좋다. 언제나 협동이 운영의 묘미다. 이런 행동이 커져서 드디어 청주비엔날레에서도 학생들과 함께하는 기획이 나온 것이다.

2021년에는 〈행복이가득한집〉을 발행하는 디자인하우스 '모이소'에서 전시했다. 코로나19 시기였는데 오프닝에 사람이 많이 와서 다른 방에 흩어져 있다가 번갈아 가며 참가했다. 모두들 만류했지만 앞으로 또 어떤 일이 벌어질지 모르니 전시는 끝내자고 했다. 사람이 있는데 뭐 그까짓 역병을 두려워하랴.

> ↘ 잡지사 〈디자인하우스〉에 전시 공간이 있나요? '모이소 전시'라고 하셨는데….
> 〈행복이가득한집〉을 발행하는 디자인하우스 건물 지하에 '모이소'라는 곳이 있는데 거기 전시 공간이 있어요.

자기 찾기

학생들과 여러 해를 전시하면서 주부들은 남에게 보인다는 사실에 민감하다는 것을 알았다. 그때마다 나는 그랬다. "남들은 잘 몰라요. 밤새 고민해 보았자 남들은 1초도 안 걸려요. 여중생이 머리핀 어디에 꽂을까로 밤 새 고민해도 보는 사람은 그게 그거예요. 내가 열심히 했고 확실하면 돼요. 자신있게 그냥 보여요."

'자기 찾기'다. 자기는 하나의 세계이고 우주다. 진짜 자기가 누구인지 모른 채 찾아 헤매면 소용이 없다. 세상의 잣대에다 자신을 맞추느라 상실한 것이 너무 많다.

통도사로 옻칠 공부하러 다니는데 관광철에는 방이 없어 동안거 하는 스님들 빈 방에서 잔 적이 있다. 방에 들어가니 벽에 일정표가 써 있다. 궁금하여 읽어 보니 간단하다.

> 3시 – 기상 / 4시 30분 – 새벽 예불 / 5시 30분 – 아침 공양 후 정진 / 11시 – 점심 공양 후 정진 / 5시 30분 – 저녁 공양 후 정진 / 9시 – 취침.

무슨 일정표가 식사와 정진과 취침만 있다.

하루 8시간 정진하고 동안거 3달 하고 10년을 정진한다. 놀랐다. 이유는 자기 찾기. 미물인 내가 세상사에 휘둘리지 않으려는 오랜 노력이라는 생각이 들었다.

↘ __옻칠 공부를 위해 통도사를 다니신다고요?__
조계종 종정 성파스님은 10년 전 옻칠 민화의 보급을 위해 옻칠아카데미를 개설하고 지도하십니다. 금, 토 강의가 있는데 나는 2024년 4월부터 수강했고 2024년 11월 경인미술관 회원전 전시에도 출품했어요. 한 달에 두 번, 주말에 통도사 서운암에 가서 옻칠 공부를 계속하고 있습니다.

백두산

201504
Mt.Baeckdoo
600×600mm

눈초리는 상관 없지

나는 처음에 혼자 되고 하대의 눈초리를 느끼며 10년만 참기로 했다. 가방끈 길고 아는 사람 많은 내가 끈기를 가지고 10년만 하면 뭐라도 나오겠지. 스님들도 닦으며 정진하듯이 옻칠에 정진하면 해탈의 경지까지는 아니더라도 뭐라도 나오겠지 했다.

10년 동안 옻칠하면서 느낀 점은 남들의 하대 눈초리는 아무 의미가 없다는 것이다. 그들은 하대하지 않았다. 내가 못 나고 부족하여 그들의 눈빛을 하대로 본 것이다. 정말 하대로 본다면 관심이라도 있는 것이다.

그러니 나중에는 하대가 무서운 것이 아니라 내 스스로의 눈초리가 무서웠다. 진정성 갖고 잘해야 하니까. 내 스스로가 올바르게 굳건히 서야 하니까.

남편 가고 살아가는 동안 인간사 희, 로, 애, 락에 옻칠공부가 많은 도움이 되었다. 이제는 갚을 차례다. 갑자기 혼자된 학생에게 말했다.

"그대도 옻칠에 빠져 보세요."

10년 동안 옻칠하면서 '하대와 눈초리'를 받으셨다니, 왜죠?

내가 옻칠한다면 모두 의아한 표정입니다. 이것저것 들춰보면서 '알기는 뭘 알아' 하면서 말투나 태도에서 하대가 역력합니다. 나는 그들을 나무라지 않았고 하대 받는 나를 뒤돌아봤어요. '내가 실력을 키우면 된다. 그들을 무서워 말고 나 자신을 무서워하자. 자신의 하대를 무서워하자. 내 스스로가 나를 바라보는 잣대를 엄하게 하자.'라고 생각했습니다. 나는 노력을 많이 했어요. 기존의 옻칠 장인들은 어릴 때부터 옻칠을 한 분들이 많아요. 몇 십년을 했고, 손놀림과 기술이 뛰어납니다. 나는 따라가려고 애를 많이 썼어요. 느려서 그렇지 어떤 종류의 옻칠도 할 수 있게 됐지요. 그러나 나의 목표는 옻칠을 현대화하고 옻칠의 조형적 변화입니다. 그게 나의 역할이고 갈 길입니다.

제5장

부대낄수록
뜨거워지는 피

↳ 나성숙 자개 낙관 붙이기 2017.7.16

5·1 강 건너 오라시네 – 옻칠 사업

2006.12.6 평생 처음 사업자 등록을 했다. 남편 없이 혼자 꺼이꺼이 앉아 있는 결혼기념일, 에잇 뭐라도 저지르자. 벌떡 일어나 종로세무서로 가서 등록했다. '나성숙 황칠' 생각보다 쉽네요. 나성숙 로고 로 자개 낙관을 만들었다. 크기별로 만들어 내 모든 작품에 붙인다. 기물이건 작품이건.

쇼메 코리아에서 전화가 왔다. 2009년 2월 어느 날, 소피 마르소를 한참 설명하더니 선물용 상자가 필요하댄다. 소피 마르소라⋯. 솜털 피어나던 앳된 얼굴, 아래로 내려간 순박덩어리 눈매, 그 소녀도 이제 40살 넘었을걸? 웰컴! 웨–엘컴! 나는 그때 속으로 기뻤다.

전통이 뜬다고, 이제는 문화가 경제력이라고 소리만 요란하지 아직도 매상도 어렵고 사업도 어려운데 소피 마르소가 함을 사 가다니⋯.

어느 나라나 연소득 1만5천불 넘어가면 전통이 뜬다. 구박하던 전통이 자랑스럽다. 디자인센타, 한국공예디자인문화진흥원과 기업들은 전통 분야 전시를 기획하고 세계 각국의 관람객들은 몰려오기 시작한다.

그런데 실제로는 선택되기도 사업번창 하기도 어렵다. 아직 확답하기에는 이르다. 쌍용건설 김 석준회장님은 해외 귀빈께 봉산재 옻칠 함을 선물하신다. 세계적 거물급 건축주께 드리면 '원더풀' 하신다니 신바람 난다. 아마도 내 정성이 전해졌다고 생각했다.

> **소피 마르소가 함을 구매했다고요?**
> 2009년 4월의 일이에요. 소피 마르소가 직접 온 것이 아니고 어느 회사가 와서 옻칠 물건이 필요하다고 하더라고요. 소피 마르소가 한국의 옻칠함을 구매하고 싶다고 하면서요. 나는 사각 보석함을 정성껏 포장해서 보냈습니다.

> 옻칠 상자는 맨위 사진처럼 포장했다.
> 아래 소피 마르소 구매 옻칠 상자. 2009.2

마음으로 전하기

시각디자인과 교수가 한옥에 쪼그리고 앉아 자개 붙이고 사포질 하고 장석 붙이고 가내 수공업하고 있으니 그 정성 안 전해질 리가 없다. 텔레파시! 이 IT 시대에 무슨 말이냐 하겠지만 마음은 발이 없어서 그렇지 달려간다.

나는 내 물건 가져가는 분이 고마웠다. 아직 미진한 내 솜씨를 인정해 주었고 무엇보다 그 많은 아이템 중에 전통을 택해 주셨고 즐기셨다니 더욱 고마웠다.

정말 이런 내 마음이 전해졌는지 리움미술관, 현대백화점, 스토리 샵은 내 고객이 되었고 주문이 들어온다. 그런데 관리를 잘 못한다. 만나기도 힘든 거래처인데 관리를 잘 못하고 있으니 사업으로 번창하기는 글렀다.

물건이 팔리면 빨리 가져 오라는데 납품이 늦다. 옻칠은 하나 만드는데 시간도 많이 걸리고 무엇보다 아직 현직에 있으니 학교 일도 많았다. 누구를 시키면 되는데 그것도 익숙하지 않다. 손해 안 보냐고 묻는다. 한옥이 많이 올랐다. 다행히. 이렇게 1회성 운명에 매달려 살 수만은 없다.

나는 물건을 만들고 떠들기로 했다. 대량생산을 기획했다. 안 팔리면 큰일이니 물건이 유용하고 특이해야 한다. 건강에 좋은 옻칠의 장점을 살리고 디자인은 부티 나게 금을 붙이기로 했다.

> **리움미술관, 현대백화점, 스토리숍에 선생님 작품을 납품하셨다고요?**
> 리움미술관에 사각 선비상과 나주반을 판매했어요. 현대백화점에 대, 중, 소 함 세트를 보냈고요. 이 세트가 1,000만 원으로 고가인데, 딱 5세트를 한정판으로 만들어서 VIP 고객 선물용으로 한다고 하더라고요. 교칠 소반. 삼베 붙인 쟁반 등도 납품한 적 있고요. 스토리숍에는 주로 삼베 붙인 쟁반을 납품했어요.

> 쌍용그룹에서 싱가폴 마리나 베이 리조트에 선물한 옻칠함 2009.1
> 위는 자개 붙이는 작업 중의 사진 2008.11

위기가 기회

코로나 시절, 서로재는 3년 동안 문 닫은 날이 없었다. 옻칠의 방부, 방독, 방청 작용이 맞는가 보다. 이 장점 활용한 물건을 개발하자. 그것도 입에 곧바로 닿는 컵을 개발하자. 컨셉을 잡았다.

1. 음식은 자연식하면서 컵은 왜 그렇지 않은가? 왜 화학 덩어리를 쓰는가? 각자 자기 컵, 옻칠 컵을 사용합시다. 연구소 실험결과표를 넣는다.
2. 디자인은 고품격답게 순금 붙이고 도태칠기 기법으로 백자토에 옻칠하여 고온 경화시켰다. 이름하여 '순금도태옻칠컵'.
3. 정성을 담는다. 작업의 9단계를 기술한다. 초벌구이→재벌구이→생칠→열처리→골회바르기→옻칠하기→사포치기→상칠하기→금박하기

2년을 개발했다. 청자토, 옹기토로도 해보고 온도도 낮추어 보고 냄비에 삶아도 보고. 서로재에는 실험했던 컵들이 그득이다.

예전에 리움, 현대백화점, 쌍용건설 납품할 때는 봉산재 와서 이미 완성된 작품을 가져갔는데 이번에는 기물을 개발해서 가져와 달라고 한다. 균 죽이는 시험성적서도 발급받았고 산청도자, 중앙도재, 이 부연 교수, 명 안삼 명장 등 많은 사람들이 도와주었다.

<u>옻칠의 방부, 방독, 방청 작용에 관해 설명해주세요.</u>
모든 생물은 상처가 나면 자신을 보호합니다. 옻나무도 표면에 칼로 흠집을 내면 상처를 보호하려고 수액이 나옵니다. 이 수액이 생칠인데 썩지도 않고 녹도 안 생기고 균도 죽입니다. 스님 식기인 발우(바루)에 옻칠하고, 제기에도 옻칠하는 건 음식이 잘 상하지 않기 때문이에요. 분권한 교재 부분에 옻칠의 종류에 자세히 나오니 꼭 읽어보세요.

순금도태옻칠컵

교육으로 가자

2021.4 - 이천 산청도자. 백자토 컵 재벌구이

2021.5 - 서로재 작업(사포 220번 치고 생칠 올리기, 180℃ 20분 2000℃ 10분 열처리, 사포 400번 치고 흑칠하기 1차, 칠장에 흑칠 말리기, 물사포 800번 치고 흑칠하기 2차, 칠장에서 흑칠 말리기, 물사포 1200번 치고 주합칠로 접칠하기, 금박 올리기, 손잡이 주칠하기)

2022.2 - 항균시험성적서 발급. 한국건설환경시험연구원에 대장균과 폐렴균 실험을 의뢰하여 99.9% 멸균 증명서 받음.

2022.3 - 박 신영 롤랑갤러리. 제작 과정 동영상으로 촬영

제품이름: 순금도태옻칠컵 / 기초 백골: 백자토 / 촬영: 롤랑갤러리 박 신영

사용재료: 생칠, 흑칠, 18k 순금박 / 적용기법: 전통칠기 기법 / 제작기간: 15일

제작회사: (주)봉산서로재

그러나 대량생산을 목적으로 한 제조업은 성공하지 못했다.

의욕만 있지 경험도 부족하고 아는 바도 없으니 매일 물어보는 게 일이다. 물어물어 찾아간 중앙도재는 산청도자로 가라네요. 거기서 첫 출발했는데…. 공연히 2021.12.2 중앙도재에서 나오는 길에 보이스 피싱을 당했다. 어울리지 않은 일을 하니 정신이 산만하다는 증거다. 웨런 버핏의 말이 떠올랐다. 못 넘을 20m 장대만 바라보지 말고 넘을 수 있는 30cm 지팽이를 잡아라. 교육으로 가자.

보이스 피싱을 겪으셨다고요?

2021년 12월 2일 아침, 중앙도재에서 나와서 운전하고 가는데 딸 형주의 문자가 오더라고요. '엄마, 난데 액정이 깨져서 심어야 하니까 프로그램 내려받고, 하라는 대로 해. 전화받지 말고, 하지도 말아.' 나는 비상등까지 켜고 길가에 주차하고는 원격조정 앱을 내려받았어요. 저쪽에서 내 휴대전화를 다 들여다봤겠지요? 여권, 주민등록증 보내고 간편 비밀번호도 보냈어요. '이상하다. 뭐 이런 것까지 보내지?' 그래도 보냈어요. 그리곤 저녁 모임을 갔는데 딸 형주가 전화했더라고요. '오늘 처음 전화를 건다니, 이제껏 한 것은 뭐야?'라는 생각이 스쳤고, 그제야 보이스 피싱인 줄 알았습니다. 계좌 출금 막고 경찰에 신고했지만, 이미 1,000만 원이 출금됐더라고요. 이게 가장 흔한 수법이라면서요? 액정이 깨졌다는…

긍정 경험

나의 실패, 내가 겪은 사업 실패가 내 자신에게만 있다고 생각하는 경향이 있다. 하지만 사실은 그렇지 않다. 그것은 우리가 사는 삶에서 다반사로 일어나고 있고 시공을 초월해 늘 존재하는 것이다.

보통 망하면 줄줄이 망한다. 그래서 잘 생각해서 실패할 것은 잘 안 한다. 망했다고 소문나면 될 것도 안된다. '그 사람이 하면 꼭 성공해'가 있어야 다음 일 하는데 유리하다. 나는 사업을 실패하며 더 두려운 것은 다른 일에 영향을 주는 것이었다. 그래서 신중하게 생각하고 발을 내디딜 적에는 나중에 다가올 결과도 생각한다.

한국여성시각디자이너 협회장 할 때 광고 10여 개 따서 북경 신화사 통신 전시회를 했다. 나의 미술단체 활동은 여기부터 시작했고 여자들 43명이 1997년 북경 가서 대형 전시회를 열었다. 이 일은 여러 분야에서 긍정적인 영향을 끼쳤고 회원 500만 명인 한국여성단체협의회 회계도 맡게 되었다. 한국여성단체협의회라….

어느 눈발 날리는 총회 날 100명 정도 회원인 한국여성시각디자이너협회 회장에 당선되었다. 너무 작다. 더 큰 협회가 있을 것 같아 전화번호부를 뒤졌다. 우리 같이 작은 협회가 또 있을 것이니 머리를 쓰자. 한국여성단체연합회는 40여개가 모여있었고 물어물어 찾아가니 용산역 앞에 허름한 건물 2층에 있고 친구 김 금래가 사무총장이었다. '성숙아 네가 여기 어떻게 왔니?'

> **김금래님은 어떤 친구인가요?**
> 이화여고 친구이고 여성부 장관을 역임했어요. 인품이 참 훌륭하고 좋은 친구예요. 내가 행사를 하면 자주 축사를 해주는 고마운 사람입니다.

> 한국여성단체지도자 연수 1996.4.3
> 이화여고 졸업 30주년 쉐라톤워커힐 파티. 2001.5.29

2015.6.13

마지막 반짝임

금래는 나중에 여성부장관이 되었고 여성계 훌륭한 일을 많이 했다.

어려운 NGO 단체 40여 개가 모여 벌떼처럼 여성 문제로 덤벼들 때다. 혼자보다 여럿에 힘이 실리고 우리 협회는 모성, 육아, 저출산 문제 등으로 전시회를 개최했다. 여성들의 주장을 우리 시각디자이너들이 작품화 하였고 여협은 200만 명 회원이 500만 명으로 확대 되었다.

그 때부터 옻칠을 했다면 전국 주부들 옻칠 장인 되었고 가족들은 훨씬 더 건강했을 텐데…. 전통도 모르고 옻칠도 모르고 그 좋은 옥토에 가시풀 심고 있었다.

이화여고 1971년도 동기회장을 맡아 졸업 30주년 기념행사를 했다. 29주년이면 안 맡았다. 30주년이니 1년에 1만 원만 내라고 하여 30만 원씩 1억 7천만 원을 모았다. 민초들의 합창이었고 실패하면 죽을 때까지 따라오니까 열심히 하여 담임 선생님들과 친구들 200여 명이 쉐라톤워커힐에서 파티를 했다.

해외에서 온 친구들 자녀들은 워커힐 빌라에서 재우고 선생님들도 돌아가시기 전에 모셨다. 초로의 친구들이 마지막 다이아몬드로 빛났다. 그러나 바로 뒤 엄청난 비극이 내게 다가올 줄은 꿈에도 몰랐다. 오, 주여!

이화여고 졸업생들은 자주 행사를 하나요? 어떤 행사를 맡으셨는지 궁금합니다.

이화여고 졸업한 지 30년 되던 해 동기회장을 맡았어요. 전 세계 친구들에게 연락하여 2001년 5월 29일 워커힐호텔에서 만찬을 했습니다. 200명 넘는 동기생과 스승님이 만났어요. 졸업생이 30만 원씩 모금하여 모교에 1억이 넘는 발전 기금을 냈고 오랜만에 우리 동기들이 다시 뭉치는 계기를 만들었지요. 졸업생으로 이화여고에 대한 자부심과 고마움이 있으니 갚고 싶었어요.

고(故) 이병규 논설위원

5·2 내 심장을 그대 잔에 - 그는 갔다

"죽었어요?" 현관 앞에는 경찰이 서 있다. 주머니에서 주민등록증 꺼내는데 내 남편 이 병규. 2004.8.2 오후 10시. 그는 그렇게 갔다. 한 여름 매미 소리만 맴맴 들렸다.

부부의 인연, 이 긴 세월에 이 넓은 공간에 좁쌀알로 만난 인연이 여기가 끝이란 말인가? 연애 6년 결혼 18년, 함께 보낸 세월이 24년이다. 나보다 연하였으니 먼저 가리라고는 전연 생각 못 했다. 운명이리라.

사랑을 잃은 여인, 나의 남편이었고 애들의 아빠였다. 그가 쌓은 노하우는 국가적으로도 아까웠다. 대학 4학년 때 볼쉐비키 혁명을 썼고 신문사에 입사하여 정치부장, 논설위원을 역임했다. 다섯 분의 대통령을 모셨고 여러 총리와 대담하였고 국회의원도 많이 만들었다. 우리가 하바드 있을 때 별정직 추천으로 서울에서 전화도 왔다. 정치계의 거물이었다.

문상에 온 그들의 눈빛, 우람하고 키 큰 남자들이 나를 바라보며 떨어뜨리던 눈물, 소 같은 눈에서 뚜두둑 떨어졌다. 투명하고 맑은 액체. 그들은 순수했고 진정 내 남편을 사랑한 사람들이다. 나는 지금도 그들에게 고맙고 미안하다.

거기다 자살이다. 세상에….

그 시기, 부산 시장 안 상영, 전남도지사 박 태영, 파주시장 이 준원, 현대사장 정 몽헌, 대우사장 남 상국 등 많은 사람들이 죽어 나갔다. 그 때 내 남편은 그렇게 가면 안된다고 칼럼도 썼는데 자기도 그렇게 가다니 믿을 수 없었다.

부군께서는 어떤 언론인이셨나요?
1979년 신문사에 입사하여 정치부장, 논설위원을 역임했어요. 언론계, 정치계에서도 주목받는 인재였어요. 지금까지도 웬만한 남자는 시시해 보일 정도로 똑똑하고 현명하며 의지가 되는 사람이었어요.

깨끗했다

사인을 찾으려고 그의 서재 방도 뒤지고 수첩도 구석구석 읽고 계좌 추적도 했다. 아무것도 없다. 시신은 깨끗했다. 18층에서 떨어졌는데 어찌 저리 상처 하나 없지? 라는 생각은 들었으나 범인 잡아서 뭐 하나 다시 살아온다면 모를까.

나는 가끔 그가 살아있었다면 우리 전통에 많은 도움이 되었을 텐데 한다. 그러나 그가 살아있었다면 옻칠을 안 했을 것이다. 옻나무라는 게 있대, 그 정도로 알았을 것이다. 그가 가고 나서 21년, 가시고기는 제 살과 몸 다 뜯겨 자식에게 주고 간다. 그래서 자손이 번창했다면 너무 큰 도약일까?

경황없이 초상을 치렀다. 문상객 천 명에 몇백 개의 조화는 늘어서 있을 뿐이고 기억에 남는 것은 <u>두 딸</u>의 멍한 표정. 고2와 중3. 너무 어리다. 성종의 8남 완원군파 13대손 담양 선산에 젊디 젊은 쌩짜 남편을 묻고 왔다. 초상 끝나고 이촌동에서 학교 가는데 처음 보는 동네 같았다.

하늘이 저리게 파랗던 첫 출근 날, 갓길에 차 세워놓고 엉엉 울었다. 눈물은 옆으로 흐르고 있었다. 정말 슬프면 하늘 쳐다보느라 눈물은 옆으로 흐른다. 하늘은 파랗다. 근데 나는 막막했다. 지금도 그 하늘이 생생하다.

이런 슬픈 글을 왜 쓰는가?

이래서 옻칠을 했다. 내가 옻칠을 하게 된 가장 기본 동기다. 나는 아직도 슬프다. 매일 웃자, 웃자, 웃자를 부르짖고 살지만 저변은 슬프다. 나만 그러한가? 정도는 달라도 모두가 슬프다. 나는 이 책이 용기와 행복을 주기를 바라는 마음에서 쓴다. 뭐 하나라도 도움이 되어야지 않을까? 그 고통 겪었으니……

"살아냈어요."

<u>부군 작고 시, 두 따님에 대한 걱정도 컸을 것 같아요.</u>
큰 딸 형원이는 당시 과천외고 2학년이었어요. '이제 네가 호주다'라고 하니 '호주가 뭔데?' 하더라고요. 둘째 형주는 아직 어린 용강중 3학년이었고요. "엄마, 이제는 아빠 못 봐?"라고 하던 말이 기억나요. 딸 둘이 모두 침착했고 빨리 일어섰습니다. 나보다 같이 보낸 시간이 적어 추억도 적으니 상황 대처에 빠르고 도리어 나를 걱정하더군요. 매일 밤 내 방문을 열어보며 내 상태를 점검하던 아이들입니다.

기자 이병규 24년, 나성숙 저, 한국여성디자인연구소 출판 2005.10

이제 와서 무슨 소용

나는 죽음의 수용소에서를 머리 맡에 두고 수십 번 읽었다. "살아가야 할 이유(why)가 있는 사람은 어떠한 방식(how)에도 견딜 수 있다." 빅터 프랭클(Viktor Frankle 1905-1997)의 '죽음의 수용소에서'. 살아가야 할 이유는 부인이었고 그를 지켜 주었다.

그러나 내 남편은 죽어서 없고 거기다 자살이었다. OECD 자살률 1위, 출산율 최하, 매일 40명이 죽는다. 한 사람이 자살하면 최소 6명 이상이 심한 정신적 충격과 외상 후 스트레스 장애(PTSD)를 겪게 된다. 그 고통은 거의 평생을 간다. 지난 해 1만 4000명이 자살했으니 적어도 8만 명의 유족이 생겼다.

빅터 플랭클은 '살아 있어야 한다'를 많이 강조했다. 그래야 상황을 바꿀 기회가 온다고 했고 나는 그 말을 되새겼다. 그러려면 일단 참아내야 했다. 내게 몰려오는 슬픔도 있지만 주변의 시선은 더 괴롭다. 인간은 사회적 동물이다. 나는 수용소에 있는 것이 아니고 정상적인 사회, 그것도 위계질서 튼튼한 국립대학 교수다.

이화여고, 서울미대, 환경대학원, 박사, 하바드대 연수, 이리도 A+만 살다가 D로 떨어졌다. 갑자기 재수 없는 사람이 되어 경조사도 가려서 가야 하고 일단은 '어쩌다, 쯧쯧.' 하는 원하지도 않은 측은지감의 눈빛을 겪어내야 한다. 위로할 때는 그 사람 입장이 되어야 하는데 저 잘난 척 하는 일도 많이 겪었다. 특히 '있을 때 잘 하지'는……. 이제 와서 어쩌라구요. 더 큰 상처만 주었다. 낚시 밥으로는 지렁이가 최고인데 치즈 케익이 뭔 소용인가요?

↘ **'낚싯밥으로는 지렁이가 최고인데, 치즈 케이크가 뭔 소용인가요?'라는 말의 뜻이 궁금해요.**
상대를 위한다면 상대가 원하는 것을 주어야 한다는 말입니다. 생선을 낚을 방법으로는 생선이 좋아하는 지렁이를 주어야 합니다. '나는 너를 위해서 무엇 무엇을 주었는데 너는 안 알아준다'라는 사랑의 방식은 우매하지 않아요? 상대를 읽고 파악해야 합니다.

Harvard대학 Niemann fellow ship 졸업식. 덕분에 나도 공부했다. 1999.5
두 딸 이형원, 이형주

'4시간의 사랑'은 1장 제일 처음에 나온 그 이야기인가요? 맞아요. 큰외삼촌과 대화를 나눴던 그 일
이요. 그 말씀이 아니었다면 얼마나 오랜 기간 헤맸을까요? 봄이 빨리 와서 다행입니다. 봄은 옻칠과
함께 왔어요. 구체적으로 몰두할 수 있는 일이 아니면 소용이 없어요.

사람의 일

'북어국' 책 낸 후에 많은 전화가 왔다. "저 사실은…" 하면 일단 차를 길 옆에 세우고 얘기부터 들어준다. 묘한 분위기의 이메일도 온다. ac.kr도 있고 co.kr도 있다. 자살이다. 1, 울지 말기 2, 원망하지 말기 3, 미래 얘기 하기를 약속하고 만난다. 나는 주로 압구정 한강 위 'ON'에서 만났다. 울지 않기로 했는데도 펑펑 운다. 집에서나 밖에서나 참아내느라 소리내어 울지도 못하는데 동지를 만나니 실컷 운다. 허파꽈리까지 운다. 그 쓰라린 나날은 매일 쓰는 일기 덕에 남아 있고 이 글 쓰는데 자료가 되었다.

이제 세월 지나니 살아냈다고 감히 말할 수 있다. 왜 살아야 하는가? 사회학 책으로 가득하게 논리는 많다. 그러나 나는 선택권을 꼽는다. 내가 아무리 비참해도 내게는 아직 선택권이 남아 있다. 그것만은 못 빼앗아 갔다. 인간의 존엄성, 얼마나 다행인가? 원망과 불평을 선택하지 않았고 벗어나려는 노력을 선택했다. 정신과도 가고 목사님 상담도 하고 〈북어국〉 저술도 하며 안간 힘을 썼다. 다 소용 없었다. 술로 지냈다. 노력이 소용 없었다면 무엇이 나를 세웠을까? 사랑이다.

만사는 사람의 일이다. 내가 찾아가지 않았다. 그가 나를 불렀고 세웠고 살려냈다. 2005년 11월. 늦가을 내게 봄을 주셨다. 4시간의 사랑.

이번에는 내가 줄 차례고 깊은 슬픔 겪었으니 그 만큼 위로도 클 것이라 생각한다. 특히 구멍 파고 혼자 들어가 앉아 있는 사람을 만나려 한다. 가슴 저리는 하늘에 하늘 길이 열어 주리라.

부군이신 이병규 기자님 관련 책인 《북어국》에 대해 간단한 소개 부탁드려요. 남편 작고한 후의 어느 날, 한국일보 출신 기자들이 모였어요. 김훈(소설가)님, 장명수(신문사 사장)님, 박내부(논설위원 실장)님 등과 양평에 점심을 먹으러 갔지요. 종일 내가 멍하니 있으니 장명수 선배님께서 책을 쓰고 풀리고 하더라고요. 1년 동안 아픈 마음을 썼고 디자인하우스 이영혜 사장님이 출판해 주었습니다. 내용은 모두 슬픈 이야기이고, 내가 옻칠하기 전이라 옻칠 얘기는 한 줄도 안 나옵니다. 그저 한풀이 였어요. 그때 빨리, 옻칠처럼, 슬픔과 인생에 대한 대안을 찾았더라면 더 좋았을 것을!

봉산재 설립 2007.9
서로재 전경 2019.5

웃어 넘긴다

마음을 이렇게 먹었고 죽을 때까지 변하지도 않을 텐데 사업에서는 모두 망했다. 나는 돈 계산은 잘 못한다. 사람 이름은 그리도 잘 외우고 한 번 간 길은 귀신처럼 찾아가면서 계산은 잘 못한다. 그때 얼마 주고 샀는지는 기억이 잘 안난다. 그래서 회장 할 때마다 돈 계산은 총무에게 맡겼다. 자신이 없어서. 그러니 제조업은 당연히 망한다.

웃기로 했다. 실패해서 짜증나 죽겠는데 웃지도 말라고? 위기에 처하면 그 사람의 본성이 나타난다고 한다. 나는 그렇게 심한 고통도 겪었는데 이까짓 사업 실패 가지고 뭘. 웃어 넘겼다. 그러면서 드는 생각, 어울리지도 않는 일 그만 털어 버리자. 나는 이제 웃으며 다음을 살 것이다.

교보문고 건물에 할머니 시바타 도요의 격려문이 걸려 있다. '약해지지 마, 햇살과 바람은 한쪽 편만 들지 않아.'

민들레 홀씨는 작고 연약해 보이지만 바람에 지지 않는다. 오히려 바람을 타고 항해를 한다. 우리에게 필요한 인식은 바로 그 민들레 홀씨처럼 작고 연약하다는 것이다. 그 이상도 그 이하도 아니다. 작은 것부터 하기로 했다.

일본 시인 시바타 도요의 격려문은 어떤 것이었나요?
광화문 교보문고 건물에 늘 좋은 글귀가 걸리잖아요. 어느 해 걸려 있던 시바타 도요의 격려문이 마음에 확 와닿았어요. '햇살과 바람은 한쪽만 편들지 않으니 약해지지 말라'던 그 글귀.

삼베춤추다

201504
Flax Dancing
600×1200mm

불쾌한 순종

김해 시청에서 전화가 왔다. '나 교수님, 예전에 쓰신 책 '유쾌한 반란' 특강 좀 부탁 드립니다.' 특강이라고? 유쾌하다고? 세상에서 당혹스러운 것 중에 하나가 초상 중에 고인의 핸드폰 울리는 것이다. 사람은 갔는데 명랑하게 어떻게 지내냐는 안부 전화. 시청에서 온 전화는 꼭 그런 기분이었다.

생에 최고 업적은 남에게 유익을 가져다주는 것이라 한다. 삶의 어떤 영역에서도 다른 사람이 성장하도록 돕는 것은 유익한 것이라 한다. 왜냐하면 우리 모두 삶의 수준을 높여 주는 일이기 때문에. 그리웠던 '유쾌한 반란'의 추억. 진주 MBC건 창원 대학이건 내려가서 강당에 잔뜩 모인 여자들에게 희망을 주고 왔었다. 이번엔 나도 실패해서 우울한데 '유쾌한 반란'하러 갔다. 그래, 내려가서 내 코드인 유쾌함을 나누어 주고 오자. 내 슬픔을 그들은 모른다.

슬픔과 기쁨 양쪽에서 유쾌하게 널뛰다 돌아왔다. 삶은 기쁨만으로 이루어져 있지 않다. 기쁨 때문에 슬픔이 있고 슬프기 때문에 기쁨이 있다. 그래, 다시 사는 것이다. 그런데 돌아오는 길에 뜻밖에 사랑 생각이 났다. 김해 시청 아줌마들. 이미 새 싹도, 푸른 잎도, 꽃도 아닌, 누런 잎인데 그들은 단순하게 울고 웃었다. 순진하고 맑고 행복했다.

방청객들은 나에게 '유쾌한 반란'을 의뢰했지만 나는 '불쾌한 순종'이었다. 나는 도리어 그들이 부러웠고 그 이유는 사랑의 부재였다. 한강 다리 건너오면서 사랑을 해야겠다는 생각이 들었다. 잊혀졌던 '무도회의 수첩'을 꺼내자.

↘
〈무도회의 수첩〉이 영화 제목인가요?
프랑스의 무성영화, 흑백영화인데 1937년 작품이에요. 어느 화려했던 여배우가 젊은 시절에 썼던 무도회의 수첩을 꺼내 들고 그 시절의 추억을 회상하는 영화입니다. 나도 젊은 시절의 추억인 무도회의 수첩을 꺼내 들고 다시 사랑을 하자고 했던 거지요.

열정을 쏟을 사람

내가 정말 영리한 사람이라면 더한 위기를 맞기 전에 영적인 관계를 맺자. 보통 중년을 두 번째 성인기라고 한다. 진정으로 열정을 쏟을 곳을 찾아 열심히 추구하라고 한다. 사랑이다.

어느 독자를 만났다. '나 교수님, 북어국 독자인데 뵙고 싶습니다.' 중간에 사람 없이 곧바로 만나는 직거래는 위험하다. 미국 같은 신용사회는 소개와 추천서에 비중을 크게 둔다. 그래도 나는 만나러 나갔다. 이혼했고 홍 나희 씨 6촌이고 4개의 공장을 운영한다며 선물도 준비해 왔다. 나는 속으로 '이혼을 안 했거나 공장 운영을 안 하거나 거짓말'이라고 생각했다.

정말 그 돈이 있다면 쉽게 이혼할 리가 없다. 돈 없는 이혼남이고 나를 엮으러 왔다. 독자는 무슨 독자. 그러나 또 모르지 진짜일지도. 그러니 생글거리며 '네, 감사합니다.' 했다.

3달쯤 만나고 있는데 와타나븐이 태국에서 갑자기 한국에 왔다. 내가 방콕에서 비행기 갈아탈 때 나를 안내해 주던 파슨즈 졸업한 교수님. 유럽행 비행기 중 방콕 환승이 가장 싸서 나는 유럽 갈 때 그 비행기를 자주 사용하였다. 11시간 동안 나를 데리고 메콩강도 가고 마켓도 갔다. 그때 옻칠 가게 가면 좋았을 텐데 동남아 옻칠도 종류는 다르지만 그 기막힌 손재주로 세공이 우수하다. 그가 서울에 왔으니 이번에는 내가 안내할 차례다. 함께 만났는데 영어를 3마디도 못한다. 내 그럴 줄 알았지. '우리 그만 만납시다. 안 맞는 것 같아요.'

> **'홍나희 씨'는 홍라희 여사를 말한 거겠지요?** S그룹 홍라희 여사의 육촌이라는데 다 거짓말이지요. 공장 네 개를 운영한다는 것도 믿을 수 없더라고요. 이혼을 안 했거나 했다면 재력이 없는 사람일 거고요. 나는 이미 짐작했고, 그가 준 선물은 뜯어 보지도 않았어요.

> **와타나븐씨는 누구인가요?** 2000년, 서울에서 세계그래픽디자인대회(International Council of Graphic Design Association, ICOGRADA 2000)가 열려서 전 세계 그래픽 디자이너들이 왔어요. 나는 그때 태국 와타나븐 교수를 만나 안내했습니다. 프랫(Pratt Institute) 출신 시각 디자이너이자 태국 대학의 교수인데 2007년 서울에 올 일이 있어서 나를 만났습니다. 그 자리에 그 남자를 데리고 나갔는데 영어를 한마디도 못했어요. 거짓이 탄로 나는 순간이었지요.

옻빛산하

201306
Ottbitsanha
600×800mm

내 것이 아니면

어느 날 초인종이 울린다. 모니터를 보니 아파트 경비실을 어떻게 통과했는지 그가 문 앞에 서 있다. '그만 만나자 했잖아요.' 잊을 수가 없다나? 이렇게 해서는 안 떨어질 것 같다. 강하게 나가자.

'야, 이 남자야, 주 2회 만나서 40만 원 쓰고 3달이면 500만 원인데 그것으로 얼마를 챙겨가려고 그러냐? 안 나가면 경비를 부르겠다.' 그랬더니 주먹으로 바닥을 치며 '내가 선물도 많이 했는데…' 한다.

집에 들어가서 그가 준 선물을 그대로 들고 나왔다. 블라우스, 구두, 가방 등등. 뜯지도 않았다. 공무원으로 길들여진 나는 선물을 잘 안 푼다. 상대방에게 풀어 보라고 한다. 풀어 보고 돌려주어도 뇌물 수수로 걸린다. 이런 것을 어떻게 알았을까?

최고위과정 할 때 어느 분이 김 진권 고등법원장님을 만나게 해 달라고 한다. 나는 중간 역할로 함께 갔다. 사무실에서 봉투를 꺼내는데 질겁을 하신다. 만지지도 않고 가져가라고 하신다.

나중에 나에게 조언하셨다. '나 교수, 내 것이 아니면 만지지도 말아요. 그 어느 것도요.' 그러니 내가 그 선물을 뜯었겠는가? 경비 불러 내쫓았는데 내 주변 사람들에게 피해 안가기를 바랐다.

김진권 고등법원장님과는 어떤 인연이었나요?
최고위과정 학생이었고 김경종 북부 법원장께서 입학 권유하여 들어온 분이었습니다.

북촌 노을

202308
Bukchon Glow
300×300mm

비교가 된다

히말라야에는 할단새라는 전설의 새가 있다. 추운 겨울부터 봄까지만 사는 새다. 밤마다 추위에 떨며 내일 아침이면 꼭 따뜻한 둥지를 틀리라 마음 먹지만 아침이 되면 잠깐의 햇볕으로 간밤의 기억을 다 잊어 버린다. 그리하여 또 추운 밤이 다가오고. 겨우 겨울을 보내지만 봄이 오면 아무것도 누려 보지 못한 채 사라질 뿐이다. 평생 고통, 고통, 고통이다.

나도 그랬다. 세상의 모든 고통이 왔다가 잠깐의 희망을 비추다가 다시 고통이다. 몇 번 더 비슷한 사례가 있었고 매번 신중하게 대했다. 계란도 한 광주리에 담지 않았다.

또 다른 남자를 이대 앞 시나위에서 만났다. 둘 다 혼자니 이 명희 교수와 이대 앞 시나위에 맥주 마시러 갔다. 저쪽에서 어떤 남자가 오더니 테이블 옆에 무릎을 꿇고 '사랑합니다. 으잉? 이건 또 뭐람? 내 나이가 몇인데… 이명희 교수는 자리를 피해주었고 그가 위로 올라와 앉았다. 현직 어느 TV PD고 나보다 10살 어리고 주인아저씨도 잘 안다. 간첩은 아닌가 보다.

다음은 먹으러 다닌다. 남영동 생태탕집, 응암동 옻닭집, 대방동 보신탕집 등 먹으러 다닌다. 신문사에 오래 근무한 나는 언론인들이 맛집을 잘 알고 있고 먹으러 다니는 것을 안다. 언론인은 언론인이네.

봉산재 우리 집에도 자주 왔다. 그런데 그만 만나자 했다. 왜냐? 자꾸 남편과 비교가 돼서.

할단새 전설, 들려주세요.
히말라야에 산다는 전설의 새로, 눈보라에 시달리는 밤마다 '내일은 집을 지어야지'하지만 따뜻한 낮 동안에 빈둥거리는…. 다짐은 쉽지만, 행동은 어렵다는 뜻으로 쓰이는 말이지요.

이명희 교수님도 독신인가요?
당시 이명희 교수도 싱글이었죠. 서울과기대 졸업생인데 2025년 63세에 결혼했어요. 축하합니다!

옻칠로 마음이 꽉 차서

훌륭했던 내 남편. 정치부장에, Harvard에, 아는 것도 엄청 많아 어느 것을 물어봐도 백과사전이다. 4학년 때 볼쉐비키 혁명 책을 썼으니 역사도 잘 알고 정치자금 때문인지 재벌의 재무구조와 경제 사정도 안다. 집안도 성종의 8남 완원군파 13대 손이다. 시제 지내러 가면 책에서만 읽던 '유세차 ~' 하는 집안이다. 은연 중에 자꾸 비교하다가 얻어맞을 것 같다. 그만 만나자고 했다.

'베일 거두고 마주 본 / 그대 두 눈에 / 내 마음 강물 되어 흐릅니다.'

이래야 하는데 자꾸 비교하고 분석하고 있다. 안 사랑하는 거다. 그때 나는 알았다. 내가 이제 누구를 다시 사랑하기에는 불가능하다는 것을. 비교 대상이 이미 마음을 차지하고 있어서 들어오기 힘들다. 아마 내 남편이 또 죽기 전에는 불가능할 것이다.

혹시 내 마음을 차지한 것이 옻칠이라서 그럴지 모른다는 생각도 했다. 맨날 옻칠 생각만 하고 온도 체크하고 일기예보 비 온다면 신이 나니 무슨 남자가 내 머리에 들어오겠는가?

그저 과거만 씹어 먹고 살자. 과거의 기억을 활용하자. 처음 만났던 순간과 강화도 청년사, 한탄강 모래, 롯데 호텔 바비 런던의 데이트를 생각하자. 순수하던 마음을 되살려 현재의 비참함을 풀어가자.

'베일 거두고 마주 본 / 그대 두 눈에 / 내 마음 강물 되어 흐릅니다.' 어떤 시의 구절인가요?
나는 시를 수집해요. 내 네이버 마이박스에는 시 모음 폴더가 있는데 1997년에 모은 시네요. 이 시는 홍완기 시인의 〈건축언어〉 마지막 구절입니다. MOON IS . . . / Circle is Moon / 한 점이었던 그대 / 황금빛 저 달되어 / 뜨네요 . . . 큰 점으로 // CLOUD IS . . . / Curve is Cloud / 언제나 신비로운 그대 / 구름은 아픔과 그리움의 / '차도르' (Chador) // WIND IS . . . / Line is Wind / 바람되어 떠납니다 / 운명처럼 그대곁으로 / 가을오는 밤길따라 // LOVE IS . . . / Architecture is Love / in Autume / 베일거두고 마주본 / 그대 두눈에 / 내마음 강물되어 흐릅니다. // 가을 〈건축언어〉 1997년 9월 홍완기

왜 죄책감에 시달리나요?

과거가 현재에 미치는 영향은 생각보다 크다. 고통과 상처의 기억만 지워지지 않는 것이 아니다. 따뜻했던 기억도 지워지지 않는다. 과거에 공유했던 사랑과 감정은 낙망에 빠져 버린 지금도 회복하는 데 쓸 수 있는 훌륭한 불씨가 될 수 있다. 그런데 불씨는커녕 우울증에 시달렸다.

우울증은 생물학적으로는 세로토닌과 노르에피네프린이라는 뇌 신경전달 물질의 분비 이상으로 생기는 질병이다. 뇌 신경전달 물질의 통로가 막히거나 좁아져 신경전달 물질이 부족해 지는 것이 우울증 발병의 제1 원인이다. 나는 초상 끝내고 정신과를 다녔다. 가슴이 벌렁거리고 아무 일도 할 수 없었다. 술로 살았다. 유명 의사를 찾아갔는데 내 얘기를 들어만 준다. 지도와 편달과 처방이 없다. 사람을 만나라 했지만 그 말만 하고 끝이다. 어떻게 만나라는 것인지….

단 하나 기억나는 것은 '죽이고 싶었습니까?' '아니요. 그런 생각은 해본 적 없어요.' 등산만 가면 뒤에서 밀고 싶어서 찾아온 부인이 있었다고 하며 그러지도 않았는데 왜 죄책감에 시달리냐고 하셨다. 그리고는 또 듣고만 계시다.

터질 것 같은 마음은 하루가 급한데 다른 병원을 찾아갔다. 첫 진료에서 김미영 의사는 '내가 하라는 대로 하겠습니까?' '네.' 정신과 의사로서는 드문 얘기다. 들어만 주지 않고 하라는 대로 하라니 반가웠다. 약을 처방해 주었다. 그래도 안 되면 술 끊는 2차 약을 먹으라고 했다. 1차 약을 먹고 나니 마음이 차분해졌고 술 끊는 2차 약은 자존심 상해서 안 먹었다. 마음이 조용해지고 나서 물었다. 무슨 약이에요? 홀몬제라고 하시며 조정이 가능하다고 하셨다.

'등산만 가면 뒤에서 밀고 싶어서 찾아온 부인'이라니요?
남편을 죽이고 싶을 정도로 증오해서(실제로 죽이지는 않고) 정신건강의학과에 상담하러 온 부인의 이야기입니다.

북촌 풍경

202308
Bukchon Sight
300×300mm

누구나 그럴 수 있어

우울증은 조정이 가능하다. 우울증도 병 중의 하나니 처방받으면 된다. 우울증으로 정신과 찾는 것은 정신병자와 다르다. 현대를 살고 있는 우리는 우울해질 요소를 많이 갖고 있다. 물질과 명예에 대한 욕망을 주입 받으면서 그것을 성취한 사람을 성공한 사람이라 하고 아닌 사람은 낙오자라 하여 우울을 강요받는다. 우울하기 싫은데 무시하는 법은 배우지 못했고 잊으려 해도 우울이 주변을 맴돈다.

진짜 자기가 누군지 알면 된다. 장미는 장미대로 잡초는 잡초대로 아름다움을 알아야 한다. 그러나 자신이 확실하지 않은 사람은 어려운 일이다.

<u>옻칠 성분이 고집스럽게 만년을 안 변하고 계속되는 것을 배워야 한다.</u> 누가 뭐라고 하던 나는 옻칠이다. 금도 아니고 은도 아니지만 낙오자 되어 우울하지 않다. 혼자 수첩에 적어 좋고 우울한 기분이 살금살금 쳐들어오면 읽는다.

그러니 야단치지 말아요 / 누구나 그래요 / 따지지 말아요 / 나는 가끔 너에게 이유 없는 칭찬을 주고 싶다. 우린 너무 쓸데없이 불행하고 너무 복잡하게 행복하다 / 잘 자는 것도 능력이라니 잘 주무세요 / 젊음이 사라진 후 나에게 남은 무기가 없다고 미리 걱정하지 말아요 / 죽고 싶은 것이 아니라 이렇게 살고 싶지 않을 뿐이예요 / 내일보다 오늘 당장 잘 살고 싶음은 솔직한 거예요 / 너무 잘하고 싶어지면 반대로 아무 것도 할 수 없어요. 담담하세요 / 자신이 진짜 누구인지 보여주는 것은 능력이 아니라 선택이예요/ 절망의 이빨에 심장을 물어뜯겨 본 자만이 희망을 사냥할 수 있대요.

-《어른의 행복은 조용하다》《해리포터 시리즈》《하악하악》등에서 발췌, 메모

<u>옻칠 성분은 1만 년 동안 변하지 않는다고요?</u>
옻칠은 옻나무가 자신을 보호하려고 낸 액이라서 많은 시간이 지나도 안 변해요. 실제로 7,000년 된 옻칠 유물이 있어요. 교재 부분에 나옵니다.

5·3 밤마다 널 향해 돌아누워도 – 혼수함

라캉의 욕망 이론. 인간은 살아있는 동안 끊임없는 욕망을 분출하고 있다. 욕망은 생명의 증거다. 모든 욕망이 사라지면 더 이상 생명이 아니다. 라캉은 욕구와 요구, 욕망을 구분하고 있다. 라캉에 의하면, 욕구는 아주 단순한 형태의 식욕, 수면욕, 성욕을 말한다. 요구는 욕구를 타인에게 전달하는 것을 가르킨다. 욕망은 요구 너머에 존재하는 충족될 수 없는 무엇을 말하며 결핍과 밀접한 관계를 갖는다. 개인의 요구는 완전하게 충족될 수 없기 때문에 언제나 결핍을 남기게 된다. 이러한 결핍에서 생겨나는 것이 욕망이다. 욕망은 영원히 충족될 수 없는 결핍을 채우고자 하는 것을 의미한다. 모든 욕구들은 어느 정도 타인과의 관계를 매개할 수밖에 없는 성질을 가진다.

자연적 욕구는 외부적 대상의 정립을 필요로 한다. 욕구를 충족시킬 수 있는 대상의 정립에서 그 대상과 갈등하게 되는 타인에 이르기까지 반드시 자신의 외부 어떤 존재를 상정할 수밖에 없다. 인간은 외부의 존재를 매개로 하여 자연적 욕구에서 사회적 욕구까지 만족을 얻으려 한다.

2008년 겨울. 현대백화점 물건 고르는 바이어가 봉산재를 왔다. 아직 북촌은 두부 장수나 지나다닐 때 매상 높은 고객들에게 선물하는 아이템 고르려고 왔다. 어떻게 알고 왔는지는 모르나 보통 때 보던 옻칠하고는 다르니까 눈이 반짝인다. 혼수함과 삼베 쟁반을 골랐다. 혼수함 1세트 1천만원 5세트 한 정판 제작으로 주문이 들어왔다. 정성껏 만들었다. 다 팔렸다. 솔직히 이 수입도 큰 위로가 되었다. 남편도 없는데 돈도 없으면 얼마나 처량한가?

> **라캉의 욕망 이론, 간단히 설명해 주실 수 있나요?**
> 이거 설명하려면 길어요. 프랑스 정신분석학자 라캉은 욕구, 요구, 욕망을 구분합니다. 욕구는 생물학적 순수한 본능, 요구는 욕망을 받아들여 만들어진 거죠. 욕망은 여기에 타인, 사회가 개입되어 생기는, 결핍을 메우려는 노력이지요. 《욕망 이론》이란 책을 읽어보도록!

모이소 개인전 출품 2021.1.15
60세 기념전, 갤러리K. 함을 설치미술처럼 디스플레이했다. 2012.6.1
현대백화점 납품 함 세트 2008

나성숙옻칠함전 엽서 2017.3.7-19

나성숙의 옻칠함

'나성숙 옻칠함전' 2017.3.7 ~ 19 봉산재 북촌은 봄! 봄! 진달래, 개나리가 흐드러지는 꽃 대궐인데 나는 함 제작으로 보냈다. 혼수함 위주로 제작했다. 대, 중, 소 3개 1set 제작도 있고 단품으로 1개짜리도 있고 괴목도 있고 베 바르고 골회 올린 흑칠도 있고 삼베 작업도 있다.

전통 혼수함을 현대적 조형미를 가미하여 만들었다. 중간단계 삼베를 노출 시키기도 하고 금박을 붙이거나 진주패로 새 조각도 했다. 때로는 자개를 있는 그대로 잘라 붙이기도 했다. 백골은 오동나무가 가벼워서 좋고 괴목은 골회까지 바르고 나면 너무 무겁다. 괴목으로 함을 만들 때는 목심칠기법으로 골회 없이 목리가 보이도록 제작했다.

오동나무로 대, 중, 소 세트를 짜고 1. 생칠을 묽게 하여 초칠 하기 / 2. 사포 220번 사포치기 / 3. 호칠 만들어 천 바르기(삼베를 살리려면 굵은 사포를 쓰고 골회 바르기로 평탈기법 하려면 소창을 바른다. 각진 구석까지 잘 바른다) / 4. 사포 400번 사포치기 / 5. 골회 바르기(골회:생칠을 1:1비율로 골회를 바른다) 6. 사포 600번 사포 치기 / 7. 생칠 올리기(골회를 단단히 잡아주기 위하여 묽은 생칠을 발라준다) / 8. 2차 골회바르기(골회 바른 면이 수평이 되도록 평잡기 골회바르기 한다) / 9. 사포 800번 사포 치기 / 10. 3차 골회바르기(골회를 당기면서 메꿔 주어 홈 파진 곳을 없앤다) / 11. 사포 1000번 물사포 치기 / 12. 1차 흑칠하기 / 13. 자개 붙이기 / 14. 종이 떼고 아교풀 빼기 / 15. 중칠하기 / 16. 사포 1200번 물사포 치기 / 17. 상칠하기 / 18. 사포 1500번 물사포 치기 / 19. 1차 광내기-컴파운드와 브라소로 광작업 한다 / 20. 장석 달기 / 21. 2차 광내기와 정리

↘ **2017년의 '나성숙 옻칠함전'은 어땠나요?**
2017년 3월 7일부터 19일까지 봉산재에서 <나성숙 옻칠함전>을 개최했어요. 보스턴에 있는 매스아트(Massachusetts colleage of Art) 대학 디자인과 리즈닉(Elizabeth Resnick)교수가 학생들을 16명이나 데리고 오프닝에 와주었지요.

↙ **우일상사는 선생님께 어떤 곳인가요?** 2007년 1월 첫 개인전을 위하여 옻칠 사러 신당동 뒷골목 우일상사를 갔습니다. 노부부가 '저 여자가 무슨 옻칠을 한다는 거지?'라는 의아한 표정으로 옻칠을 팔았지요. 우일상사에는 옻칠과 함께 자물쇠, 경첩 등 장석 물건이 많았어요. 부부가 연로하시니 지금은 우신자개 정근명 사장이 인수했습니다. 우신자개 가면 그때 우일상사 물건이 많습니다. 이거, 단골만 아는 이야긴데….

주물공장 딸

다른 옻칠은 할 줄 아는데 장석 박기는 이름도 생소하다. 2006년 7월. 무형
문화재 박 문열 선생님께 배웠다. 우리 전통 가구에는 나무로 된 본체를 보호
하려고 쇠로 만든 장석을 박는다. 손잡이나 열쇠를 부착하여 기능적인 역할도
한다. 친정이 주물공장을 해서 나는 주물을 잘 안다. 그런데 장석 박기는 쇳물
을 붓는 것은 아니고 쇠판을 모루에 놓고 편편하게 펴서 필요한 부분을 잘라
낸다. 그 잘라낸 쇠판 가지고 경첩도 만들고 꺾쇠도 만들고 자물쇠도 만든다.
'들쇠, 광두정, 감잡이, 귀잡이, 통귀쌈' 장석박기에 쓰는 용어들이다. 특수한
분야라서 사용하는 단어가 낯설고 익숙해지는 데도 시간이 걸린다. 퉁구스족
언어 같은 말 들으며 망치질했다.

2006년 배운 장석을 11년 후 달려고 뒤져보니 검게 변해 있었다. 중간에 한
번은 닦아야 했는데 아무 처리 안 했으니 그렇게 되었다. 우일상사 가서 브라
소를 사다가 깨끗이 닦았다. 닦다 보니 장석이 똑같으면 매력이 없다. 열쇠 판
앞면에 각기 다른 자개를 잘라 붙였다.

이제 구리 못 박기 한다. 철 못은 녹이 스니까 황동으로 만든 못을 쓴다. 앞에
열쇠 달린 부분 12개, 옆에 손잡이 8개, 뒤에 경첩 10개를 박으려니 함 하나에
못을 30개 박아야 한다. 함 30개×못 30개 = 900개 못 박기. 나는 못하지요.
학교 앞 액자집 사장님 모셔 와 3일을 박았다. 그리고 나서는 금박 작업했다.
주로 모란꽃과 기와 지붕을 금박으로 붙였다.

> **박문열 선생님과는 어떤 인연인가요?** 무형문화재 장석장으로 한국 전통공예 건축학교에서 강의
> 하셨지요. 내가 학생으로 수강했으니 사제관계입니다. 전통 가구에 장석을 달아 보호도 하고 장식도
> 하는 방법을 배우고자 했는데 선생님 보시기에 수강생 중 나는 이미 공부를 많이 한 사람이었어요.
> 나보고 왜 배우러 왔냐고 질문하였어요. 그 후 장석을 이용한 디자인이 붐을 이루었지요.

> **들쇠, 광두정, 감잡이, 귀잡이, 통귀쌈…. 어떤 것들이지요?** 이거 설명하려면 책 한 권 됩니다. 하하.
> 한국 전통 가구에 쓰이는 장석의 이름이에요. 장석의 종류에는 경첩, 돌쩌귀, 들쇠, 고리, 자물쇠 등
> 기능을 위한 장석이 있고요. 감잡이, 자물쇠, 앞굴림체, 귀잡이, 통귀쌈, 광두정 등 구조적 보강 장치
> 로 구분해요. 이것들을 또 만드는 재료에 따라 온장석, 주석장석, 백동장석, 철장석으로 구분하고요.

계동길 봉산재에 걸린 현수막 2017.3.7
나성숙옻칠함전에 참가한 Mass Collage of Art Elizabeth Resnick 교수와 학생들 2017.3

하회탈 얼굴

생각보다 시간 많이 걸렸던 함 작업. 서로재에서도 혼수함 강좌를 개설했 었는데 6개월 이상 걸렸다. 그것도 모자라서 2개월 더 연장했다. 코 박고 작업만 했던 봄을 보내고 봉산재 집 전체에 혼수함, 교지함, 문서함을 좌-악 늘어놓았다.

오픈하는 날, Boston Mass Collage of Art 대학 Resnick과 Jahn 교수가 학생 16명과 도착했고 10년 단골 여 승헌 대금 연주자도 가야금 데리고 왔다.

이화 친구, 과기대 교수님, 월드컵 경기장 이공건축 류춘수 회장님, 저 멀리 대담미술관 정 희남 관장님, 기억력도 비상하신 김 종규 관장님, 신문기자, 석 박사 학생들로 좁은 봉산재가 바글바글이다. 이화여중 1학년 때 국어 선생 님 이 혜성 총장님께서 유창한 영어로 축사하신다. 60살 넘은 제자 전시에 오신 80세 선생님, '오래 사세요!'

소반과 함 작업하며 내가 만났던 어르신 장인들, 하회탈 얼굴로 웃으신다.

소반장 이 인세, 생칠장 신 중현, 옻칠장 손 대현, 장석장 박 문열, 대목장 문 기현. 인내가 몸에 배었고 어떤 일도 웃으신다. 어떻게 그분들은 그런 웃음 을 지을까? 최첨단 디자인으로 평생을 보낸 나는 그 웃음에 졌다.

glass box와 black box의 분석 방법, Bauhaus에서 다투던 Gropius와 Itten의 상반된 주장, 참 많이 따졌고 결과에도 바빴다.

그러나 여유롭고 편안하고 따뜻한 분들을 뵈오며 그 여유와 인품에 고개 숙여진다.

혼수함 만들기가 그렇게 오래 걸리나요?
정식으로 전통 기법으로 함을 제작하면 시간이 엄청나게 걸리고 나중에 장석까지 달면 시간이 더 걸립니다. 아들 혼수용 함을 8개월 걸려 만든다고 하면 다들 부담스러워해요. 그러나 혼수함 교실로 함께 만들면 할만합니다.

봉산재 혼수함
봉산재 옻칠함전 2017.3

만남은 필연

나를 얼마나 많은 사람들이 써먹으려고 하는가? 강남에 건물 있는데 무료로 사용하라고도 하고 전시회는 물론 초대전이다. 그런 '묻지 마' 호의를 받으면 의구심부터 난다. 왜 나를 불렀을까? 내가 그만한 인물도 아닌데 타당성 없는 호의는 거의 사절한다. 거기다 돈을 벌어준다는 사람은 더욱 경계했다. 나 돈 벌게 하는 사업이면 그대가 하세요. 나는 상식에서 벗어난 호의는 경계했고 혼자 살아가야 하니까 남의 참견에 무심하고자 노력했다.

누가 자꾸 시비를 걸면 신경이 쓰인다. 어느 날 잘라 버리면서 거기에 시달리지 말자. 시달리는 거 자체가 시간 낭비다. 나보고 '옻칠이 가짜'라고 흉을 본다. 그러시던지. 나만 진짜면 되지 그 시비에 일희, 일비 하기 싫다. 질투도 그렇다. 신경이 그 사람에게 간다는 것 자체가 인정한다는 거다. 내가 못났다는 증거다. 잊어 버리라.

남에게 휘둘리지 않으려는 나의 주관은 훈련으로 된 것인데 장인 분들은 훈련이 아니다. 그들은 자신의 전통 사랑과 기술이 바탕되어 생긴 것이다. 정성과 비례하는 작업 결과는 시간이 말해준다. 그렇게 살아오신 분들인데 누구의 무슨 말에 신경을 쓰시겠는가? 그 시간이면 내 작업에 집중하겠다. 그 흔들리지 않는 단단함, 은은하게 풍기는 자부심, 해맑게 웃는 선한 미소, 거기다 말씀을 나누어 보면 아는 것도 엄청 많다. 좀 더 일찍 만났으면 내 삶의 질이 여유로웠을 텐데…. 그러나 그 슬픔 없었다면 이 장인분들을 만나지도 못했을 것이다. 누군가 그랬다. 만남은 우연이 아니라 필연이라고.

> **나성숙 옻칠은 가짜라고 흉을 본다니….**
> 내가 시각디자인 전공자니까 그 많은 단계의 손 많이 가는 전통 옻칠을 할 리가 없다는 생각에 가짜라고 합니다. 나는 그 단계를 다 알고 있고, 진짜로 합니다. 그러나 다른 것이 있다면 결과물이 너무 식상하여 중간단계에서 잘라서 마칩니다. 가령 삼베만 바른다거나 골회만 바르는 식으로요. 훨씬 더 현대적이고 세련됐습니다. 그걸 보고 가짜라고 합니다. 전통은 바뀌어야 합니다. 저고리도 짧았다가 길었다가 하는 식으로 많이 바뀌었어요. 변해야 발전합니다. 단 재료와 기법은 이어가고 단계만 조정합니다. 재료와 기법을 전통 그대로 쓰지 않으면 꼭 문제가 생기더라고요. 경험과 시간이 더해진 전통 방법을 따라야 합니다.

골회 바른 뚜껑 사포질하기 2009.2.3
서울 과기대 연구실에서 옻칠 중 2014.1.16

5·4 구름이 맘껏 제 갈 길 가듯 – 기풍

나는 항상 '전통'이라는 명제를 향해서 부담스럽다. 어떻게 지켜야 할 것인가에 대한 물음이 아니다. 오히려 어떻게 변화시켜야 하는가에 관해서다. 지키는 것은 쉽다. 물리적으로 힘들기는 해도 갖고 있으면 된다. 머리 쓸 일이 별로 없다.

장발이면 잡혀가던 시절이 있었다. 두발 자유화로 바뀌니 교장선생님께서는 혼란스럽다. 자유! 안 해보던 것인데 어떻게 하나? 드디어 모두 삭발하라 했다니 자유가 없으면 편하다. 하라는 대로 하면 되니까.

전통도 마찬가지다. 지키는 것, 하라는 대로 하는 것은 쉽다. 그러나 그대로 있으면 죽는다. 생명체라서. 저고리 기장도 길었다 짧았다 변했고 버선 코도 높았다 낮았다 변했다.

내가 봉산재로 한옥 심사 받던 2007년, 심사위원께 여쭈었다. 어느 때 한옥이 기준인가요? 고려 때인지 조선 초기인지 말기인지 어디가 기준인지 모르겠다. 북촌한옥마을에 있는 한옥은 1920년경 정 세권 선생이 대단위로 구획해서 지은 한옥이다. 한옥도 바뀌어 왔다. 그 전 단계만 고집하지 않았다. 전통은 바뀌어야 하고 변화가 더 어렵다. 모든 변화는 과거도 알아야 하고 미래도 알아야 하니 2개를 다 알아야 한다. 그래서 전통은 지켜내는 것이 아니라 지금, 미래 실천적 고민을 끌어내기 위해 세상을 향해 끊임없이 던지는 질문인 것이다.

정세권 선생님을 소개해주세요.
가회동 33번지 북촌한옥마을을 만든 분이에요. 1920년대 건축업자였던 정세권 선생이 같은 ㄷ자 모양의 한옥을 50평 정도로 지어 분양했습니다. 명동에 일식집이 많았는데 그것이 가회동까지 침범하는 것을 막기 위하여 한옥으로 지어 분양했다고 합니다. 훌륭한 분이지요. 그래서 현재 마을버스 정거장 이름도 '정세권 활동터'랍니다.

북촌, 리얼리티

질문에 대한 답을 찾기 위해 나는 지금까지와는 다른 방식으로 해석하고, 분석하고, 새로운 맥락으로 구축하고자 했다.

북촌에 거주하면서부터 이어오고 있는 '북촌 한옥마을에서'의 옻칠화 연작 전과 소반이나 함 제작에서 보여지는 실천적 과정이 새로운 맥락이다. 시작 은 북촌을 일상생활의 시선으로 보지만 항상 머리에는 미래가 보인다. 일 단 어깨를 맞댄 낮은 기와지붕들, 담벼락에 기대어 핀 꽃, 비 내리는 돌담 등 응축된 역사의 흔적을 품고 있는 북촌 풍경들을 화폭에 들여놓았다. 생 활의 터전에서 길어 올린 소재들은 몇 차례에 걸친 연작전으로 이어지며 자연스럽게 앞으로의 모습으로 나아갔다.

작품화되는 단편의 풍경들로 인해 일어나는 찰나의 순간과 앞 날의 무엇인 가와 만나면서 피어오르는 단상들을 그리고자 했다. 그 단상들은 거듭 모 이고 쌓이면서 긴 호흡을 지닌 '북촌 한옥마을 이야기'가 계속된다. 나는 북촌한옥마을에서 주제의 작품전을 5회 했다. 그러던 작품들이 이제는 점 점 더 중요한 요소만 남고 바뀌면서 단순화된다. 2차원 평면 작품은 요약 되고 생략되어 중요 요소만 남게 되었고 이를 3차원 제품인 소반과 함에도 적용하였다.

북촌한옥마을 주제의 작품전을 5회나 하셨다고요?
나는 한옥 지붕이 좋아서 작품 주제로 많이 그렸어요. 1980년대 목판화 할 때나 포스터 제작할 때 주제로 삼았는데 결국은 북촌한옥마을에 들어와 살게 되었네요. 2007년 이후 계속 '북촌한옥마을 에서'라는 주제를 이어왔어요.

서로재 테이블, 삼베와 자개 2018.10
서로재 테이블에 자개 붙이기 2018.9

60만 명의 시선, 관심

일상의 소재 선택이 지금 이곳 북촌의 리얼리티를 잡아내고자 하는 옻칠화의 출발점이었다면, 옻칠을 다루는 단계는 그것을 공예라는 울타리를 넘어 회화형식으로 기물에 확장시켰다. 시선이 머무는 곳, 모든 입체에 평면이 갖고 있는 면으로 옻칠은 퍼져 나갔다.

한옥 인테리어, 서로재 간판, 마루 바닥, 가죽 가방, 사이드 테이블 입체물에서 평면이 보이는 곳에는 옻칠하였고 자개를 붙였다. 전통 옻칠을 생활에 적용하고자 하였다.

서로재는 종로구 북촌로 6길 32-1 길거리에서 보이는 집이다. 그러므로 길쪽 벽면 외부에 자개를 붙였고 입구 바닥에도 안마당 바닥에도 붙였다. 차를 마시는 테이블에도 삼베를 호칠로 붙이고 자개 작업하였다. 차를 마시는 동안 시선이 자연스럽게 테이블에 멈추며 자개를 감상하면서 차를 마실 수 있다. 자개가 주인이 되어 손님을 맞이하며 전통의 영역을 넓히고 있다. 말없이 한국 전통문화를 방문객들에게 알리고 있다.

내가 봉산재와 서로재를 구입할 때는 북촌에 방문객이 연 13만 명이었는데 지금은 60만 명도 넘는다. 아무 때나 불쑥 들어오는 관광객으로 오후 5시부터 다음 날 오전 10시까지는 통제 시간이 만들어졌다.

↘
전통 옻칠을 생활에 적용할 수 있을까요?
방부, 방독 작용하는 옻칠을 생활화하면 유용한 것이 많지요. 코로나19 때 서로재는 하루도 문 닫은 적이 없었고 한 명의 환자도 발생하지 않았어요. 우리는 옻칠 덕분이라고 생각했고요. 옻칠은 완전히 굳으면 묻어나지 않으니까, 생활에 적용할 것이 많아요. 스님들 발우나 제기로 사용하는 사례를 보면 적용 가능 범위가 더욱더 넓을 것 같습니다.

↪
서로재 벽에 자개 작업 2024.5
서로재 마당에도 자개 작업 2024.9
서로재 현관을 들어서면 삼베에 자개 붙인 바닥이 나온다. 2023.8

부부 별자리 자개를 삼베 트레이에 붙여 제작한 서정기 선생님 식당
휴스턴으로 보내기 위해 포장한 삼베 트레이 2023.3

내가 이만큼 했어요

학생들이 서로재 와서 옻칠 수업 들으며 소반도 만들고 매트도 만든다. 시간이 지나면서 자신감 생겨 집에 가서 배운 옻칠 응용할 물건을 가져온다. 이는 입학하여 2개월 지나면 일어나는 현상이다.

처음엔 옻칠이 무엇인지도 모르다가 옻을 한차례 옮고 나면 이제는 자개도 조금은 안다. 실제로 적용할 마음이 생기는 것은 당연하다. 온 정성으로 가족에 대한 사랑과 '내가 이만큼 했어요'의 자랑을 합쳐서 완성하여 가져간다. 아이디어 내서 디자인하고 작업하고 가져가는 옻칠 기물을 보며 비전공자의 naive art가 사막에서도 개나리 꽃 핀다. 그 응용편 옻칠 기물들은 2021년 모이소 전시에도 2022년 한국공예디자인진흥원 KCDF 전시에도 출품되었다.

*구 미정 : 사이드 테이블을 끊음질 자개로 붙이고 웨곤을 원패 자개로 붙였다. *심 은주 : 금태칠기로 무쇠 솥에 옻칠하여 밥이 잘 퍼지고 부드럽다. *이 미혜 : 색옻칠한 과자 그릇 *강 정웅 : 뱀피를 이용하여 제작한 콘솔 *김 명희 : 베바르기와 자개 손 거울 *김 정혜 : 접칠과 색옻칠한 파티용 대형 접시 *김 혜진 : 흑칠한 티 테이블 *민 수인 : 도태칠기와 금박 접시 * 박 경화 : 베바르기한 티 테이블과 자개 보석함 * 고 박 기옥 : 공고상 * 박 은하 : 색옻칠 찬합 * 서 정기: 자개 작업한 가훈 장상 *신 혜경 : 스툴 * 정 부용 : 색옻칠 다반 세트 * 이 상민 : 변칠기법 컵 * 윤 혜정 : 교칠기법 과반, 과일 볼 * 송 난영 : 건칠 기법 위에 색옻칠과 자개 붙인 과반 * 염 미령 : 차통과 케이크 받침 * 배 성미 : 행복 45×37cm 2023 제작

나는 지인들에게 삼베 트레이를 선물로 잘 준다. 결혼식, 전시회 오픈, 아파트 입주에 선물로 유용하게 쓰인다. 보스턴 정 영호 총영사님은 휴스턴으로 떠나며 트레이를 많이 가져 가셨다. 나는 정성으로 포장해서 드렸다.

↘ **선생님의 삼베 트레이는 어떤 작품인가요?**
손님용 찻잔을 올리는 트레이를 삼베를 호칠로 붙이고 자개로 장식하여 완성하곤 합니다. 한국적 정서도 나고 습기에 강하고 보관도 쉬워서 선물용으로 많이 씁니다.

⤸ 삼베 트레이를 이용한 차 대접

생긴대로 산다

나는 이렇게 기획하고 실패하고 다시 일어나면서 조앤 롤링(Joanne K. Rolling, 1965-)의 말을 마음에 새겼다. 나와 비슷하게 생겼다고 하는데 입장도 비슷해서 어록에 밑줄 쳐 놓았다.

'바닥을 치면 두려울 것도 꺼릴 것도 없다. 다시 일어나서 나아갈 일만 있기 때문이다. 실패는 내 삶에서 불필요한 것들을 제거해 주었다. 나는 스스로를 기만하는 것을 그만두고, 내 모든 에너지를 가장 중요한 일에 쏟기 시작했다.'

그러면서 또 한편으로 드는 생각. 나는 왜 인생의 고비를 만나면 포기는 안하고 극복할 궁리만 할까? 지겹다. 이런 기질.

그러나 소반 만들 때 혼자 작업하면서 나의 정체성을 생각했었다. 절대로 바뀌지 않는 나의 정체성. 열정과 성장. 그 때 내린 결론은 '생긴대로 산다.' 였다. 대신 바라는 바는 없다. 존재만 하면 된다. 이것으로 족하다.

내가 최고위과정 할 때나 옻칠학교 하면서 항상 외치는 소리 '존재의 이유' 살아있기만 해다오.

내 침대 머리에는 질경이 그림이 걸려 있다. 친구 승교의 작품인데 내가 일부러 돈 주고 샀다. 돈 주고 사는 일은 드문 일인데 그림이 마음에 들어서 샀다. 화학 전공한 친구가 취미로 그림 그리다 전시회를 했다. 2% 부족한 그림. 그러나 따뜻하고 정스럽다. 예술을 알리려고 하지도 않고 대가가 되라고 강요도 안 하는 잔잔한 그림. 하도 마음에 들어 4개를 사서 친구들에게 하나씩 나누어 주었다.

> ↘
> **선생님의 정체성, 열정과 성장이란 어떤 것인가요?**
> 나성숙은 전통 옻칠의 장점을 살려 재료와 기법을 따릅니다. 단지 조형감각을 달리하여 좀 더 앞서가고 넓은 세계로 나아가고자 하는 게 다른 점이랄까요. 난 무엇이라도 열심히 해요. 열정적이지요. '어차피 태어난 인생 아끼면 뭐 하나?'라는 식이에요. 다 나누어 주고자 합니다. 내 성장의 근간은 고통이라고 생각해요. 내가 경험한, 쉽게 겪지 못할 처절한 고통은 내 성장의 계기가 되어주었습니다.

북촌전통공방협의회 1일 옻칠 체험
2024.8.26

꽃 피지 못한 날들

재료와 표현을 30년 넘게 가르친 나는 가끔 이유도 없이 마음에 와닿는 그림을 만난다. 그 학생에게 잘 그렸다고 하면 계속 쫓아 오면서 묻는다. '교수님, 왜 잘 그렸어요?' '응, 따뜻해.' '뭐 가요?' '마음이. 조형감각도 좋아요. '그게 뭔데요?' 드디어 '잘 그렸다면 잘 그린 줄 알아웃!' 설명으로 안 되는 조형감각, 그래도 현재 보이는 것은 보여지기라도 한다. 더 놀라운 것은 저 밑에 숨어 있다가 나중에 나와서 나를 놀래고 주변을 놀래킨다. 미술대학도 안 나온 정 부용 선생님. 서로재 22기 학생인데 속에 숨어 있다가 이제야 나온다. 이름하여 Naive Art. 날 것 미술이다. 배우지 않고 습득되지 않은 있는 그대로의 날 것 그림. 참 좋다.

그 친구가 그린 질경이도 그랬다. 길에서 밟히면서 살아내고 봐주는 사람 하나 없어도 꽃이 핀다. 꽃도 소박하고 애잔하다. 밟히고 밟혀도 아름답지도 않은 꽃을 꽃이라고 계속 피운다. 너는 어쩌 그러니…. 꼭 나 같은 기분이 들어서 침대 머리에 두고 아침마다 힘을 얻는다.

<u>유 홍준 교수의 실크로드</u>를 보면 없어진 민족이 얼마나 많은데 그 화려했던 민족들이 말도 글도 거짓말처럼 사라졌는데 우리는 용케도 살아 남았구나 나에게 그 기질이 한 방울 남아 있나 보다. 태어날 때부터 6·25 피난둥이니 얼마나 많은 죽음을 헤치고 살아 남았겠는가? 이미 태생이 그런 것이다. 지겹지만 이 또한 생긴 대로 산다. 그래서 꽃 피지 못한 날들이 슬프지 않다.

<u>유홍준 교수의 실크로드는 영상으로 보신 건가요?</u>
〈나의 문화유산답사기: 중국 실크로드 편〉을 영상으로 만든 것이 꽤 있어요. JTBC 〈차이나는 클라스〉의 영상을 본 것 같습니다.

쌓인 정을 연결하면 힘이 생긴다.
이 연결의 힘은 서로를 위로하며 퍼져 나간다.

제6장

목마른
코뿔소처럼

6.1

내 안에 그대를 찾아 - 민화와 지붕

6.2

별 하나가 와서 안긴다 - 옻칠판화, 목분

6.3

붉은 해를 마시며 - 옻칠화

6.4

기다림과 만남과 헤어짐이 - 진주패. 색자개. 교칠

도자기노래

200611

Pottery Song

400×550mm

6.1 내 안에 그대를 찾아 – 민화와 지붕

누가 내 홈피(www.bukchonart.com)에 들어와 이력서를 보면 놀랜다. A4지 10장 분량. 논문 31편, 전시회 223회, 언론보도 70회, 저서 3권, 사회활동 등등.

이천으로 연구실적물을 보냈는데 50박스다. 그러니 너무 방만하다. 환경대학원에서 조경을 하였고 신문사 시절부터 2000년까지는 목판화 작업을 했고 2006년 이후는 옻칠을 했다. 물론 요즈음은 멀티라 모두 서로 연결되어 있다지만 표현 매체가 옆으로 넓다.

2006년 봄, 홍대 고(故) 권 명광 총장님의 전화다. 그때는 서울디자인센터 센터장이셨는데 "나 교수 전시회 안 하실래요?". 처음 전통에 입문하여 배우러 다니는데 앞날이 모호하다. 그 푸른 꿈과 대단한 의욕은 어디 메로 갔는지 꽃들은 만발하여 입 모아 생을 찬양하라고 외치는데 나는 아직도 슬프고 두려움도 앞선다. 한강 둔치 가는 횟수도 늘어나고 주정도 늘어간다. 다시 폐인으로 가고 있다. '굳세어라 금순아'로 줄기차게 가야 하는데 그 굴곡은 종종 일어나는 현상이었다. 고수부지에 앉아 흐르는 한강을 보고 있는데 보도 블록 사이로 씀바귀 한 송이가 피어 하늘거린다. 그 알량한 흙에 뿌리 박고 살아간다. 아, 저 미물도 저렇게 살아가는데…. 생은 살라고 태어난 것이지 준비하라고 태어난 것은 아니다. 하자!

2007.1.8 제1회 나성숙 옻칠전을 열었다. 2006년 1년 준비했고 36년 전 내가 입학한 서울미대 동숭동 자리에서 초대전으로 했다. 무엇을 그릴 것인가? 처음에는 민화가 주제였다.

> **홈페이지에 선생님 이력서를 올려두셨나요?**
> 나를 불성실한 가짜라고 말들을 하길래, 내가 만들어서 써두었지요. 일종의 프로필이기도 하고요. 이 정도 연구했으니, 가짜는 아니라는 증거를 댄 거죠.

옻칠 민화

아무도 안 믿겠지만 내 개인전 도록에도 그렇게 썼고, 작품도 그렇게 했다. 그러나 내가 옻칠 민화 했다는 얘기는 아무에게도 안 했다. 놓친 토끼가 더 커 보여서….

민화. 안방에서 다락 올라가는 문짝에 집집마다 그려있다. 그 화조도는 유치하게 정직했고 낙관 없는 무명인이 그려 우리와 함께 살았다. 민화는 의미와 조형성이 인간의 기원적인 소망과 꿈을 담고 있으며 그 표현 방법의 소박함과 천진함 때문에 내가 즐겨 쓰는 주제다.

1978년 처음 고(故) 김 만희 선생님의 민화집을 받아 보았을 때의 전율, 신문사 기획실에서 받았는데 '아직도 그 그림이 살아 있구나. 교남동, 용두동에 한옥이 즐비하던 시절, 서강 큰 외삼촌 댁 한옥 안방에서 보았던 그 그림이 사실이었구나. 어느 날 거짓말처럼 사라졌는데 진짜 사실로 있었네.'

나는 그 후 민화로 달력을 만들어 상공미전에서 특선했고 내 2번째 박사 제자 김 성찬 논문 주제는 '책가도'다. 항상 아쉬움으로 남다가 제1회 옻칠 개인전에 민화를 소재로 택했다. 내가 느낀 바를 깊이 인정하고 나를 통해 걸러진 내 조형 언어인 점, 선, 면으로 나타냈다. 나는 이미 디자인과 교수로서 대상의 생략과 함축과 과장과 강조의 여러 단계를 알고 있다.

민화를 현대적으로 가시화하는 과정에서 내가 찾고자 하는 조형적인 장점은 민화는 사색적이며 매혹적으로 사물의 표정을 바꿀 수 있다는 데 있다. 사실로 그리지 않아도 된다. 민화를 옻칠로 그리면서 생각을 많이 했다.

1978년 처음 보셨다는 고 김만희 선생님의 민화집, 어떠셨나요?
한국일보사 기획실 근무 시절인데 우편으로 받았어요. 보낸 사람은 기억나지 않지만, 민화집을 보고 전율했던 기억은 생생합니다.

한국의 지붕, 목판화(150×120mm. 38/100)
서로재 쇼핑백

↳ 광복50주년 기념포스터
산업디자인포장개발원 594×840mm

↳ '나성숙 목판 20년 전' 전시용 도록
225×280mm

민화, 마음 그림

사물을 보고 만들어진 이미지는 심상(心象)에 각인되어 다시 조형화된다. 이에 나는 표현하고자 하는 대상의 어떤 특질을 더 드러내게 할 것인지를 선택한다. 현대 조형 세계에서는 메시지를 전하는 수단인 기호들이 직접 지각되거나 실제로 체험된 정보가 아니기 때문에 이미지를 운반하고 있다. 조상(彫像), 사상(寫像), 심상(心象)은 어디까지나 사람 마음 속에 떠오르는 것이기에 외계를 완전히 모방할 수는 없다. 왜냐하면 사람은 각각 경험이 다르고 다른 정신세계와 성격을 갖고 있기 때문이다. 원근법에 의해 앞에 물건은 뒤의 물건보다 크게 그린다. 그러나 사실은 같은 크기니 같게 그려야 한다. 장님이 달리는 그림 그릴 때는 두 발만 세게 뭉쳐서 그린다.

나는 8개 대학 강사 시절 아동미술론도 가르쳤다. 의식에 훈련되지 않은 유아는 중요한 부분만 강조한다. 호랑이가 우리 안에 가득 차 있다던가 엄마 아빠가 이불 속에 훤히 보이게 그린다. 사실로 그리지 않고 이미지를 그린다. 그러므로 나는 민화를 그리며 어느 것도 직접적으로 상세히 그리지 않았다. 어떤 특정 대상을 염두에 두고 그것을 재현하는 것이 아니라 내 심상에서 만들어진 이미지들을 표현했다. 겸재의 한양진경에 기본을 둔 산수도, 한옥 지붕의 선, 모란, 국화, 민화의 십장생 등을 그리며 구체적으로 드러나 공격적으로 강요하는 경쟁 이미지는 피했다. 대신 우리를 또 다른 세계로 건너뛸 수 있는 연상의 세계를 제시했다. 우리의 인식으로 구분되지 않는 추상의 기초 개념, 원초적 근원과 같은 이미지를 나타내고자 했다.

> **조상 彫像** 재료를 새기거나 깎아서 만든 입체 형상.
> **사상 寫像** 지각(知覺) 또는 사고(思考)에 의하여 과거의 대상이 의식에 다시 나타나는 상태.
> **심상 心象** 감각(感覺)에 의하여 획득한 현상이 마음속에서 재생된 것.

> **'내 심상에서 만들어진 이미지'란 어떤 것인가요?**
> 우리는 외부에 있는 여러 가지를 보고 마음에 상을 갖게 됩니다. 같은 것을 봐도 그것은 사람에 따라 다릅니다. 또한 같은 사람이어도 상황에 따라 다르고요. 그러므로 이미지는 다 같지 않고 내 심상에서 만들어지는 나의 것입니다.

'나성숙 목판 20년 전' 전시장. Intercontinental Hotel
2000아셈 기념접시 제작

기와지붕, 편안함

민화와 함께 한옥 기와지붕도 많이 그렸다. 특히 난각으로 기와지붕 채울 때는 시간이 많이 걸려도 기와지붕의 곡선을 강조하며 그렸다. 나는 이상하게도 한옥 지붕이 좋았다. 아련하고 다정하고. 생긴 것은 미국 뉴욕 여자인데 우유, 치즈를 못 먹고 밥하고 김치만 찾는다. 헤이리 미니멀리즘 슬라브보다는 지붕 있는 한옥이 좋다. 그것도 직선보다는 구불거리는 곡선의 오래된 지붕이 좋다. 한옥의 선이 편안하다. 나는 한옥 기와지붕을 40년 이상 그렸다.

1970년대 신문사 기획실 시절, 7층에서 보이는 송현동 한옥 지붕을 판화로 새긴다. 윤전부 아저씨들이 찍어 준 판화를 어머니께 드리면 12월 카드를 1년 내내 들고 다니며 '이거 우리 딸이 그린 거라우.' 그러니 매년 드릴 수밖에 없고 내 그림의 주제가 되었다. 그 목판 기와지붕 카드는 현재 서로재 쇼핑백에 자리 잡았다.

1980-1990년대 계속 목판화를 했다. 그것도 한옥 지붕을 주제 삼아. 그때 압구정동에서 내 그림을 많이 팔아주신 분이 계셨다. 찾아갔더니 지금은 유명한 분 되신 최 선배시다. 찍은 거 다 가져오라! 어려웠던 신혼 시절, 얼마나 고마웠는지….

〈나성숙목판 20년전〉도 인터컨티넨탈호텔에서 화려하게 했다. 특히 아셈이 열리고 있을 때라 내 전시실에서 회의도 했다. 그 때 참가한 Finland 여성 대통령 Tarja Halonen은 2000년 세계여성대회 때 우리 전시회에 오신 분이니 가슴 깊이 반가웠다. 남편 살아 있을 때였는데 아마도 내가 거물급 될 줄 알았을 것이다. 그때 만든 아셈 기념 접시는 서로재 문 앞 신발 벗는 데 있다. 아무도 모르지요. 그 접시가 그것인지.

↘
헤이리 미니멀리즘 슬라브는 어떤 건가요?
20여 년 전 조성된 헤이리 예술인 마을에 가면 많은 건물들이 슬라브 지붕인데 현재의 조형의식 미니멀리즘을 따르고 있습니다. 솔직히 수평의 슬래브 지붕은 미국처럼 넓은 수평의 대지에 어울립니다. 한국은 노년기 지형으로 능선이 많아 한옥 지붕이 잘 어울립니다.

목분 기법 단계

옻칠판 위에 목분을 뿌린다. 목분은 크기가 다양하다.

목분 판에 조각도로 윤곽선을 파준다. → 목분이 굳으면 털어낸다.

→ 다양한 색을 여러 번 올린 후 사포로 갈아서 처리한다.

6.2 별 하나가 와서 안긴다 – 옻칠판화, 목분

옻칠 판화 : 옻칠을 시작했으니 옻칠로 목판을 찍어 보자. 20년이나 찍은 목판에 응용하자. 옻칠의 점도는 판화 잉크와 점도가 비슷하다. 끈끈하고 찰지고 옆으로 퍼지지 않고 착 달라붙고. 그동안 판화 작업하느라고 파 놓은 목판이 얼마나 많은가? 이천에 수북이 쌓여 있으니 판을 하나 골라 먼지를 털었다. 흑칠을 정반 (옻칠 작업용 유리 판) 위에 따르고 고무 롤러로 문질렀다. 옻칠은 금방 마르지도 않으니 그것 참 좋네요.

그대로 목판에 롤러로 바르고 한지에 찍어 칠장에 말렸다. 8시간 후에 가보니 바짝 말라 있다. 거기다 옻칠 특유의 광택도 난다. 시간만 넉넉하면 그 많은 목판으로 옻칠판화전 하면 좋겠다.

목분 기법 : 목분을 이용하여 작품을 한다. 일반적으로 옻칠을 하면 칠 표면이 평활하고 매끄럽다. 거친 질감을 주기 위하여 톱밥을 이용한다. 요즈음은 커피 내리고 나온 커피 분도 많이 사용한다. 너무 미세한 목분은 밀가루 같으니 아는 목공소 가서 나무 자를 때 나오는 톱밥을 구해 왔다. 다양한 입자를 원하면 각기 다른 크기의 체에 걸러서 쓴다. 서로재에서는 MDF로 만든 쟁반이나 트레이의 옆면 가릴 때 주로 사용한다.

옻칠 판 위에 생칠을 바르고 목분을 뿌린다. 바르는 생칠의 두께와 농도에 따라 목분 올라가는 두께가 틀리다. 칠장에 넣어 생칠이 굳으면 목분을 털어내고 그리고자 하는 형태를 조각도로 파낸다. 사포를 치고 원하는 색을 올려 칠장에 넣는다. 굳으면 2-3회 같은 과정으로 색깔 별로 반복하여 올린다. 2가지 이상 색깔을 반복하면 미세한 목분 입자에 따라 다르게 나타난다. 사포 치는 강약의 정도에 따라 다른 색깔이 나온다.

> **목분, 톱밥…. 거친 질감을 주기 위한 소재를 잘 쓰시나요?**
> 옻칠로 마무리되는 표면은 일반적으로 평활합니다. 난 모두가 같은 표면 처리는 지루하다고 생각해요.. 거친 표면을 표현하고 싶을 때는 옻칠에 톱밥을 섞어서 칠하거나 옻칠한 후 목분을 뿌려서 다양한 질감을 나타냅니다.

옻칠 판화 단계 옻칠을 정반 위에 놓고 롤러에 바른다 → 옻칠판 찍기 → 칠장에 말린다.
한지를 목판 위에 놓고 찍는 모습

옻칠화 기법들

척서 기법 : 겹겹이 칠을 10여 차례 하는데 한 색깔 마르고 나면 다른 색을 칠한다. 중국에서는 대부분 6개월 이상 작업한다. 나를 지도하시는 사친 교수님은 20단계를 칠하고 사포로 갈아서 등고선처럼 단계별 색깔을 나타낸다. 너무 멋 있어서 나도 해 보았는데 겨우 7가지 색깔로 끝냈다.

중국에서는 그 비싼 칠을 20번이나 하니 호사가라는 생각이 들었다. 한국에는 척서작업하는 작가를 보지 못했고 이조건 고려건 예전에도 없었다.

세종이나 성종 임금은 나라가 흉년 들면 옻칠을 못하게 했다는데 중국에서는 거북이 껍질인 대모도 붙이고 진주, 산호도 붙인다. 일본과 중국 옻칠 책을 보니 국내에서는 한 번도 다루어 보지 않은 기법이 많다.

조칠기법 : 옻칠에 주사 가루를 넣어 빨갛게 만들고 동유를 섞으면 천천히 말라가고 마르고 나면 딱딱하지 않다. 먹 만들 듯이 오랫동안 말린다. 6개월도 더 걸리는데 나무도 아니고 돌도 아니고 고무 판화할 때 고무 판처럼 된다. 이것을 조각도로 파낸 것이다. 딱딱하지 않으니까 쉽게 팔 수 있고 절대 썩지도 않고 변하지도 않는다.

중국의 조칠 물건은 북경이나 중국 여행에서 돌아오는 사람들이 많이 사 온다. 빨강 색 인주 통이나 꽃 병에 새, 꽃, 소나무 등이 조각되어 있다.

다양한 옻칠화 기법들 : 통도사 서운암에는 옻칠화 교실이 있다. 10년 정도 되었고 작년에 옻칠화 전시를 경운미술관에서 했다(2024.11.30-12.29). 작품들 속에 탁월한 옻칠 기법을 부분적으로 찍었다.

↘ **세종이나 성종 때, 나라가 흉년 들면 옻칠을 못 하게 한 이유는 무엇인가요?**
옻칠은 한 나무에서 채취되는 양이 적습니다. 또한 완성하는 과정이 스무 단계가 넘고요. 흉년에 옻칠하고 있다는 것은 비용도 그렇고 노동력도 그렇고 호사스러운 일이지요. 그래서 금지했을 겁니다.

↘ **통도사 서운암 옻칠화 교실이 궁금합니다.**
조계종 종정이신 성파스님께서 10년 전 옻칠 민화의 보급과 교육을 위하여 옻칠아카데미를 개설하셨어요. 서운암 연못 아래 작업장이 있고 옻칠화를 주로 그리며 매년 회원전을 엽니다.

↰ 왼쪽 성파스님. 색칠 가루를 말린 후 빻아서 뿌렸다.
오른쪽 김향숙. 옻칠을 급히 말리면 표면이 쭈글거린다.

6.3 붉은 해를 마시며 - 옻칠화

2007.1 첫 개인전 이후 옻칠로 개인전을 17회 했다. 2013.10 선화랑 전시 때는 연합신문 박 인영 기자가 다음을 써 주었다.

그는 북촌 한옥마을에 옻칠 공방인 봉산재와 서로재를 꾸미며 전통 옻칠 수업을 진행하며 전통 공예의 현대화에 앞장서 왔다. 옻칠에 대한 관심은 옻칠화의 영역으로 옮겨갔고 최근에는 북촌 한옥마을에서 영감을 얻어 한옥 지붕의 선과 창호, 부를 상징하는 모란을 나전과 금박, 진주 등을 사용해 다양한 기법으로 제작하고 있다. 이번 전시에서는 원주에서 채취한 옻으로 제작한 평면 작품과 혼수함 등 40여 점을 선보인다. 나 교수는 "전통은 이제 과거에 속해있지 않다"며 "오랫동안 이어져 온 장점과 현대의 조형미에 맞춰 변화해야 한다"고 말한다.

나는 옻칠화를 그리면서 후회한 적이 없다. 어떤 재료로도 만족할 수 없는 검은 칠의 매력, 정제칠의 품위 있는 색감, 세월 지날수록 피어나는 색옻칠, 삼베가 갖는 중후함, 흙이 토해내는 질팍함 등 그 장점은 무수히 많다.
제작 기법은 전통 기법을 따르는데 전통대로 제작하다가 눈길이 멈추는 중간 단계가 있다. 멈추고 찬찬히 음미한다. 그리고 내 작품에 응용한다.
또 색 옻칠할 때는 색감을 세심하게 다룬다. 보통 옻칠은 습도와 온도가 높은 칠장에서 말린다. 그러나 채색 옻칠은 습도를 높이지 않고 시간을 길게 잡아 천천히 건조시키는 것이 발색에 좋다. 칠하고 몇 일은 칠장에 넣지 않고 그냥 두면 칠이 잘 퍼지기도 하고 갑자기 검게 변색 되지도 않는다.

'전통대로 제작하다가 눈길이 멈추는 중간 단계'란 어떤 단계인가요?
전통 옻칠은 수십 단계를 거칩니다. 백골을 다듬고 초칠하고 틀어지지 말라고 삼베나 한지를 바르는 식이지요. 평 작업을 위하여 골회를 바르고 단단하게 하려고 칠을 올리고 상중하 세 단계로 칠하고 광 작업을 합니다. 그러한 단계를 거치는 중간에 조형적으로 훌륭한 형태가 나타나는데, 그때가 '눈길이 멈추는 단계'지요. 그 중간 단계를 포착해 새로운 조형감각의 옻칠 제품을 만들 수 있습니다.

위에서부터 차례로
내가 즐겨 쓰는 길상사 색 안료
① 하도 그리기 스케치 (수첩)
② 합판 준비 - 베니어 합판은 무거워
코아 합판이 좋다 ③ 하도 준비
④ 본 뜨기 - 얇은 한지에 태백분 가루를
바른 분지로 본을 뜨면
옻칠 후 가루가 없어져 편리하다.

옻이 핀 후의 색채

칠 안료를 색상별로 준비하였다가 특별한 색이 필요하면 더 첨가하여 만든다. 시간이 지나면 옻이 피는데 그 화려한 색상을 경험한 사람은 왜 옻칠인가를 알게 된다. 나의 옻칠 순서를 소개한다. 하도그리기 ⇨ 화판 사오기 ⇨ 하도 준비 ⇨ 본 뜨기 ⇨ 천 자르기 ⇨ 베 바르기 ⇨ 골회 바르기의 순서다.

① 하도 그리기 : 그림 그리기 전에 하도가 가장 중요하다. 그동안 개인전 하기 전에 그렸던 스케치가 수첩에 즐비하다. ② 화판 사오기 : 옻칠판 작업은 베니다판이 좋다. 나무가 가로, 세로로 붙어있어 한 방향으로 휘지 않는다. 대작할 때는 코아 합판이 가운데가 비어 있어서 가볍다. ③ 하도 준비 : 전시 준비하려면 일단 공주상회에 삼베 100마를 주문한다. 5필. 한 필은 20마인데 항상 2-3마는 더 준다. 을지로 나가서 풀, 대형 칠주걱, 붓을 사서 작업 시작. 수첩에 그려 놓은 하도를 실제로 그린다. 자로 재기 귀찮아 graph 용지에 그릴 때가 많다. 그것도 아래가 보이도록 tracing graph 지에 그린다. (강남터미널 한가람문구센터에 있다.) ④ 본뜨기 : 그린 하도를 밑 작업한 옻칠 판에 베껴야 한다. 한지에 태백분 가루 묻힌 분지가 좋다. 먹지 종류는 기름기가 있어서 나중에 자국이 남을 수 있다. 백묵 같은 태백분 가루는 옻칠하면 없어진다. ⑤ 천 자르기 : 천을 자른다. 한쪽 식서를 잘라낸다. 자른 식서 부분은 돌돌 말아 두었다가 물건 묶을 때 쓴다. 탄력이 있어서 비닐 끈보다 좋다. 문제는 천에 풀이 먹여 있으면 빨아서 풀기를 빼고 써야 한다. 안 그러면 베바르기 한 후에 줄어든다. (베바르기와 골회 바르기는 뒤에 따로 설명하겠다)

↳ **'옻이 핀다'라는 말씀을 자주 하시던데, 그게 뭔가요?**
옻칠은 자외선에 약합니다. 자외선에 노출되고 시간이 지나면 진갈색의 색이 바래고 원래의 색만 남아요. 보통 채도가 높아지고 밝아지는 식이지요. 이를 '옻이 핀다'고 표현하는데, 원래의 색이 점점 더 선명해집니다. 몇 년 지나고 옻이 핀 상태의 화려한 색상은 어떠한 색 재료로도 표현하기 힘듭니다.

⑥ 베 바르기
교회 오빠 동연과 삼베 붙이기 2019.5.11
넓은 판에 베 바르기할 때는 칠 주걱에 힘을 주며 붙여야 한다. 2019.8.24

재료의 물질성을 과감히

전통기법을 따르면서도 파격적인 방법도 많이 사용했다. 재료만 자연물 그대로 쓰면 되지 그것을 거꾸로 붙이건 바로 붙이건 작가의 예술성이다. 나전을 손으로 끊어 붙이기도 하고 원목 목판 작품을 옻칠 판에 그대로 부착하기도 하였다. 미술은 재료와 매체에 의해 규정된다.

나는 재료의 물질성을 과감히 드러내는 방식으로 옻칠이 가질 수 있는 새로운 표현 방식을 찾아 나섰다. 삼베 바르기와 골회 바르기다.

⑥ **베 바르기** : 호칠로 베 바르기를 주로 하는데 바탕이 어두워지므로 찹쌀 풀로 베 바르기 하고 옻칠로 그림 그릴 때도 많다. '교수님, 오늘 저것 다해요?', '으-응.' 나는 6·25 피난 가서 태어났어요. 무엇도 해요. 가을이면 물에 불려 늙은 창호지 떼어 내고 새 종이 붙인다. 가을 햇살 청아한 날, 되직한 풀을 창살에 묻히고 창호지 붙인 후 물을 입에 물고 확 뿌린다. 마르면서 팽팽해진다. 그 짱짱하던 청량감. 손이 많이 가는 문고리 부분은 한지 2겹을 붙이는데 그 사이에 국화 꽃이나 단풍 잎을 말려 넣는다. 조잡의 극치인지 아름다움을 즐겼다. 아랫목에 신주 단지 같이 모셔 있는 청국장 양은 밥통, 표면에 그려있던 커다란 마젠타 핑크의 모란꽃. 불린 콩을 맷돌에 넣고 갈면 그 사이로 비집고 나오는 콩비지, 순덕이 아줌마와 이불 빨래를 반으로 접고 또 접고 하여 작게 만들던 기억, 둘이 마주 보고 두드리던 방망이질. 어린 나이였으니 도장찍듯 남아 있다. 조선 말기에 한국을 방문한 외국인들 기록에는 자그마한 여자들이 하루 종일 일했다고 써 있다. 남자들은 누워서 담배만 피고. 아마도 내 세대가 이런 노동을 기억하는 마지막 세대가 아닐까? 하루만에 다 붙이고 마당에 늘어 놓았다. 뿌듯하다.

    ↘
미술은 재료와 매체에 의해 규정된다는 말씀이 인상적인데요.
미술은 음악이나 문학과는 달리 최후에 보이는 것입니다. 개념미술의 장르도 있지만 전통미술에서는 해당이 안 되니 마지막에 바르는 재료와 매체에 의해 규정됩니다.

봉산재 마당에 늘어놓은 베 바르기 판
2014.8.9

재료와 과정, 그 독특함

삼베 바르기는 옻칠의 기본 재료인 삼베의 속성을 전면에 내세운 것이다. 나는 옻칠을 장인이 사용하는 방식 그대로 따르기보다 옻칠이라는 '재료'에 주목하였다. 표면에 절대 드러나지 않아야 할 삼베라는 섬유의 순수한 물질성을 거대한 화면 위에 그대로 펼쳐냈다. 이는 전통적 마감 방식을 정면으로 거부한 것으로, 엄중한 위계 허물기이자 동시에 전통의 미래를 위한 공격적인 실험이라 할 수 있다.

거친 표면 아래로 깊이를 품고 있는 삼베, 그 위에 다른 작업을 하지 않고 곧바로 나전과 난각, 금을 붙였다. 흑칠이나 색옻칠을 거칠게 붓 터치하고 그 위에 정교한 장식 오브제를 결합하여 삼베 스스로의 존재를 추상적 영역으로 이끌어 갔다. 흡사 콤바인 페인팅을 마주하고 있는 듯한 뜻밖의 느낌을 찾아냈다.

나는 생칠만으로 작업한 경우가 많았고 그 후 예술의 전당 개인전에도 그렸고 다른 전시에도 출품했다.

이러한 생칠 바르기 같이 옻칠 과정의 중간단계에서 나타나는 뜻밖의 느낌이 있다. 골회 바르기이다. 옻칠 완성을 향하여 구상하고 정밀하게 시간 투자했는데 결과물은 일반스럽고 유니크하지 않다. 흔하고 재미가 없다. 그러지 말고 골회 바르기에서 끝내자. 볼 때마다 멋있다고 느꼈으니까 이를 작품화 하자. 골회 바르기는 흙이라는 물성을 나타내면서도 옻칠이 들어가 있어서 원재료의 흙이 아니라 옻칠의 색감이 나타나고 농담도 조절할 수 있다. 골회 바르기!

↘ **'표면에 절대 드러나지 않아야 할 삼베'라니, 왜요?**
삼베를 바르는 이유는 가구의 기본 틀인 백골이 틀어지는 것을 막아주는 역할을 하기 위해서지요. 최근에는 원목 처리를 하니까 잘 틀어지지 않아서 삼베를 붙이는 경우가 드물어요. 삼베는 완성품 속에 구조를 잡아 주려고 붙이는 거라 보이지 않지요. 근데 저는 이 삼베 질감이 좋더라고요. 이 삼베를 밖으로 보이게 하면? 전통 옻칠에 새로운 질감이 더해지는 것이지요.

↳ 골회 바르기

그만 하시지, 그 단계가 더 멋있구만

그 품위있고 우아한 Brown 색감과 은은한 광택. 남들은 다 같은 골회바르기로 보일지 모르나 내 눈에는 다르다. 배합되는 생칠의 농도에 따라 틀리고 흙, 와분, 탄분 등 섞는 가루에 따라 틀리다.

골회를 적극적으로 표면에 내놓고 작품 하는 작가는 별로 없다. 전통 옻칠 단계에서는 완성품을 향해가는 중간 과정이니까 속으로 들어가서 겉으로는 보이지 않는다. 보이는 눈에만 보이는 결과물이다. 이렇게 중간 과정에서 멈추는 경우는 옻칠해 가는 단계마다 다양하게 나타난다. 교만하고 도도하게 피어 완숙한 모란꽃도 있지만 그 전 단계 봉오리도 충분히 예쁘다. 골회바르기에서 사포 정도를 달리 하거나 생칠만 하거나 정제칠로 마감할 수 있다.

우리 집 장인들 작업하실 때 '그만 하시지 그 단계가 더 멋 있구만'하는 생각이 자주 들었다. 그러나 장인들은 꼭 끝까지 가야만 끝낸다. 길들여진 조형의식이다. 당신이 보기에도 중간이 멋있구만 그것은 완성품이 아니라고 생각하고 죽어라고 더 걸어간다. 그렇게 자라온 분들이라 그렇게 해야만이 숙제한 것 같다니 성실한 분들이다.

내 골회바르기 배합은 생칠에 토분, 도노꼬, 와분, 합분 등을 넣고 약간의 강력분도 넣는다. 와분을 쓰면 진회색, 토분을 쓰면 갈색, 합분을 쓰면 밝은 갈색이 된다. 또한 생칠을 많이 넣으면 진하고 광택이 난다. 나는 작품용 골회를 만들 때에는 2가지로 구분하여 고운 골회와 거친 골회로 나누어 쓴다.

↘
완성품을 향해가는 중간 과정이라고 하시는 이유는 뭘까요?
삼베를 붙이는 단계는 완성이 아니고 완성을 향해 가는 중간 과정이잖아요. 삼베가 백골이 틀어지는 것을 막아준다고 했지요? 그러나 그 중간 과정이 훨씬 더 멋있고 조형적일 때가 있다고요!

↘
완성도 혹은 실용 사이에서 곤란한 경우가 있나요?
옻칠의 완성도를 높이는 방법은 여러 가지가 있어요. 생칠만 해서 완성할 수도 있고(무형문화재 생칠장은 생칠만으로 완성한다), 자개를 끊음질이나 주름질 하지 않고 손으로 잘라 붙일 수도 있습니다. 작업 방법보다는 그 위의 단계에서 기획을 잘해야 합니다. 지금은 조형적인 측면에서나 활용 범위, 효과 증대 등 생각 단계에서 어디에 초점을 두느냐가 중요합니다.

<u>**고운 골회 바르기**</u> 고운 골회를 만들 때는 생칠을 많이 넣는다.
아래 좌측은 흑칠하여 광내기 작업을 하기 위해 고운 골회 바르기 했다.

일부러 하지 않아도

<u>고운 골회 바르기</u> 교과서 방식대로 고운 토분으로 골회를 만들고 마르면 사포치고 묽은 생칠을 발라준다. 이를 수 차례 반복하여 옻칠 면이 평활하고 곱게 만든다. 특히 세밀한 자개 작업할 때는 아래가 평활하지 않으면 자개 높이가 달라 마무리가 어렵다. 자개 등깎기 할 때 완벽하게 벗겨지지 않고 광작업 할 때도 높낮이가 틀려 작업하기 힘 든다.

<u>거친 골회 바르기</u> 골회를 거칠게 만들려면 입자가 굵어야 한다. 학생들 버리고 간 말라 비틀어진 칠 덩어리를 절구에 넣고 빻는다. 거기다 생칠, 찹쌀풀, 호칠 굳은 것 다 넣고 섞어 만든다. 내 표현 의도에 따른 것이니 거칠어도 좋고 입자가 틀려도 좋고 생칠을 덜 넣어도 좋다. 자유롭다지만 사실은 모든 것을 경험했어야 하므로 훨씬 더 어렵다.

만든 골회를 화판에 바를 때는 여러 가지 도구를 사용한다. 거친 질감이면 굳은 붓으로, 골짜기 나타내려면 머리 빗으로, 부조 느낌이면 손가락도 사용한다. 미대 2학년 입체 조형 시간이네요. 그러나 골회 안에 옻칠이 있으므로 직접 피부에 닿지 않게 해야 한다. 골회바르기에 빠져서 바르다 보면 어느새 온 몸으로 바르고 있다. 주의를 요한다.

나는 옻칠 작업을 하면서 옻칠 자체가 갖고 있는 색감과 광택을 좋아했다. 이미 존재하고 있는 물성의 매력. <u>일부러 하지 않아도 갖고 있는 본성. 느낌만 가지고도 표현할 수 있다.</u>그래서 삼베 바르기, 골회 바르기를 좋아했고 색옻칠의 경우도 세밀하게 그리지 않았다.

↘ <u>일부러 하지 않아도 갖고 있는 본성, 느낌만 들고도 표현한다는 게 어떤 뜻인지요?</u>
옻칠의 방법대로 하면 거의 비슷한 조형물이 나옵니다. 방법을 다르게 했어요. 전통 방법을 쓰지 않는 것이 아니라 방법을 쓰되 옻칠 본연이 가지고 있는 색감과 질감을 그대로 표현하는 거지요. 이는 화학 물질을 쓰는 것과는 다릅니다. 그동안 눈여겨보지 않았던, 옻칠 자체가 가지고 있는 본성과 느낌을 이용하는 겁니다. 전면에 자개만 붙인다든지, 삼베를 그대로 노출한다든지, 골회 바르기의 질감을 달리하는 식입니다.

↳ 거친 골회 바르기

↖ **젊은 학생들은 옻이 잘 옮나요?**
체온이 높으면 옻이 잘 옮아요. 어릴수록 체온이 더 높지 않나? 열도 잘 나고요. 예로, 옻 옮았을 때
술을 마시면 온몸으로 퍼지거든요.

전통은 바뀌어 가는구나

그림을 그리다 보면 나타나는 여러 가지 우연찮은 질감들. 칠 중에 색옻칠은 제조과정까지 알고 있으니까 더욱 멋있다. 학생들 남기고 간 칠을 나이프로 싹싹 긁어 모은다. 어느 날 남은 칠로 나이프만 가지고 그렸는데 느낌이 너무 좋다며 행복이 가득한 집 이 영혜 사장이 사갔다.

그때 나는 정말로 느꼈다. 전통은 바뀌어 가는구나. 그 많은 단계로 인내와 끈기로 작업하는 장인들께는 죄송한데 그림은 감각이고 1000% 주관적인 판단이니까 달라지고 있다.

나는 골회로 대작을 많이 했다. 연구실은 좁으니 앞방 실기실로 가자. 다행히 방학이라 학생들이 없다. 실기실 책상 위에 좌악 펼쳐 놓고 골회 바르기 시작! 황토, 생칠, 지난 번 학생들 쓰다 남긴 호칠, 모두 섞어 만들고 1200× 1800mm 7개 판 아랫 부분을 골회바르기로 채워준다.

대작을 할 때는 120×180cm 7개를 합쳐서 그리니 가로 8.4m를 발라야 한다. 20cm 넓은 칠주걱으로 왼쪽부터 해 나간다. 넓은 칠주걱으로 일단 발라 놓고 차츰 8cm 칠주걱으로 편편하게 정리한다. 완성한 후 교실 바닥 전체에 물을 뿌리고 말린다. 8시간 후면 마른다.

고운 골회바르기 할 경우는 필요한 부분을 이것 저것 섞지 않은 황토와 생칠로만 골회를 만들어 거칠게 바른 골회 위에 한 번 더 얇게 올린다.

저 할머니 교수가 매일 밤 작업 하니 학생들이 도와준다는데 접근하면 발포한다. 젊은 학생들은 피가 뜨거워 99% 옻을 옮을 것이다.

↘ 남은 칠로 나이프만 가지고 그렸다고요?
보통은 옻칠 전문 붓인 귀얄을 사용하여 표면을 매끄럽게 칠합니다. 나이프를 사용하면 표면이 거칠지요. 옻칠 남은 걸 이용해 나이프로 거칠게 바른 작품을 보고, '다르고 새롭다'라고 좋아하며 구매해 갔어요.

옻칠은 고유명사

밤하늘에 별은 쏟아지는데 혼자 중노동하고 나설 때의 느낌, 무조건 걸작이 나올 것 같다. 빈센트 반 고흐가 동생에게 다음 같은 편지를 보냈는데 내가 꼭 고흐가 된 기분이다.

'종종 나 자신이 엄청난 부자라는 생각이 들 때가 있단다. 돈이 많아서가 아니라 나만의 일을 찾았기 때문이야 (어쩌면 지금 이 순간만 그렇게 생각하는지도 모르지만 말이야) 내 마음과 영혼을 바칠 수 있고 삶에 의미와 영감을 주는 그런 일 말이다.'

이제 퇴직하고 나니 작업실이 마땅하지 않다. 이천은 너무 멀고 사람도 없고 서로재서 하는 수밖에 없다. 마당에 잔뜩 늘어 놓고 그리고 있고 길 골목에서도 그리고 있으니 지나가는 관광객들이 wonderful! great! 한다.

요새 북촌에는 한류 바람이 불어서 관광객이 많다. 그들은 물건 사는 것보다 체험하기를 즐긴다. 내가 Korea의 Artist라고 짐작했는지 빙둘러 서서 구경한다. 그려 보라고 붓이라도 주면 작업하는 내 모습과 함께 사진 찍는 것을 좋아한다. Youtube 제작하면 좋은 기념이 될 것이고 아마도 내 얼굴은 전 세계로 퍼져 나갈 것이다. 나는 옻칠을 설명하면서 고유명사 'ottchil'로 말하지 urushi라고 통역하지 않는다. 언젠가는 우리 옻칠이 세계를 제패할 것이다.

> **영어로 쓰실 때도 고유명사 '옻칠(ottchil)'을 고집하시는 이유는요?**
> 사실, 옻칠은 일본 게 먼저 알려져서 영어로 '재팬(Japan)'이라고 하거든요. '옻=재팬'이 된 것이죠. 한국의 옻칠은 주성분인 우루시올(Urushiol : 사실, 이것도 일본어 '옻'에서 유래한 말)이 많이 들어 있어 품질이 아주 좋아요. 중국, 한국, 일본 중에 제일 좋죠. 그래서 한국옻칠협회에서는 영어로도 옻칠(ottchil), 그대로 쓰기로 했어요.

> 거친 골회만 바르기도 하고, 여러 가지 방법으로 골회를 바른다. 질감이 다 다르다.
> 골회 바르기의 다양한 표현.

위에서부터

붉은 하늘 202108 Red Sky 200×200mm

정년퇴임식 대작 골회 바르기 2018.2.20

하단에 고운 골회 바르기 2014.12.30

서로재 마당 대작 2022.8
(상단 사진을 잘 보면 서로재 골목 바닥에 앉아 작업하는 모습이 보인다)

이제는 이런 자개를 구할 수가 없다.
이천에 모아 둔 자개문짝 400개.

6.4 기다림과 만남과 헤어짐이 - 진주패, 색자개, 교칠

자개를 소중히 여긴다. 나는 자개 문짝을 400개 모았다. 어느 날 윤 부장이 길에 버려진 장롱에 자개가 너무 아깝다고 전화가 왔다. 용달에 싣고 이천에 두었다. 소문이 나서 여기저기서 전화가 온다. 내 그림을 많이 사가시는 배 회장님께서 연락이 왔다. 자녀들 결혼하여 떠나고 살림을 줄이려니 장롱을 내다 버려야 하신댄다. 그중 결혼 후 눈만 뜨면 보이던 장롱은 우리 집의 역사였고 삶이었는데 사라지니 가슴이 아리신댄다.

'제가 보관해 드릴게요.' 장롱과 문갑, 화장대. 한 집 살림이 한 트럭으로 왔다. 노원구 쓰레기 하치장 가보니 그 귀한 자개장을 포크레인으로 찍어서 부수고 있었다. 아깝다. 어느 장인의 통곡 소리 들린다. 부수기 전 문짝만 떼어 달라고 하여 모았다. 우리 고유의 혼과 문양과 귀중함을 버릴 수 없었다. 어느 가정의 단란한 역사를 버릴 수 없었다.

옻칠 가구는 다른 나무 도색과는 달리 장식할 수 있다는 데 있다. 칠 위에 조형성과 장식성을 더하기 위하여 나전이나 대모, 상아, 호박 따위를 새겨 넣기도 하고 금, 은판을 오려 붙이기도 한다.

나전을 풀이하면 소라 라(螺), 비녀 전(鈿) 으로, 나전은 얇게 간 조개껍데기를 여러 가지 형태로 오려내어 기물의 표면에 붙여서 꾸미는 것을 통칭한다. 어떤 전시회도 작품 출품할 때면 제목, 크기, 재료, 제작년도를 쓴다. 재료에는 옻칠과 나전을 쓰니 내게 자개는 얼마나 중요한가?

↘ **자개 문짝 400개를요? 문짝만 모은 이유는요?**
버리는 자개가 아까워서 모으기 시작했는데 열두 자 장롱은 부피가 커서 자리를 많이 차지하잖아요. 대부분 자개장은 문짝에 장식이 집중되니까 문짝만 떼어서 수집한 거예요.

↘ **윤 부장님은 누구신가요?**
'종로화물'의 윤외석 부장님이신데 고마운 분이지요. 어려서 조실부모하여 나의 모친을 극진히 대했어요. 잉어를 잡아서 고아드리기도 하고 몸이 불편하시면 즉시 병원으로 모시고 가곤 했어요.

↪ 왼쪽 진주패를 조각하여 내가 생각한 형태대로 두꺼운 자개를 만들어서 작품에 부착한 〈그리운 새〉.
200612 Yearning bird 350×350mm

오른쪽 두꺼운 자개를 사용한 〈영생_R〉, 〈영생_L〉,
색 자개를 사용한 〈나성숙 옻칠전 포스터〉, 〈북촌산하〉 작품

옻칠과의 합치

자개만 가지고도 작품할 수 있다. 그러나 옻칠과의 합치가 더욱 장엄하고 화려하다. 다른 기법은 일반 자개 기법과 같으나 다른 방법 2가지를 병행한다. 첫째, 진주패를 조각하여 쓴다. 내가 생각한 형태대로 두꺼운 자개를 만들어서 작품에 부착한다. 둘째, 자개를 염색한다. 보통은 색옻칠을 자개 뒤에 바른다. 그러나 이 방법은 자개 자체를 염색한 것이다. 무지개 염료에서 다루고 있고 자개가 컬러풀하게 빛난다.

두께감과 색채감에는 교칠이 좋다. 옻칠은 액체고 검은 색이기 때문에 그림 그리는데 한계가 있다. 얇은 표막이고 무채색이다. 그래서 두께를 두껍게 하거나 색채를 줄 때는 교칠이 좋다. 색옻칠에 두부, 계란 흰자 등을 함께 섞어 제작한다. 두께를 올리고 굳어지기 전에 상감하고 마르고 나서 다른 색칠로 만들어 채워 넣는다. 이런 방식으로 반복해서 올리면 층층이 다른 색깔이 쌓이고 사포치는 강도에 따라 다른 형태가 나온다.

처음에는 두부로 만든다는 것이 의아했는데 옻칠의 우루시올 성분과 두부의 단백질이 합쳐서 칠을 만들어 낸다. 이러한 성질 덕분에 계란 흰자도 가능하고 우유도 가능하다. 옻칠은 아크릴, 유화, 수채화와 섞이지 않고 따로 분리된다. 두부로 만든 교칠은 굳고 나면 단단하며 색도 변하지 않는다.

↘

'두께감과 색채감에는 교칠이 좋다'고 하셨는데….
옻칠은 액체니까 칠하면 얇게 수평으로 퍼집니다. 옻칠에 두부나 달걀 같은 단백질을 넣어서 점도를 높이는 것을 '교칠'이라고 합니다. 난 두껍게 하고 싶을 때는 두부를 꼭 짜고 색 옻칠을 칠 주걱으로 섞어서 발라요.

↪ 교칠 소반(왼쪽 상단)과 교칠 샘플(오른쪽 상단)
두부와 색옻칠을 혼합한 후 화판에 칠 주걱으로 바르는 모습.
두부와 색옻칠 혼합하여 교칠을 만든 후 형태를 선으로 파내고 다른 색을 상감한다.
여러 겹 올려서 사포로 갈아내면 다양한 그림이 나타난다.

두부 교칠 기법

2010년 현대백화점에 소반 납품할 때 두부 교칠 기법을 썼다. 12각 호족반 천판을 노란색 교칠 만들어 두껍게 바르고 굳기 전에 모란꽃 모양으로 상감하고 빨강 주칠로 교칠을 만들어 그 위에 도포하였다. 굳은 후 사포치고 광작업하였다.

두부 교칠은 여러 색을 올려서 다양하게 칠할 수 있고 사포치는 정도에 따라 다음 색이 순차적으로 나오기 때문에 회화성이 높다. 송원아트센터 전시 때 학생들은 교칠 기법 작품을 많이 하였다. 선배 화가들이 오셔서 이거 어떻게 만들었어요? 대작이라면 더 좋았을 텐데… 커다란 벽면을 두부 교칠로 다 채우면 장엄하고 멋있을 텐데….

① 두부 재료 만들기 : 두부를 얇게 잘라 탈지면에 짜서 물기를 제거한다. 신문지 사이에 넣어도 좋다. ② 옻칠과 혼합하기 : 두부와 색 옻칠을 같은 비율로 섞어 칠주걱으로 덩어리 없이 갈아 놓는다. 두부가 너무 많으면 채도가 떨어지고 너무 적으면 두께가 안 생긴다. 나는 보통 두부를 1/3이나 1/4 넣는다. 색 옻칠 만들 때처럼 시간도 걸리고 팔도 아프지만 오래 동안 치대야 입자가 곱다. ③ 바탕 교칠하기 : 바탕 색을 칠주걱으로 1-2mm 두께로 덮는다. ④ 그림 그리기 : 바탕색이 완전히 굳기 전에 송곳이나 요지로 그림을 그려서 파낸다. 굵은 나무젓가락을 이용하여 선을 파낼 수도 있으나 다음 색 올릴 때 선이 다 덮이지 않는다. ⑤ 상감하기 : 굳은 후 그림 그린 파인 부분을 다음 색으로 메꿔 칠한다. ⑥ 사포하기 : 완전히 굳은 후에 사포로 갈아낸다. 사포로 갈아낼 때 실리콘 주걱으로 물을 제거하면서 갈아낸다. 갈아내는 정도에 따라 그림이 층층이 나타나며 다양한 형태를 보인다. 사포로 그림을 그린다고 생각하면 된다.

↘
사포질과 웅질, 어떤 작업인가요?
광을 낸다는 것은 표면을 매끄럽게 한다는 거예요. 수면이 반짝이는 원리랄까요. 옻칠을 칠한 후 2000번으로 물 사포질을 하고 컴파운드와 연마제로 미세하게 갈아냅니다. 최후에 각분 등의 가루로 정리하여 광택이 나도록 합니다.

별밤 북촌, 202010
Starry Night Bukchon 600×1200mm

이소모피즘 (isomorphism), 심신동형설(心身同型設)에 대해 알려주세요.

인간은 마음에 그린 것을 밖으로 표현합니다. 마음과 몸이 같지요. 익숙한 것을 선호하고요. 완만한 한국의 곡선은 초가집과 저고리의 곡선을 만들었고, 알프스의 뾰족한 산은 고딕 양식을, 미국의 넓은 수평의 대지는 슬래브 지붕을 만들었지요. 매일 보면 익숙하고 좋아진다는 뜻이기도 해요. 이런 면에서 획기적인 변화인 입체파의 등장이나 행위예술 등은 충격적인 것이고 익숙해지는 데 시간이 걸립니다. 그러나 문화는 계속 충격과 익숙함이 부딪치며 변화하고 발전하는 것입니다. 나는 전통예술도 기본 재료나 기법이 지켜지는 범위 내에서 조형미가 달라져야 한다고 생각해 왔어요.

안목도 교육이다

고전앤틱, 김경종법률사무소, 누크갤러리, 동구제약, 레이크사이드, 쌍용건설, 서울과학기술대학교,세원실업, 신광드림투자, 안궁보건소,영림가구, 이공건축, 이화벽돌, 태양금속공업, (주)다스, (주)두경엠앤피, (주)유비셋, (주)케이엔피이노텍, (주)흥해, 차병원, 천일관, 한국경제, 현대이케미컬, 현대자동차, 호서대학교. 내 작품 소장처는 위와 같다.

20년동안 옻칠 작업하며 조형미가 바뀌어야 한다고 주장했다. 고려 때는 고려청자가 상감으로 파 들어가 무늬를 만들고 다른 흙을 넣었다. 푸른 비취 색에 박혀 있던 구름과 국화, 이조 때는 허연 달항아리로 바뀌었다. 그게 끝이다. 고려 때 백자 항아리 만들었다가는 살아남을 수가 없다. 미의식은 바뀌어 간다. 문화예술이란 지극히 주관적이고 개인의 성향으로 간주되어 왔다. 그러나 그것에는 흐름이 있다. 한국 남자는 누구도 입술 두꺼운 미스 아프리카하고 살지 않는다. 아프리카에서는 가장 아름답다 해도 나는 안 산다. 결국 아름다울 '美'자도 훈련과 교육이다. 자주 보여주어 안목을 달리 해야한다. 미의식은 사회적인 약속이다. 그래서 달라져야 한다면 자꾸 보고 익혀서 달라져야 한다. 나는 MOMA에서 잭슨 폴록 작품을 보는 순간 가슴이 뭉클했다. 나는 그를 만난 적이 없었고 교과서에 나오는 커튼 같은 작품하고는 비교가 안되었다. 아이소몰피즘(isomorphism), 심신동형설(心身同型設). 그의 정신세계가 구체적인 색과 안료로 번역되어 나에게로 다가왔다. 훌륭한 작품은 우리에게 연결되어 감동을 준다. 나중에는 잭슨 폴록 같지 않으면 이상할 정도로 영향을 많이 주었다.

> ↘ **한국 남자는 누구도 입술 두꺼운 미스 아프리카하고 살지 않는다는 말, 편견 아닌가요?**
> 미에는 각자의 가치관이 있고 선호도가 있다는 걸 말한 거예요. 옛날 사람이라 이렇게 표현한 거니, 봐줘요. 어쨌든 미의 기준은 단순하게 도식적으로 만들 수 없으며 강요할 수도 없습니다. 나라마다, 사람마다 다르고 시대와 계층에 따라서도 다릅니다. 일반적으로 익숙하지 않으면 거부하는 게 사실이기도 해요. 거부하던 충격적인 물체를 자주 보아 익숙해지면 차츰 아름다워집니다. 입체파, 에펠탑, 전위작가 들이 그 예시고 그렇게 발전해 왔습니다.

북촌 연못

202101

Bukchon Pond

400×400mm

창조는 연결이다

이렇게 놀란 일은 1981년 퐁피두 센터를 보았을 때도 마찬가지다. 한국은 군부독재 시절이었고 나는 파리에서 스위스 로잔으로 가는 길이었다. 그 우아하고 품위있는 도시에 개구리 창자 들어섰다고 난리다. 배수관, 전깃줄, 에스컬레이터가 다 밖으로 나와 있었고 파리를 과감하게 리드하고 있었다.

죠르주 퐁피두 대통령(1969-74)은 문화예술은 삶의 질과 행복지수를 높여주며 지역공동체 정신을 획득하는 토대가 될 것이다. 라고 했다. 영어 ART는 어원적으로 라틴어 아르스에서 나왔다. 어원은 '모방하다'. 그리스에서 인간은 모방할 따름이고 신만이 창조한다.

그러면 창조는 어떻게 나오는가? 연결이다. 예술이야말로 그 기원 자체가 한계를 담고 있고 너와 나의 연결이 필요하다. 예술가는 혼자 작업한다고 한다. 빈 방에서 태어나 빈 방에만 10년 있으면 사과를 알까요? 모른다. 보았기 때문에 안다. 나와 외부와의 연결이다. 우주와 나, 기술과 정신, 과거와 현재, 위대한 정신을 기술적인 것으로 연역해 내는 것이다.

우리 전통의 재료와 도구는 장점이 많다. 못 버린다. 이는 재료와 기법인 것이다. 20년을 옻칠 작업하며 감탄한 적이 많았다. 아, 그래서 안 없어지고 지금껏 남아 있구나. 그러나 조형 의식은 연결로 앞서 나가야 살아남는다. 그 우아한 파리도 모두 협력하여 아름다운 도시를 만드는 곳에 창자까지 다 나온 퐁피두 센터를 지었다. 그리고 세계를 리드하고 있다.

↘ **창자까지 다 나온 퐁피두 센터? 과감한 표현이네요!**
퐁피두 센터는 내부 구조를 숨기지 않았고 다 노출했잖아요. 에펠 탑도 구조에 치중했고, 철골을 밖에 노출하고 가리지 않았습니다. 사르트르는 에펠탑이 흉물이라고 오히려 에펠탑 바로 밑에 살았다지요? 바로 밑에서는 보이지 않으니까. 구조물인 철을 가리지 않고 다 노출해 충격을 주었지만, 지금은 아무렇지도 않고 익숙합니다. 퐁피두 센터도 그렇고요.

제 7 장

내 마음의 일주문을
들어서니

7.1
산새 왼종일 울거나 – 후회

7.2
실바람에도 얼음이 녹고 – 연결

7.3
큰 산이 터지는 소리 – 미래

KBS TV 9시 뉴스 2021.1.24 / 아리랑TV 인터뷰 2018.5.24

7.1 산새 왼종일 울거나 – 후회

사람은 누구나 돌이킬 수 없는 후회가 하나 있다. 나는 내 연하의 남편에게 단 한 번도 '사랑한다'는 말을 안 했다. 화를 냈지만, 그래도 안 했다. 흙을 퍼서 그의 묘소에 부으며 산천이 떠나가게 부르짖었다. '사랑해요'.

내가 그를 만나지 않았으면 딸들도 없고 재산도 없었을 텐데 이 못된 마누라에게 많이 주고 갔다. 미안해서 혼자 자주 중얼거린다. 사랑해요. 그랬더니 그 사랑이 돌아 돌아 왔는지. '너 텔레비 나왔더라'.

2021.1.24(일) 오후 9시. KBS 1 TV 뉴스. 연휴 중이고 일요일 밤이니 본 사람이 무척 많다. 선 재희 PD가 취재했다. 2008.4.13(월) 오후 9시. KBS 1 TV 뉴스. 13년 전에도 오더니 잊지 않고 또 왔다. 2번째 9시 메인 뉴스 '옻칠 전도사 – 나 성숙 교수'. 왜 나를 다루었을까요? 옻칠계에 유명 인사도 많고 장인도 아닌데….

1. 전통은 변해야 한다는 시대적 요구가 있다. 2. 조금 하다 말 것 같은데 굳세게 하고 있다. 3. 무엇보다 일개 여교수가 많은 돈을 투자하고 실제로 작업하고 학생들을 가르치고 있다.

KBS TV 외에도 많은 매스컴에 나갔다. 아리랑TV, 조선일보, 중앙일보, 월간지, 주간지 등. 퇴임식에 게재물을 붙이다 보니 벽면에 가득이다. 담당 PD들 말 들어 보면 너무나 자연스럽게 인터뷰 한댄다. NG 한 번 안내고 연예인처럼 마치 오래 연기하여 몸에 밴 사람처럼 응한다니 소문이 나서 자꾸 찾아온다.

출연하신 것은 뉴스의 어떤 코너였나요?
KBS 9시 뉴스 끝부분에 등장했어요. 어떤 코너가 특별히 있던 것이 아니었던 것으로 기억해요. 뉴스 자막은 '옻칠 전도사 - 나성숙 교수'였고요.

아리랑TV 2024.3.7

情 software

정년퇴임을 찍어 준 KBS '문화의 향기'팀은 아침 일찍 학교로 와서 그림 실어 나르는 차량부터 예술의 전당에 설치하는 모습까지 찍었다. 그들은 성실했고 사실 그대로를 찍었다. 50분 방영 아리랑 TV 박 형실 피디는 1주일 내내 나를 화장시켰고 그 파급 효과는 전 세계로 퍼져 나갔다.

당시 북경대학 기숙사에 있던 큰딸 형원이가 '어디서 많이 듣던 목소리인데… 엄마다. 엄마!' 놀래서 전화를 했다. 이렇게도 매스컴은 전 세계로 퍼져 나간다.

고맙기도 하지만 그만큼 의무감도 생겼다. 제가 뭘 안다고 이러시는지요. 나는 인터뷰 하면서 미래에 대한 얘기를 주로 했다. 앞으로는 첨단의 AI와 인간의 정이 대세를 이룰 것이다.

Post-Modernism의 2가지 현상, 첨단 기기 hardware와 인간의 情 software가 더욱 발달하고 심화될 것이다. 인간의 정, 서로의 연결이다. 혼자서 무슨 정이 생기겠는가? 나는 서로재 에서도 키운 정을 연결하고자 했다. 쌓인 정은 연결하면 힘이 생긴다. 문화는 culture는 라틴어 cultus '경작하다'에서 나온 말이고 사람 '人' 자도 둘이 기대고 서 있다. 서로재는 인간미를 느낄 수 있는 곳이다. 그러니까 일개 개인 학원이 29기를 배출하였고 18년을 하게 되었다.

서로 각 가정에서 일어나는 애경사를 나눈다. 집에 먹을 것도 가져온다. 특히 쿠킹 클래스 다니는 학생들은 집에서 구운 과자를 가져온다. 식구가 적으니까 과자가 남으면 서로재로 들고 온다. 재료도 공동 구매하고 주문 제작 도구도 여러 명이 하면 절약된다.

↘
아리랑 TV 박형실 피디가 일주일 화장시켰다는 말이 무슨 뜻인가요?
50분 방영분이라 꽤 길어서 일주일 내내 촬영하는데, 매일 분장을 시키더라고요. 의상과 메이컵 담당이 한 팀이 되어 총괄 지휘하더군요. 촬영의 시작이 메이컵을 받는 거였으니까요. 하하.

↳ 서로재 간식 시간과 서로재 점심 식사

크고 작은 일을 함께

전시회와 음악회도 함께 간다. 서 정기 선생님이 대관령음악제 후원회장이시라 대관령을 가고 신 순자 선생님 취죽당에서 스트라디바리우스 바이올린으로 귀도 호강한다. 지난 18년 동안 크고 작은 일을 나누고 살았다. 누군가 서로재에 대한 책을 쓰라고 권하기도 했다.

비오는 날 처마 끝에서 빗소리 들으며 아직도 이런 쌍팔년도 같은 조직이 있나 싶다. 전통옻칠을 다루다 보니 정서도 전통 품앗이로구나. 여자들끼리 모이면 편도 갈라지고 질투 병도 걸릴 텐데 그런 현상이 없다. 그런데 수강료가 비싸다는 것이다. 배우는 모든 행위는 국가에서 지원해야 한다. 수재 학생이 등록금 없어서 공부를 못 한다면 국가적인 손실이다.

그것을 아는 보스톤에서는 배우는 것은 모두 싸다. 수영도 싸고 테니스도 싸고 일어 배우는 것도 싸다. 배움은 축적이 되어 국가 발전에 기여함을 알기 때문이다. 나는 대학 등록금까지는 배우겠다면 누구나 무상으로 수업을 듣게 해야 한다고 역설했다. '뜻이 있는 곳에 길이 있다' 이 평범한 진리를 어린 학생들에게 심어 주어야 한다.

29기까지 수업하면서 옻칠 배우는 수강료 비싼 것이 미안했다. 그래도 학생들은 부잣집 마나님들만 오셨는지 수강료에 불평이 없었고 도리어 '서로재 이야기2' 전시 때는 촌지를 주면서 '교수님, 수고하셨어요." 어떻게 은혜를 갚지? 같이 전시하는 입장인데….

서정기 선생님과 대관령, 그 인연이 궁금합니다.
평창대관령음악제의 후원회장인 서정기 선생님 초청으로 서로재 학생들은 음악제에 참석한답니다.

주철북촌

202308
Red Bukchon
400×300mm

언젠가는 알게 되겠지

이리도 뭉쳐 지내는데 내가 가장 시달린 것은 가짜라는 모함이었다. '저거, 가짜야 가짜.' 2009.3 리빙디자인에서 들리던 어느 장인의 말씀. "나 교수, 왜 직접 해요? 시키지. 남의 일거리 빼앗지 말아욧."

나는 가짜 옻칠 하지 않았다. 더더욱 남의 일거리 빼앗지도 않았다. 그런 말을 무시했다. 갈 길이 머니까. 그래도 자꾸 시달리다 보니 드디어 나도 질문했다. "그러면 무형문화재 장인들은 무엇으로 갈아요?" 사포라고 한다. "그러면 이조 때 사포가 있었나요?" "숯을 잘라 사포로 썼지." "그러면 전통이 아니네요." 그러나 나는 이미 그런 차원에서 벗어났다. 기분은 나쁘지만 앞으로 걸어갈 길이 더 중요하다.

전통이 부상하니까 사기꾼들이 거짓으로 만든 골동품이나 화학물질로 작업한 장인이 탄로 나서 무형문화재가 취소되기도 한다. 많은 전통 분야가 아직 이론적으로나 실제 제작 면에서 규명이 안 되었고 정착이 안 되어 있다. 그래서 사건 사고가 빈번하게 발생한다.

그동안 없애지 않고 이어온 것만도 고마운데 제대로 밝혀지고 정착되기에는 아직 시간이 걸릴 것이다. 그래서 나를 가짜라고 언급해도 참기로 했다. 이 진위 또한 시간이 걸릴 것이니까 기다리기로 한다. 옻칠이 칠장에서 마를 때까지 기다리는 것처럼 기다리자. 언젠가는 밝혀지겠지.

↘
옻칠이 칠장에서 마를 때까지 얼마나 걸리나요?
일반적으로 8시간 걸립니다. 궁금하다고 자꾸 들춰 보면 안 됩니다.

통도사 답사 2021.11.6

오세종 공방 답사 2021.5.13

7.2 실바람에도 얼음이 녹고 – 연결

나는 여러 분야의 장인들을 만났다. 그 어려운 시절 전통을 이어온 분들이다. 견디지 못하고 사라진 분야도 많다. 황칠, 누금(금속 표면에 금알갱이를 녹여서 붙이는 기법), 혁칠 등. 전수자가 없으니 무형문화재도 안 계시다. 이제 우리는 3만 불 선진국이다. 행복지수는 어느 정도 올라가면 같다. 그러므로 예술이 관건이다. 인사동이나 장안평에 나가서 뭐를 하나 샀는데 자꾸 좋다. 워라벨(Work and Life Balance)이다.

그러나 정작 그것을 만든 사람은 어떠한 대접을 받았는가? 예술노동은 엄밀히 말하면 사회적 가치를 생산하는 노동이다. 그리고 예술가는 그런 공공재를 생산하는 사람이기 때문에 예술가의 가난이나 낮은 임금 등은 예술가의 사적인 영역에서가 아니라 사회적 영역에서 다뤄져야 한다. 예술가는 자신이 속한 사회와 사실상 고용관계다.

그러나 예술가의 노동을 지극히 개인적으로 치부하여 각종 사회보장 시스템에서 누락되어 있다. 구조적 문제 때문에 가난의 순환고리를 벗어날 수 없다. 그래서 그 대단한 전통들이 끊어졌다. 지금은 기능올림픽에 옻칠 분야도 없어지고 초보자가 옻 옮고 시간도 많이 걸리니 떠난다. 나를 유혹하는 테마가 지천인데 아버님께 전수 받은 것도 아닌데 미련 없이 떠난다. 장인들도 경제개념 투입을 속된 것처럼 생각하고 '노동'이라 칭하는 것을 거부한다. 예술적 가치 이전에 노동을 투자해야 구체화 되며 어떤 새로운 가치를 창출할 수 있다. 노동생산물이 특수창작물과는 다르다.

↘
예술가는 자신이 속한 사회와 고용관계라고요?
예술가는 본인이 속한 사회를 대변해 주고 문화의 척도를 표현해 주며 그 나라의 문화 수준을 나타내 줍니다. 한 개인이 아니고 그 사회의 예술적인 면을 표현해 주니 고용관계라고 말할 수 있지요.

북촌 사대부 모임

예술은 직업, 노동

그러나 예술 활동에 소모되는 시간과 땀이 노동자가 아닌가? 근로자가 아닌가? 예술노동이 노동으로 인정받지 못하여 '직업'으로 인정받지 못하는 것이다. 직업인으로 인정받지 못하니까 4대 보험, 산재보험, 실업급여도 못 받는다. 건강보험료 미납자나 급여제외자가 되어 국민건강보험의 혜택에서 소외된다. 산재보험은 어려워도 일이 없어 쉴 때 실업급여는 받을 수 있다. 자살했던 화가들의 얼굴이 떠오른다. 김 효재, 최 고은.

서랍에 들어 있는 효재의 작품을 볼 때마다 살아 있었다면 얼마나 빛이 났을까? 그 좋은 작품이 밤 뻐꾸기 노래 되어 울부짖는다. 최 고은 작가의 죽음으로 예술인복지법이 태동되었다. 1년에 1회 전시를 5년 이상 지속하면 예술인으로 증명되어 예술인복지재단에서 지원받는다. 패스가 발급되고 코로나 때 요식업소 지원처럼 보조금도 받는다.

한국의 민주노총 격인 프랑스 노조연합체(CGT) 만들어진 것은 1895년이고 시간강사 위주의 비정규직 교수 노동조합도 벌써 운용되고 있다. 우리는 2023년 겨우 예술인복지법이 생겼다. 그것도 예총 이 범헌 총각 회장님이 몇 년 투쟁해서 이루어졌다. 대한민국 발전한 것에 비하면 너무 미약하다.

물건 사달라고 나를 찾아왔던 많은 장인들. 그 뛰어난 기술 가지고 택배 기사도 하고 세탁소도 하고 통닭 집도 하셨다. 실업급여가 없으니까 다른 일을 하셨다. 이게 말이 되는가? 나는 장인들도 보호해야 하고 국민의 행복추구권도 실현하기 위해서는 국가가 나서야 한다고 생각한다. 그 일환으로 전통문화기본법을 만들어야 한다고 역설한다.

↘ **예술인 복지법에 대해 알고싶어요.**
최고은 작가의 안타까운 사망이 남긴 유산입니다. 예술인은 사회적인 공동체의 자산이라는 인식을 갖게 된 것입니다. 「예술인 복지법」은 예술인의 직업적 지위와 권리를 법으로 보호하고, 예술인의 복지 지원을 통해 예술인의 창작활동 증진과 예술발전에 도움을 주기 위해 시작됐어요.

분홍북촌

201208

Pink Bukchon

300×300mm

나라는 없어져도 문화는 남는다

2008년 최고위과정 할 때 광주요 조 태권 회장님은 명강의 하신다. 일본 스시 집 초대는 대접받는 것 같고 설렁탕 집 초대는 무시당하는 것 같다니 국가에서 문화를 지원해야 한다. 일본 정부에서 스시 집 키우려고 전 세계 대사관에 많은 투자를 했다. 본인도 라파밸리에 비행기로 그릇과 홍삼탕을 날라와 디너 파티 연다. 그러나 1개 개인의 노력으로는 역량 부족이다.

김 구 선생님은 '내가 원하는 우리나라'에서 세계의 평화가 우리나라에서 비롯되어 실현되기를 바란다고 썼다. 거기에는 문화가 절대적으로 필요하다는 뜻이다. 일본은 강점기 때 문화 말살 정책을 펼쳤다. 그러나 국가는 가져가도 문화는 못 가져간다.

사찰들. 1천 년 넘은 전국의 각 사찰들은 문화 계승에 큰 일을 했다. 전쟁 도구는 최악의 적을 만들지만 문화예술은 적을 만들지 않으면서 상대국과 맞설 수 있다. 우리가 추구할 궁극적인 국가는 국민이 행복한 국가이고 그것은 융성한 문화예술로 실현 가능하다.

국민이 행복한 국가… 국민기본권으로 문화향유권이 있다. 헌법전문에 '국민들의 자유와 행복추구권'을 명시하고 있고 헌법 9조에 '국가는 전통문화 계승 발전과 민족문화의 창달에 노력하여야 한다는 조문으로 '문화향유권 조장'을 국가의 의무로 규정하고 있다.

한마디로 말하면 국가는 기본 권리로 문화예술을 누리도록 해야 한다는 말이다. 국민의 문화향유권을 보장하고 창작자와 향유자를 위한 여러 정책 수단이 필요하다.

선생님, 문화 향유권이란 게 있어요?
그럼요! 헌법 9조에 명시되어 있으며 문화 향유권 조정을 국가의 의무로 규정하고 있어요. 그러나 보통 예술가들은 관심도 없고 알지도 못합니다. 예술인 복지법도 홍대 학생회장 출신인 이범헌 예총 회장이 발의하여 만든 것입니다. 그래서 나는 전통문화 기본법을 만들고 싶다는 생각을 해요. 이것만이 우리 전통 문화인이 살길입니다. (BTS가 훌륭하지만, 우리도 좀 봐줄래요?!)

서로재 옻칠장

이 나라는 얘깃거리가 많아

나는 이 범헌 예총 회장이 쓴 책을 읽으며 과연 예총 회장이네, 했다. "창작하기 좋은 환경에서 양질의 작품이 생산될 수 있고 그 작품을 향유하면서 국민의 삶의 질이 높아지고 문화예술의 향유를 통해 우리의 삶이 높아진다. 문화예술 모든 분야로 확대 가능하며 국가 간의 관계와 국제간의 교류에서도 적용된다." 참 좋은 말이다. 의미심장하다.

여성발전기본법을 만들어 여권이 신장한 것처럼 전통문화기본법을 만들어 전통을 발전시켜야 한다. 판소리건 붓글씨건 태평무건 전통문화 육성을 위하여 국가에서 지원해야 한다.

내가 한국여성시각디자이너협회 회장 하던 시절 한국 여성의 미, 여권신장, 출산 장려 등의 주제로 지원금을 잘 받았다. 기업체는 여성 기업인이 더 유리하고 외무고시나 행정고시에서 가산점 5점을 받아 한국의 두뇌에 여성들 문이 열렸다. 비록 한시법이지만 양성평등 실현하려고 국가에서 많은 노력을 했다. 덕분에 여권도 월등히 신장되었고 도리어 역차별 얘기가 나올 정도로 비약하였다.

이제는 전통을 육성해야 한다. 전통은, 부재하는 존재다. 지나간 것, 사라진 것, 또는 잊혀진 것의 가치를 현존의 형식으로 되살려내 존재감을 세우는 일은 힘들고 어렵고 불편하다. 그러나 왜 올까? 정체성과 행복의 추구다. 우리가 누구인가를 알게 하고 또한 행복을 가져다주고 일거리도 준다.

삼천리 강산 금수강산에는 골짜기가 많아 '왕의 남자' 3백 개는 나올 수 있다. '옛날 옛적 어느 마을에 처녀 총각이 살았대, 호랑이가 밤에 내려와 어흥했대.' 이 나라에는 얼마나 스토리가 많고 컨텐츠가 많은가?

↳ 《왕의 남자》 300개는 나온다고요?
콘텐츠의 시대잖아요. 한국은 골짜기가 많아 이야기가 많아요. 왕의 남자는 단 세 줄 가지고 만든 영화라고 해요. 그러니 이야기 많은 우리나라는 콘텐츠가 많고 발전 가능성이 많다는 거지요.

7.3 큰 산이 터지는 소리 - 미래

예술은 100% 개인적인 영역이 아니다. 국가는 문화예술 진흥에 대한 책무를 가져야 한다. 그럼 어디부터 시작하는가?

그 방법은 역시 교육부터 시작이다. 사람이 배출되니까. 어렸을 때부터 교육으로 인식시키는 것이 중요하다. 서울대 환경대학원이 그랬고 사이버 대학이 그랬다. 국가정책으로 먼저 교육기관이 생겼다.

북유럽 공예 지원 정책은 각 대학 마다 1학년 때 공예 과목 1학점을 이수해야 한다. 승진할 때도 양성평등 교육받는 것처럼 공예를 수강해야 한다. 그래서 결과적으로 IKEA가 나왔고 휘스카스 마을이 존재한다.

우리도 전통문화의 발전은 교육으로 풀어가는 것이 효율적이다. 왜? 전 세계 인들이 한국을 보려고 전통을 배우려고 온다.

2006.9 북촌 계동 길은 조용했다.

2012.10 사업장 27개가 생겼다. 피자 집, 스테이크 집, 떡볶이, 금속 공방, cafe, 양쪽으로 즐비하다. 민화, 자수 정도의 공방도 29개가 되었다.

2025.10 지금은 100개가 넘는다. 서로재에 앉아 있다 보면 Harvard 학생들과 사진 찍고 싱가폴 사람과 저녁 먹는다.

그러나 이러한 현상들은 자연적으로 발생했다.

문화강국을 주장하면서도 우리끼리 주먹구구로 하고 있다. 북촌전통공방협의회 회의를 가보면 더욱 절실하게 느껴진다.

> **서울대 환경대학원, 사이버 대학이 국가 지원을 많이 받았나요?**
> 내가 알기론 서울대 환경대학원은 박정희 대통령이, 사이버 대학은 김대중 대통령이 선도하여 설립했다고 들었어요. 지도자가 생각으로 선도해 이끌고 나간 거지요. 국가 발전에 필요한 교육기관인데 자연발생적으로 생겨나고 사회가 성숙하기에는 너무 시간이 걸리니 국가가 먼저 만들어 이끈 예입니다. 전통문화 기본법도 그랬으면 좋겠어요.

> **이케아(IKEA)에 관한 생각, 들려주세요.**
> 스웨덴 등 북유럽 국가들은 공예 과목을 무조건 1학점 들어야 한다고 하네요. 그래서 이케아가 탄생했겠지요. 밤이 긴 우리도 뭔가 그리고, 쓰고, 만드는 게 생활 속으로 들어오면 좋지 않겠어요? 난 그게 살길인 것 같은데요!

↳ 길이 14m의 작품을 서로재 뒤편 골목에 펼쳤다.

나는 시끄럽다, 나는 역설한다

각 공방에 교육시설을 지원해야 한다. 북촌전통공방협의회가 쓰고 있는 전통문화체험관에서는 문화를 체험시킨다. 몇 시간으로 끝난다. 이 귀한 전통 기법을 1회성 체험으로 되겠는가? 베옷에 빗물 스미듯 빠져나간다.

공방마다 교육시설을 마련해서 기법을 전수해야 한다. 한국이 발전하여 장기 체류하는 외국인들도 많다. 체험뿐만 아니라 전통 교육을 지원해야 한다. 북유럽 공예 공부하듯이 여성계가 여성발전기본법으로 발전했듯이 전통을 배워야 한다. 더 이상 개인에게 맡겨서 열악하게 진행되면 안 된다. 나는 그래도 재력도 있고 영어도 되고 인맥도 있다. '나성숙옻칠학교' 하나로 끝나는 문제가 아니다. 나는 어디 가나 시끄럽다고 핀잔을 많이 받았다. 미술대학은 잘 커서 좋은 집으로 시집가는 혼수품으로 생각했으니 양순하고 조용하고 수동적이기를 바라는데 나는 내 주장이 강하다. 시끄럽다. 원래 품성도 그러한데 이제 나이도 먹고 슬픔도 잊어가니 더 시끄럽다. 전통문화기본법에 전통 교육 육성하기를 역설한다.

2006년 봉산재를 지을 때 북촌한옥마을에 지하를 파면 불법이었다. 프랑스 루브르 박물관은 아이 엠 페이가 유리 피라밋 짓고 지하를 팠는데 뭔 소리여? 지상은 문제라도 지하는 20층이라도 파야지요. 계속 주장했더니 합법이 되었다. 나는 지금 주장한다. 전통문화기본법이 만들어져 전 국민이 배우고 다음 세대에게 전수해야 한다. 옻칠 분야뿐만 아니고 전 분야의 전통을 쉽게 가르치고 배우고 생활화해야 한다. 한국전통공예건축학교는 더 만들어야 한다. 각 구마다 쿠바의 부에노 비스타 클럽이 탄생할 것이다.

한옥에 지하를 두는 것, 어떻게 해내셨나요?
나는 여론을 조성했어요. 건축허가 낼 때, 지하 도면 설계를 수용하도록 설득했지요.

1997-2025
지금까지 출간해 온 개인 신문 (여우보)

여우보로 이야기한다

콩이 만들어지려면 콩깍지가 있어야 하고 태아도 자궁이 있어야 만들어진다. 전통문화기본법이라는 틀 안에서 많은 전통이 자궁처럼 아기의 이목구비를 만들어가야 한다.

내가 처음에 그 슬픔을 겪을 때 많은 분들이 조언하였다. 일어서라고 한다. 뒤돌아 보지 말고 앞을 보라고 한다. 어떻게? '어떻게'에 구체적 방법은 없다. 총론에 강하고 각론에 약한 것이다. 많은 이들이 위로를 주었지만 아름다운 총론이다. 위로도 틀이 없으니 허허 벌판으로 막막 하기만 했다.

나는 옻칠을 만났고 옻칠은 구체적으로 내게 둘레막이 돼 주었다. 그 안에서 아침에 눈 뜨고 밤에는 서로재 지하에서 잤다. 전통과 생활하며 나는 전통이 유리 상자 박물관에 있으면 안된다고 생각했다. 일상생활에서 쓰고 즐기고 바로 옆에 있어야 한다. 학교에서 국어 가르치듯이 전통도 가르쳐야 한다. 그래서 일반화되어야 한다.

나는 이런 주장을 여우보에 많이 실었다. 몰라서 못하는 경우도 많으니까. 접수는 상대방 몫이고 나는 떠들기라도 해야 한다. 코페르니쿠스의 지동설 '그래도 지구는 돈다' 는 지금은 기정 사실이 되었고 그 사실은 인류 발전에 큰 기여했다.

1997.2.15에 제1호를 발행한 개인신문 여우보에는 나의 모든 것이 담겨 있다. 형주 말로는 우엑 우엑 자기 자랑이라지만 내 사정을 잘 알아주는 여우보가 있어서 고마웠다. 28년치를 읽어보니 13호 '이병규 논설위원 작고' 특집이 제일 슬프다. 그러나 14호부터 30호까지는 그 슬픔에서 벗어나는 단계, 옻칠이 나를 위로한 과정이 나온다. 나를 이해하고 내 얘기를 들어 주었다. 다음 호에는 전통문화기본법을 주장하련다.

↘
여우보. 어떤 뜻인가요?
여성(女), 친구(友), 알리다(報)을 합친 말이에요. '여자 친구들에게 알림'이란 뜻이지요. 1997년 처음 발행할 때 여자 친구들의 신문으로 만들었거든요.

"내 마음이 하늘로 전해지겠지요.
최선을 다해도 실패할 수 있다는 것을 알아요.
그러니 우리 둘, 소반에 마주보고 앉아 매일 아침 이름표 붙여요.
내가 잘되기를 진정으로 바라는 사람은 당신밖에 없어요."

소반에 새겨 넣었다.

제8장

나무야 나무야
옻나무야

8.1
옻칠 배움 나무 앞에서 – 옻나무

8.2
천년 별 밤을 지키고 살았네 – 옻의 성분

8.3
억겹 꽃잎으로 다시 피는 날 – 옻칠 종류

↳ 서울과기대 다빈치관 내 연구실. 생칠하기 2015.6.7

8.1 옻칠 배움 나무 앞에서 - 옻나무

나는 옻칠에 대해 전혀 몰랐다. 53세까지도. 대학원에서 조경학을 했음에도 그저 나무 중에 옻나무라는 것도 있다는 정도였다. 항상 1등에, 최고에, 빨리를 부르짖던 산업화 시대였으니 무슨 옻칠을 알았겠는가? 이 느려터지고 비생산적인 전통은 우선순위에서 밀려 났다. 한옥을 하루에 20채씩 부수어 아파트 짓고 김치와 된장은 꽁꽁 싸서 냄새난다고 비행기 밑으로 들어간다. 전통이 뜬 것은 국민소득 15,000불부터이다.

학과목 '재료와 표현'을 오랫동안 가르쳤으니 많은 재료를 안다. 그러나 모두가 서양 물감이었다. 홀바인이 어떻고 터너가 어떻고. 서양 미술과 발전 과정을 외우고 살았다. 그러면 그동안 우리는 무엇을 했는가? 우리 전통에서도 칠 종류는 많다. 그중 옻칠, 동양에는 예로부터 <u>교탈천공 巧奪天工 천문만화 天紋萬華</u>라는 말이 있다. 그 교묘한 아름다움이 마치 하늘의 공을 빼앗은 듯 다양하고 화려하다는 뜻이다.

나도 그랬다. 20년 전 옻칠을 처음 접하고는 그 검은 빛과 진갈색에 매료되었다. 거기다 나전과 금박의 화려한 광채, 삼베의 중후함, 골회바르기 의 질 팍한 느낌은 나를 유혹했다. 매번 고생스럽긴 해도 결과물로 나타나는 색감과 질감에 감탄했다. 그래서 나는 내 작품을 표현하는 마지막 방법으로 전통 옻칠을 택했다. 내가 드러내고자 하는 존재론적인 사물의 의미를 옻칠로 빚어 완성하고자 했다. 이는 하나의 조형성을 넘어 굴곡진 내 인생을 닮았고 그 결과물은 현란하다. 닮아가야 하는 과정이 인내의 존재로 다가왔고 그만한 가치가 있다고 판단되었기 때문이다.

교탈천공(巧奪天工), 천문만화(天 紋萬華). 어떤 뜻입니까?
교탈천공(巧奪天工)이란 '인간의 솜씨가 정교하고 뛰어나 하늘이 만든 것보다도 낫다'라고 칭찬하는 말입니다. 천문만화(天紋萬華)는 직역하면 '하늘의 무늬가 만 가지로 화려하다'입니다. 자연의 아름다움, 변화, 복잡하면서도 질서 있는 자연 현상을 표현하는 말입니다.

옻액이 주르륵 흐른다.
옻나무에 상처를 주면 옻 진액을 낸다.

옻나무 알아가기

옻나무는 옻나무과(Anacardiaceae)의 낙엽 교목으로, 북반구 지역에서만 볼 수 있다. 학명은 Toxicodendron vernicifluum. 이름부터 독을 뜻하는 Toxic 이 들어갔으니 얼마나 악명이 자자한지 알 수 있다. 영어로 흔히 Poison Ivy 라고 부르는 것은 Toxicodendron radicans으로 같은 옻나무과이긴 하지만 다른 종류다.

우리가 하버드 있을 때 형원이가 교회 야유회 다녀와서는 얼굴이 붓고 벌개 진다. 의료보험도 끝났으니 병원비 엄두가 안 난다. 학생 의료보험은 칼처럼 5월 31일이 끝이다. 알다시피 미국의 의료보험은 금액에 따라 치료 범위가 틀리다. 그 많은 돈은 어떻게 내는가가 막막하다. 당시 서울과기대 내 연봉 은 수당 빼면 25,000불이었고 다행히 극빈자다. 극빈자인 덕분에 캠브리지 보건소에서 무료로 치료를 받는데 온 얼굴 전체로 웃고 있는 미국인 할머니 의사는 포이즌 아이비라고 했다. 그렇다면 미국에도 옻나무는 있다는 건데 어디도 옻 사용 흔적이 없다.

우리나라에서 옻나무는 타지에서 들여와 해발 100~900m 지역 촌락 부근에 식생하는 귀화 식물이다. 그래서 옻칠에 쓰는 옻나무를 Chinese lacquer tree로 부르기도 한다. 원래 한국산 토종은 개옻나무다.

우리가 산에 가서 흔히 보는 개옻나무는 키가 작고 어린 싹과 가지에 붉은 색이 짙다. 개옻나무도 옻 성분은 있지만 참옻나무에 비해 약하고 옻순이 참옻나무는 고소하고 달지만 개옻나무는 떫은 맛이 많다. 붉나무도 같은 종류인데 가을에 단풍이 꽃잎처럼 빨갛고 우리에게 소금을 준다. 나무에서 소금을 주는 게 이상했는데 사실로 붉나무는 소금을 준다.

개옻나무는 어떤 나무인가요?

옻나무를 참옻나무로, 우루시올 성분이 적은 나무를 개옻나무로 구분합니다. 옻칠에는 참옻나무 만 쓰지만 개옻나무는 약용으로도 쓰이지요. 개옻나무는 우리나라가 원산지인 작은 나무고 참옻 나무는 중국이 원산지인 귀화식물입니다. 개옻나무와 옻나무 모두 독성이 있어 접촉 시 주의가 필요 하며, 잎 수와 열매, 줄기 색 등으로 구별할 수 있습니다.

일본 모리오카 주손지(中尊寺) 내부 옻칠과 자개.
7천 년 전 옻칠이 나무가 썩는 것을 막았다.

최고의 천연 수지

하도 궁금하여 식물도감을 뒤져보니 모르고 있던 옻나무의 기능과 자생능력 등을 알게 되었다. 그 오랜 세월에 없어지지 않고 살아 있다는 것은 생물로서 끊임없이 투쟁했다는 증거다. 결국 표피에 상처를 내고 받아내는 옻 수액, 옻칠은 자기 보호 차원의 처절한 산물이다.

옻나무의 옻칠은 산이나 알칼리에 녹지 않으며 내염성, 내열성, 방수, 방부, 방충, 절연의 효과가 뛰어나 가구, 칠기, 공예품 등에 널리 사용되고 있다. 옻칠의 우수한 특성 때문에 해저 케이블 선, 선박, 비행기 등에 무공해 산업 도료로도 사용이 확대되고 있다.

서로재에 컵과 주발, 냉면기 등을 보내오시는 김 영복 선생 조부님은 일제강점기 때 징용을 피할 수 있었다. 아마도 동남아 무기에 옻칠하느라 안 가셨을 것이다. 옻을 칠하면 녹이 방지되고 아열대 지역에서 부식을 막을 수 있다. 옻칠은 송진(Resin)과 더불어 중요한 천연 수지로, 인간이 처음 쓰기 시작한 천연 플라스틱 제품이라 할 수 있다.

또한 나무에서 채취했으므로 완전 자연 물질로 숨도 쉰다. 낙랑시대에 채화 칠기나 가야 무덤에서 나온 밤톨, 곡식 씨앗 등이 천년이 지나도 그대로 있다.

북일본 모리오까 이와야마 칠예미술관에 머물 때 가본 주손지, 그 절 입구에는 항아리 화분에 연꽃이 줄지어 심어 있었다. 900년 전 씨앗이 싹을 틔워 핀 꽃이라니 불심이 전해온다. 작고 아름답고 정갈한 연꽃. 그 항아리에는 옻칠이 칠해 있었다.

> ↘ 옻칠이 천연 플라스틱 제품인 셈이라고요?
> 좋은 뜻으로 그렇습니다. 옻칠은 굳기 전에는 모양의 변형이 가능하고, 굳은 후에는 안정적이지요. 방수 작용을 하고 코팅의 기능을 하므로, 플라스틱과 같은 기능을 가졌어요. 좋은 플라스틱, 천연 플라스틱!

37년 전 남편과 이천에 심은 벚나무. 휘날리는 꽃 눈발은 눈물이었다.

나무만 보면 좋다 - 옻나무 단상

나는 나무가 좋다. 항상 그곳을 지키고 있고 떨어져 있어도 마음의 그림자처럼 함께 하는 사이, 소리 없이 나를 위로하는 생체. 그래서 <u>석사는 조경학을 했다.</u> 묵중한 다크 그린 상록수 뒤로 하고 매년 봄 처음 피는 산수유, 새 학기 전령으로 화들짝 노란 색이다. 처량한 8개 대학 강사 시절 어느 대학을 가나 개강이면 나를 반겨 주었다. '이번 학기도 안 잘렸네.'

교문 옆 선명한 노랑이 가슴에 박혀 봉산재 문 앞에도 이천 땅 입구에도 심었다. 한껏 구름처럼 피었다가 꽃 눈발 되어 흩날리는 벚나무, 남편 가고 힘들 때면 이천에 가서 혼자 중얼거린다.

'여보야, 나 왔어', '형원이 시집가' 신혼 때 손가락만 한 나무 심었는데 30년 지나니 화려한 꽃 숲이다. 떨어지는 벚꽃잎 속에서 절규하던 라스트 사무라이, 혼자 중얼대는 초짜 과부. 두 손을 불끈 쥐었다고 써 있다. 여우보 16호에.

5월 MT 가면 마을 어귀에서 다가오는 보랏빛 덩어리, 무당 굿거리 방울처럼 방울방울 맺혀 울리고 있다. 토종 오동나무꽃.

장마철 학기말 시험이면 그 빗속에 깃털 달고 층층이 내려앉은 자귀나무꽃, 외암리 한옥 마을 콩박기 돌담에 핀 능소화, 겨우내 봉우리 지키며 향기 뿜내는 삼지닥나무, 처연한 숫처녀 진달래, 휘늘어진 대웅전 앞 능수 벚나무. 이 땅에 뿌리 내린 나무들은 내 평생 순간순간 삶을 지켜 주었고 아름다움으로 내 감성을 건드렸다.

↘ **석사는 조경학으로 하셨다고요?**
서울대 환경대학원 조경학과. 천원공업전문대학 전임으로 발령을 받아 1주일에 열두시간 강의하는데 큰 외숙이 부르셔서 석사를 하라고 하셨거든요. 한국일보사 기획실을 그만두기는 아까우니 야간대학원을 가야겠다고 생각했습니다. 당시 서울대에는 보건, 행정, 환경 대학원이 야간에 개설되어 있었고 전임강사 이상만 입학 가능했어요. 환경대학원 조경학과를 택했고 과 수석으로 합격했었지요.

동그라미 북촌

202010

Circle Bukchon

300×300mm

기술이 자유케 하리라

한 그루의 나무는 유기적이다. 서로 연결되어 있다. 뿌리, 가지, 잎이 한 몸이고 한 가지라도 없으면 살아갈 수가 없다. 옻칠도 그렇다. 모든 단계가 연결되어 있고 한 단계라도 생략하면 옻칠이 완성되지 않는다.

어느 날 충격적인 기사를 읽었다. 내용에 충실하라는 매일경제 김 용철 사회부 차장의 글이다. 나는 이 기사를 스크랩 할 정도로 깊이 공감했고 기술력을 키우고자 했다. 2022.1.10

〈현장에서 職보다 業을 찾는 사람들〉

일본 시즈오카현 누마즈 시에 '헤이세이 건설' 회사가 있다. 이 회사는 하도급 관행 없이 모든 공정을 회사 내에서 처리하고 대졸 엘리트들은 정규직 목수나 미장이로 채용하는 것으로 유명하다. 일본 건설업계의 이단아로 불리는 이 회사에는 10년 전부터 도쿄대. 교토대 등의 최고 고학력자들도 문을 두드리고 있다. (중략) 이 회사에서는 체계적으로 목수 전문가 수업을 받을 수 있다. 직원 모두가 비계, 형틀, 중장비 조작 등의 작업을 다 해내는 전천후 기술자가 되도록 회사가 지원한다. 이 회사 아키모토 히사오 사장은 기회가 있을 때마다 직원들에게 '기술이 너의 인생을 자유케 하리라' 라고 설파한다. '회사는 여러분의 기량을 단련하는 장소입니다. 기술을 익혀 놓으면 나이와 상관없이 언제라도 일할 수 있습니다. 회사에 매달리거나 필요 이상으로 의지할 필요가 없습니다. 기술이 무기입니다. 기술을 익힌 사람은 삶이 자유로워 집니다.'

일본에도 대학, 대기업이라는 '간판'이 모든 걸 해결해 주는 시절이 있었다. 하지만 요즘은 대기업 직원도 구조 조정에서 자유로울 수 없고 의사, 변호사도 풍요로운 삶을 보장해 주지 못한다. 그러자 젊은이들은 간판보다는 하고 싶은 일을, 기술을 익히려는 쪽으로 눈을 돌렸다. '간판의 실패'에 대한 경험이 직職보다는 업業을 선택하게 한 것이다. 이것이 헤이세이 건설에 젊은 엘리트들이 몰리는 이유다. (후략)

직(職)보다는 업(業)을 택하라고 하는 이유는요?
직업에서 '직'은 그것만 잘하면 되잖아요. '업'은 전체를 꿰뚫고 연결해야 합니다. 그것만 잘 하는 '직'은 나중에 기술의 발달로 도태됩니다. 전체 과정을 아우르는 '업'은 도태되지 않아요.

↳ 옻나무는 단풍이 곱다. 옻나무꽃

옻의 목소리

나는 옻나무를 보며 서로 연결되어 성장하면서 하늘을 향하여 자기목소리를 낸다고 생각했다. 옻나무는 모양이 수려한 것도 꽃이 아름다운 것도 아니지만 건강한 허벅지처럼 산 속 비탈을 지키고 있다. 인간에게 유용하며 자기 역할 다 하고 있다.

보통 식물은 꽃을 화려하게 피운다. 그러나 옻나무 꽃은 눈에 띄지도 않고 초라하기까지 하다. 5~6월경에 피는 옻나무 꽃은 녹황색으로 분홍이나 빨강이 아니다. 여러 개의 꽃받침 조각이 오밀조밀 달려있어 화려하지도 않고 크지도 않다. 그런데 이 작은 옻나무 꽃에는 꿀이 많이 들어있어 옻 꿀을 생산한다. 어느 것 하나라도 인간에게 이로움을 준다.

나는 옻나무에게 감사했다. 수액을 줄줄이 내면서 옻칠을 주고 작고 초라한 꽃으로 옻 꿀도 주고 칠하고 나면 내게 멋진 조형감을 주었다. 특히 장엄하고 깊은 진갈색에 감탄하며 평생 연구할 값진 주제에 감사 드렸다.

당신 - 임 호상

19도 잎새주

아무리 마셔도 취하지 않더니만

36.5도 당신.

그 눈빛 한잔에

확,

취하네

(이화동산 64호 40쪽 2016.11.5 수집)

↳ 서로재 서까래 옻칠하기 2018.8
서로재 간판도 점점 밝아지고 있다. 2018.10

옻이 핀다는 말이 너무 예쁜 것 같아요.
그럼요, 예쁘죠. 옻칠은 자외선에 약해서 오랜 시간 외부에 노출되면 색이 연해져서 갈색이 옅어
집니다. 옻칠과 색을 섞어 만든 색 옻칠은 시간이 지나면 칠 성분은 옅어지고 색소만 남아서 더욱
진해지고요. 이때 '옻이 핀다'고 하는 거예요.

8.2 천년 별 밤을 지키고 살았네 – 옻의 성분

생옻의 주성분은 옻산(Urushiol)이며 그 외에 고무질, 함질소물 및 수분을 함유하고 있다. 옻나무에서 채취된 생옻은 농도 짙은 우유 같은 느낌이 난다. 공기에 닿으면 갈색으로 변하고 시간이 지나면 경화된다. 옻칠을 하면 모든 기물이 갈색을 띠는 원인이 되며 여러 번 정제하여 갈색의 농도를 줄인다. 2017.9.19 이메일이 왔다. '안녕하세요. 한옥 집인데 관리를 잘하려고 내부에 전체적으로 옻칠을 했습니다. 그런데 실내가 완전 검정색으로 변했습니다. 다시 지울 방법이 없나요? 도와주세요. 유령 집 같아요.' 답을 보냈다. '생칠이라 그래요. 정제하지 않은 칠은 검어요. 그래도 내버려두면 세월 지나 옻이 핍니다. 그때는 밝아지니 기다리세요.'

옻산 옻액의 주요 성분으로 옻 도막을 형성하는 주성분이다. 옻산이 많을수록 점도가 높고 광택이 난다. 강한 접합성을 갖고 있어 자개 붙일 때 아교보다 훨씬 좋은 접착제다.

고무질 고무질은 옻칠을 할 때 탄력을 유지하여 옻을 고르게 펴지게 하여 도막면이 수평을 유지하게 한다. 모든 칠은 입자가 서로 붙고 정착시키는 물질이 필요하다. 유화물감, 수채화, 아크릴에서 아라비아 고무의 역할이다. 학과목 '재료와 표현' 수강생들에게 물감 제조 과정을 보여주려고 신한화구 공장으로 답사를 갔다. 옻칠 성분 중 고무질에 해당하는 아라비아 고무가 산더미로 쌓여 있었다. 또한 고무질 속에 있는 산화효소는 공기 중의 산소와 반응을 일으켜 옻산의 결합을 유도해 내는 주요 성분이다. **락카제(효소)** 고무질 속에 싸여 있는 락카 효소제는 공기 중에 산소와 습도와 반응하여 옻산의 결합을 유도한다. 다른 칠재료와는 달리 옻칠은 습기가 있어야 경화되는데 이는 락카 효소제의 작용 때문이다. 락카 효소제는 고무질에 싸여있기 때문에 고무질을 녹여서 공기와 접촉 반응하게 한다. 이 작용에는 적당량의 습도가 필요하며 약 70-80%이다. 또한 섭씨 20-28℃ 가장 활발하게 작용하기 때문에 고온다습한 장마철이 옻칠하기에는 수월하다.

여러 번 정제하여 갈색의 농도를 줄인다니, 정제하면 색이 옅어지나요?
정제하면 입자가 고와지고 수분이 날아가면서 색이 옅어집니다. 나무에서 나온 생칠을 그대로 칠하면 검고 거칠거든요.

비 오는 날은 옻칠하기 최고인 날 2009.7.27
서울과기대 연구실 2015.10.23

비 내린다, 옻칠하자

우울하고 지루한 장마철에 서로재는 활기를 띤다. 밖에 나갔다가도 비가 오면 서로재로 들어 온다. <u>칠해서 밖에 그냥 두어도 좋으니 수고를 줄일 수 있다.</u> 나는 5m 이상 크기로 칠장에 넣기 힘든 대작은 장마철에 제작한다.

2009.7. 봉산재 지붕으로 장마비 내린다. 아파트에서 못 듣던 빗소리 듣는다. 하루 종일 비가 내리면 사랑에 목마르지만 옻칠쟁이들은 옻칠을 만나러 달려 간다.

어느 해인가 하이힐 좋아하는 나는 슬리퍼를 신었는데 발목이 부러졌다. 다리를 문지방에 올려놓고 하염없이 내리는 비 바라보다가 '옻칠이나 하자'. 비야, 주룩주룩 내리거라!

옻칠이 마르는 데는 습도가 필수 여건이고 나는 내 연구실에 간이 칠장을 만들어서 썼다. 시각디자인과에는 옻칠장이 없었다. 책상 가장자리를 두꺼운 김장용 비닐로 두르고 바닥에 타월 깔고 물 뿌리고 벽돌 놓고 그 위에서 말렸다. 8시간이면 마른다. 아파트 우리집 거실에서도 말렸다.

2007년 첫 개인전이다. 2006년 2월 전 용복 선생님 따라서 이와야마 미술관에서 처음 옻칠을 접하고 11개월 만에 개인전이다. 칠장도 없으니 경기도 진접에 있는 자개 공장에 얹혀 살았다. 합판, 삼베, 토분 실어 나르던 날, 공장 아저씨들은 저 미제처럼 생긴 여자가 옻칠을 한다고? 배운 지 1년만에 개인전을 한다고? 나는 해냈다. 작품은 소목 배울 때라 조선의 가구 중 관복장 앞 문짝 2개를 디자인했고 그 위에 옻칠을 그렸다. 그때 그림은 모두 쌍으로 된 세로 그림이다.

↘
칠해서 밖에 그냥 두어도 좋으니, 수고를 줄일 수 있다 ⇨ 물이 닿아도 괜찮은? 말린다면서요,
*비 오는 날은 습도가 높아 칠장에 넣지 않고 외부에 두어도 경화 작용이 일어난다. 그렇다고 물에 직접 닿으면 백화현상이 일어나니 비 맞으면 안된다, 비 맞은 부분이 하얗게 된다. 이는 칠을 물속에서 하는 것과 같은 현상이다.

유산

200611

Heriteage

350×1150mm

굳히는 시간을 당길 순 없을까

과기대, 상명대, 홍익대 총장님 3분이 오시고 서울디자인센터에서 성대하게 했다. 1개도 안 팔았다. 첫 개인전이라 쏟은 내 정성이 아까와서. 미망인 된 지 3년 된 초짜 과부가 이 길만이 살 길이라고 매달려서 했다.

내가 정성을 바쳐도 결과는 딴 데서 일어나는 것을 그렇게 경험하고서도 아직도 우매하게 끼고 있다. 그림을 팔았어야 한다. 그래야 여러 명이 감상한다. 아마추어는 안 팔고 프로는 파는데 일단 팔고 또 만들었어야 한다.

1회 개인전 때 <u>칠장</u>이 없는 나는 마지막 마무리가 걱정이다. 공방은 멀고 집에서 말리자. 동부이촌동 리버스위트 65평 집은 거실이 넓다. 바닥에 물 뿌리고 실내 온도 높이고 벽돌 놓고 그 위에 작품을 올려 놓았다. 8시간이면 마른다. 밤 10시에 시작하여 아침 6시에 걷으면 된다. 화장실 가려고 나오시는 어머니는 웬 물이냐?

칠액은 상온에서 건조하는 위의 방법과 열에 의하여 경화시키는 고온 경화법도 있다. 100℃ 이상의 고온에 열을 가하면 온도가 높아지면서 경화된다. 100℃ 전후는 3-4시간, 150℃는 1-2시간, 200℃ 이상이면 30분 정도에서 경화된다. 그러나 옻칠 기물의 양과 칠의 두께 등에 따라 시간은 달라진다. 고온 경화법은 접착력이 강하여 벗겨지지 않는다. 따라서 금태칠기 및 도태 칠기에 사용되는데 집에서 쓰는 오븐도 시간과 온도만 맞으면 잘 구워진다. 옻칠은 칠장에 8시간 넣어야 딱딱하게 굳는 것은 옻칠하는 사람이면 누구나 아는 사실이다. 조금 당길 수 없을까?

↘ **'칠장'이 정확히 뭔가요?**
옻칠을 딱딱하게 굳게 만들기 위해 제작한 시설물을 말해요. 습도를 유지해야 하니까 주변을 나무로 짜고 물을 뿌려 습도를 올린 후 옻칠한 기물을 수평으로 넣습니다. 기울어지면 옻칠이 한 곳으로 모이게 되니까 조심해야 합니다. 바닥에 숯을 깔기도 하고 젖은 수건을 놓기도 하지요.

8.2 공부한다, 실험한다

2010년 2월 소주에서 돌아오니 현대백화점 물건 35개가 밀려있다. 그것도 겨울에. 8시간 걸린다는 것이 걸림돌이다. 이 최첨단 과학의 시대에 말이 되는가? 발전된 과학의 힘을 빌려 보자.

학교 도서관 가서 사서에게 우루시올(Urushial) 관계 논문을 찾아 달라고 했다. 우루시올에 관한 해외 유명학회 논문 50편 정도 주었다. 거의가 암에 관한 논문이고 건조시간에 대한 논문은 별로 없다. 그러다 발견한 한국목재학회에서 나온 논문. 당장 프린트 하여 읽어 보았다.

Description : 옻칠의 건조속도를 향상시키기 위해 Laccase를 적용하여 효소 첨가제로써의 가능성을 확인하고자 하였다. 옻칠의 Laccase와 부후균의 Laccase를 적용한 경우 모두 건조시간이 단축되었다. Laccase를 적용한 시험편 모두 건조 시작 60분 안에 건조가 이루어졌으며, Laccase의 함량비율이 높아질수록 건조속도가 향상되었다. 또한 온도 20±2℃, 습도 55-60%의 상온에서도 경화건조가 이루어지는 것이 확인되었다. 건조된 시험편의 도막 분석 결과, 우루시올 대비 Laccase 함량비율이 5:1일 때 건조속도가 향상되었으며, 색차와 밀착력의 차이가 없고 도막이 안정적임을 확인하였다.

결국 효소제 Laccase가 관건이고 4%에서 8%로 높이는 것이다.

Laccase를 구매하자. 인터넷 뒤져 장바구니까지는 갔는데 구매할 수가 없다. 나는 화학이나 실험하고는 상관없으니 구매 자격증이 없다. 마침 서로재 놀러온 과기대 정 강현 교수님 덕분에 구입했다.

라케이즈(Laccase)가 어떤 것인가요?
라케이즈는 옻칠의 주성분인 우루시올을 산화시켜 고분자 중합체로 경화시키는 단백질이에요. 옻칠의 우루시올은 습도 70~85% 와 온도 22~25℃의 조건이 갖춰지면 변화하여 굳습니다.

후지이공장 방문 2019.3.25
후지이 공장에서 사온 스구로메 칠

연구한다, 깨닫는다

이제 실험해 보자. 항상 우려되는 8시간에서 해방되자. 순천향대학 교수님 모셔다가 실험했다. 디자인과 교수는 실험도구도 없고 몇 개 갖고 있어도 사용이 익숙하지 않다. 이 미영 교수는 옻칠에 Laccase제 첨가하여 바르고 밖에 그냥 두었다. 상온처리라고 했으니까. 안 마른다. 논문과는 다르다.

옻칠은 살아있어서 그렇다. 옻칠이 서로 다르니 일괄적인 처리는 불가능하다. 논문에 나오는 그 옻칠과 서로재에서 내가 쓴 옻칠은 살아있는 생물이라 같을 수가 없다. 실험하고 있는 이 옻칠부터 연구해야겠다.

다른 사람들은 어떻게 했을까? 일본으로 갔다. 사위 타카시를 앞세우고 후지이 공장으로 갔다. 공장장에게 찾아온 이유를 설명하니 전 세계 옻칠쟁이는 다 같은 고민이라 한다. Laccase 역할을 우유로 한다며 상온에서 굳는 칠을 소개했다. 2개를 사 와서 기대에 부풀어서 칠했다. 이 칠도 상온에서 굳지 않는다. 이번에는 옻칠하는 환경이 다른 것이다. 후지이 공장과 서울 한복판 서로재는 환경이 다르다. 온도, 습도가 다르다.

이 또한 살아있는 칠이라 변수가 많다는 생각이 들었다. 그렇다면 옻칠 자체를 줄여 보자. 수성페인트나 다른 칠을 많이 넣고 옻칠을 5%정도 넣으면 되겠지. 그러면 마르겠지. 그런데 그게 옻칠인가? 나는 상온에서 짧은 시간에 건조시키려고 노력을 많이 했다. 그러나 내가 원하는 검은 빛과 깊은 색감이 없다. 다른 칠을 섞으면 그 느낌이 안 난다. 그때 나는 알았다. 얼마나 많은 선배들이 이 일을 해결하려고 했을까?

> ↘ **후지이 공장은 어떤 곳인가요?**
> 일본에는 옻칠 제조 공장이 많은데 그 가운데 하나로 도쿄에 있는 공장입니다. 생칠을 정제하는 정제 시설과 색 옻칠을 제조하는 제조기 등이 있고 주합칠, 흑칠, 나시칠 등 여러 종류의 옻칠을 생산합니다.

옻칠, 살아있으니 그렇구나

여러 옻칠 개발자들이 서로재를 오신다. 개발하려면 시간과 비용이 드는 것을 알기 때문에 성의를 생각해서 사용해 본다. 매번 실망한다. 다른 첨가물을 넣으면 옻칠 본연의 느낌이 없어지고 페인트칠 같다.

옻칠 본연의 느낌을 얻으려면 100% 옻칠이어야 하고 고지식하게 8시간 칠장에서 말려야 하고 하라는 대로 해야 한다. 살아 있어서 그렇다.

이러한 옻칠 성분을 고민하던 나의 흔적을 그 당시 내 홈피 게시판에 썼다.

www.youwoobo.com 2012.2.12

옻칠은 화학 재료가 아니다. 천연 재료고 살아 있다. 이것이 뭔 말인고 하니, 같은 칠도 상황에 따라 다르다. 같은 칠로 좌악 칠하면 되는 유화, 아크릴, 과슈, 파스텔하고는 너무 다른 옻칠, 계량화 안 돼 있다. 아니 할 수가 없다. 채취 시기, 지역(원주, 중국, 베트남 등등), 정제 과정 등에 따라 상황이 다르고 살아있어서 반응도 틀리다. 그러면 이 까다로운 옻칠을 나는 왜 하는가?

검은 흑칠의 색감과 갈색이다. 나는 색채학도 가르쳤다. 색 중에 가장 화려한 색은 검정 Black이고 검정 색도 다양한 색감이 있다. 재료에 따라 검정색이 다 다른데 옻칠의 검정 색이 가장 현란하다. 옻칠에서 나오는 갈색은 우아하고 삼베에 칠하면 더 깊어 진다. 그래서 나는 옻나무에서 채취한 생칠을 작품에 그대로 사용한 적이 많다.

100% 옻칠이 아닌 것도 있나요? 100% 아니면 뭘 섞는지?
'캐슈'라는 아열대 식물의 열매(캐슈넛)에서 나오는 칠을 섞기도 하고 다른 유사 식물의 수액을 넣기도 하거든요.

삼베에 생칠만 하여 예술의전당 전시장 연출. 2018.3

8.3 억겁 꽃잎으로 다시 피는 날 - 옻칠 종류

옻칠의 종류를 소개하려 한다. 생칠, 정제칠, 주합칠, 흑칠, 색옻칠의 순서로
알아보자.

생칠

옻나무 수피(樹皮)에 상처를 내서 얻은 수액이다. 자연에 존재하는 모든 생
물은 외부로부터 공격을 받으면 방어할 방호본능을 지니고 있다. 특히 움직
일 수 없는 식물은 외부의 침입에 대하여 자신을 보호하기 위하여 독성물질
을 생성하거나 상처를 치유할 수 있는 물질을 배출한다.

옻나무도 역시 독성을 가진 유백색 수액을 배출하는데 이 수액은 동물 피부
에 알레르기를 일으키며 동시에 스스로 단단하게 굳어져서 상처 부위를 보
호한다. 때문에 옻나무에서 만든 옻칠의 효과는 무수히 많다.

70℃ 이상의 열에서도 변하지 않는다. 뛰어난 방수 효과로 옻칠한 나무를
물에 띄우면 물이 스며들지 않아 오랜 시간을 두어도 가라앉지 않는다. 건칠
로 원기둥을 만든다. 그 기둥 위에 널빤지 놓고 물 위에 띄우면 뗏목이다. 뱃
놀이 가잔다. 그 뗏목에 앉아 영축산 그림자를 보면서 내가 이런 호강을 누
리다니 위로가 따로 없네. 옻칠 덕분이다.

기독교인이 불자님들 만들어 놓은 뱃놀이 하면서 만남과 이별의 인연을 생
각했다. 우리는 아무것도 모른다. 어디서 오고 어디로 가는 지를. 그러나 지
금 이 순간은 분명히 옻칠이 있고 옻칠이 만들어준 인연과 사연이 있다. 기
독교는 자연을 창조했고 인간은 정복하고 다스리라 한다. 불교는 자연의 일
부고 함께 섞여서 더불어 살라 한다.

생칠, 정제칠, 주합칠, 흑칠, 색옻칠…. 옻칠 종류가 많네요!
모두 우리 전통 옻칠입니다. 옻칠 정제기법은 중국 명나라 때부터 있었어요. 옻칠은 가공 공정에
따라 여러 가지 칠이 나오며 5,000년 동안 다양한 방법의 전통 기법이 전해져 내려왔지요. 무형문
화재 정수화 선생은 정제칠 제조 장인입니다.

옻칠의 능력

만나는 스님들은 도무지 희, 로, 애, 락이 없다. 그저 빙그레 웃으실 뿐이다. 기독교의 "미-있쓰-읍니다!"를 핏대 내고 듣다가 너무나 조용하다. 부처님 얼굴에서 많이 보던 자애로운 미소, 같은 심장 뛰는 사람인데 어떻게 저렇게 웃을 수 있나? 전통을 하려니 한자와 불교와 자연의 섭리 등 새로운 분야를 접한다. 하나 같이 장점이 많다. 장점이 없으면 5000년을 이어오지 못했고 이미 사라졌을 것이다. 세계 일류라고 떠들고 다닌 내가 부끄러웠다. 커다란 거목에 매미 한 마리 들러붙어 맴맴 대고 있었다.

남편 가고 생각지도 않은 옻칠을 만났고 건칠로 기둥을 만들었고 현재 연못에 배 띄워 앉아 놀고 있다. 영육 간에 즐거움이 가득이다. 앞으로는 또 어떤 일이 펼쳐질지…. 일단 보스턴 앞 바다 말타스 빈야드에 옻칠 해야겠다. 내가 가본 가장 부자 동네, 집집마다 비행장이 있고 케네디 집안이나 오바마의 별장이 있는 해안가. 미국 거부들, 놀랠 것이다. 요트가 절대 썩지 않고 가벼우니까. 거기다 균까지 죽인다.

옻칠의 항균작용에 대한 확신이 든 계기가 있다. 2021년 코로나가 창궐하던 시절 서로재는 문을 닫지 않았다. 한 명도 확진자가 발생하지 않았다. 하루는 8명이 칠을 하는데 한 학생이 기침을 했다. 일찍 집으로 보냈는데 확진자라며 전화가 왔다. 에고, 그러면 왜 오셨어요? 우리 7명은 달달 떨며 따로 검사를 받았는데 1명도 걸리지 않았다. 같은 책상에서 서로 얘기하고 작업했어도 안 걸린 것은 균들이 다 죽은 것이다. 그냥 말로만 하는 항균작용이 아니구나 그렇다면 인증서를 받아야겠다. 시험인증기관 가서 입증해야겠다.

위에서부터
색옻칠 만드는 혼합기, 일본 후지이공장 정제기, 직접 만든 정제기 2012.10.3, 생칠 담은 통

위에서부터
멸균 테스트용 옻칠 나무판
15개 제출. 2022.2.16 – 실험검사중
2022.3.20 (대장균, 폐렴균 99.9% 멸균)
산청도자에서 재벌구이 후 생칠한 컵
완성된 순금도태칠기컵

99.9%의 확신

5cm 장방형 나무 15개에 옻칠을 하고는 과천 한국건설생활환경시험연구원에 가서 살균작용 테스트를 의뢰하였다. 1달을 기다리니 대장균과 폐렴균이 99.9% 소멸되었다는 증명서가 왔다. 나는 이것으로 살균작용을 확인했고 이는 순금도태칠기컵을 제작하는 계기가 되었다. 이 순금도태칠기컵은 300세트 제작하였는데 실험인증서와 함께 고가의 컵 세트로 회장님들 선물용으로 팔렸다. 그러나 순금 컵은 단가가 많이 들어서 보통 가정집에서는 목심칠기 주방용품을 권한다.

서로재에서는 5첩 반상, 찬합, 냉면기, 소반 등 여러가지 기물로 수업하였다. 물푸레 나무 목기에 칠을 하면 세균도 죽고 뜨거운 커피, 얼음물 다 사용 가능하니 강력히 추천하였다. 내 친구 풀룻하는 송 경화는 컵을 입에 대더니 느낌이 다르고 물맛이 다르다고 사 갔다. 매장에서도 가장 많이 팔리는 것이 옻칠 컵이다.

일본인들이 옻칠 그릇 사용하는 것은 누구나 아는 사실이고 가나자와, 와지마 거리에는 옻칠 가게가 즐비하다. 내 큰 사위는 일본 사람 타카시다. 함께 보통급의 장어집을 갔다. 개금기법 침금의 금그릇으로 밥을 먹는다. 황송해서 먹기도 불편한데 일반음식점에서 사용하고 있으니 과연 일본, Japan이라는 나라 이름이 '옻칠하다' 는 분명하다.

일본의 나라 이름이 옻칠 이름과 같다고요?
일본의 영어명 재팬(Japan)은 '옻칠하다'의 뜻이기도 해요. 그 정도로 일본은 옻칠의 원조 격이며 습한 기후와 국을 마시는 식습관 때문에 옻칠이 더 발달해 있습니다. 그러나 자개는 우리나라가 탁월하지요.

소주대학(蘇州工藝美術職業技術學院) 시절 스승님인
시에친(謝親) 교수님이 주신 명나라 때 책,《휴식록도설》

정제칠

옻나무에서 채취한 생칠은 일반적으로 20-40%의 수분과 잡물을 포함하고 있다. 이를 없애고 다시 교반과 열을 가하여 정제칠을 만든다. 교반공정은 칠액을 용기에 넣고 섞는 과정인데 입자를 균일하게 분산시켜 정밀하게 한다. 정도에 따라 3-5시간 동안 소요되며 이로써 유연성이 좋아지고 도막에 광택이 난다. 가열공정은 용기 위에 전열기, 가스 등으로 열을 가해 수분을 증발시키면 점차 투명하게 된다. 가열 온도는 40-50℃ 이하로 유지하며 50℃ 이상 가열하면 불건조 칠액이 된다.

먼저 생칠을 거른다. 탈지면을 뜯어 넣고 함께 저어서 삼베 보자기로 짠다. 나는 볼 때마다 저 탈지면 넣은 생칠로 그냥 작품하면 좋겠다고 생각한다.

다음은 가래질 한다. 1차 거른 칠을 판 위에 붓고 수분을 날리기 위해 가래질을 한다. 4시간 정도 계속 진행하면 점점 칠이 투명해지면서 입자가 고와진다. 인내와 끈기의 시간이다.

내가 최고위과정하던 2008년, 전통 체험하러 이천 도자기 가마를 간다. 돼지머리 놓고 절하고 막걸리 마시며 축제처럼 즐긴다. 정작 사람 키만한 물레는 돌려 보지도 못하고 장인 할아버지만 돌린다. 모터 달고 가스통 연결하여 정제칠 기계를 제작하였는데 과정도 복잡하고 자신도 없어 완성품을 사기로 했다. 소주 대학에서 떠나는 날 사친 교수님께서 책을 한 권 주셨다. 명나라 때 책이다. 번역하여 보니 정제하는 방법이 나온다. 중국은 그때 벌써 정제칠을 만들었다.

↘ **정제칠 기계가 따로 있나요?**
원래 전통 정제칠 제조 방법은 생칠을 판 위에 펴 바르고 여러 번 가래질해서 수분을 증발시키는 방식입니다. 입자가 고와지고 색이 연해져서 정제칠이 되는 것입니다. 지금은 원형 통에 생칠을 붓고 모터를 달아 칠을 교반합니다. 교반 시 열을 가하여 수분을 증발하면 정제칠이 되고요. 이 원형 기계가 정제칠 기계입니다. 대부분의 옻칠 공장에서 사용하고 있어요. 정제하면서 광택을 더하려고 아마씨유를 첨가하기도 하고 색을 가미하기 위하여 치자나 홍화씨를 넣기도 합니다. 회사마다 제조공정이 다른데, 이게 비법이라 알려주지 않습니다.

위의 두 장은 흑칠 작업한 옻칠화판

〈한양진경〉 201205 Hanyangjinkyoung 8400×1800mm

아래 두 장은 정제를 여러 번 하여 제조된 나시칠로 그린 8m 그림. 예술의전당, 2015

나시칠이란 무엇을 말하는 것입니까?

여러 번 정제하면 진한 갈색 옻칠이 과일 배의 색깔로 밝게 변합니다. 이를 일본어로 배를 뜻하는 나시칠이라고 하는데 고가로 판매되는 물건이에요.

주합칠

정제칠은 크게 투명칠(透明漆)과 흑칠(黑漆)로 나뉜다. 용도에 따라 유류, 송진, 등황 등을 적절히 첨가하여 각종 투명칠을 만들고, 또한 철분을 이용하여 흑칠을 만든다. 정제할 때 무엇을 넣느냐에 따라 다양한 칠이 생산된다. 유별나게 광이 나는 옻칠은 동유를 가미했고 카레같이 노랑가루 울금이나 치자 등을 넣기도 한다. 주합칠 만드는 비법은 어디나 비밀이다. 옻칠하는 사람들은 누구나 밝은 색을 원한다. 무슨 칠을 해도 진갈색이 도니까 밝은 칠을 보면 황홀하다. 옻칠인데 노란 황금색. 얼마나 좋은가? 나시칠이다. 칠을 여러 번 정제하면 배와 같은 색이 나오는데 배꽃 '梨'자를 써 나시칠이다. "교수님 뭐 사다 드릴까요?" 일본 여행 중인 제자 장 미희에게 전화가 왔다. "응, 옻칠 사와요." "옻칠 가게 갔는데 종류가 너무 많아요." "<u>나시칠 사와요.</u>" 어디서 주워들은 적이 있는 이름이라 아무것도 모르고 사 오라 했는데 300만 원 정도였다. 너무 비싸서 나중에 알아보니 일본 장인이 일본 옻나무에서 나온 칠을 일본 정제 기술로 만든 최고급이었다. 하도 귀해서 2015년 예술의 전당 개인전 때 한번 썼다. 8m 대작이었는데 선박회사 배 동진 회장님 알아보시고 금방 가져가셨다.

흑칠

그 빛나는 검정! 제조 방법은 정제칠과 동일하나 착색제로서 유연, 철분, 수산화철, 흑연 등을 사용한다. 유광흑칠, 무광흑칠, 유광납색칠, 흑상도칠, 흑중도칠, 흑하도칠 등 흑칠만 해도 몇 가지다.

생칠에 산화철을 넣어 흑칠을 만든다. 이 방법은 안료 색가루를 넣은 것이 아니라 염료로써 생칠 자체가 변한 것이다. 나를 매료시켰던 검은 칠의 원리. 그러나 옻칠은 자외선에 약해서 시간 지나면 검은 색이 날아가고 정제칠 갈색만 남는 경우가 있다. 흑칠 만들 때 광 나라고 기름을 많이 넣은 경우다.

↰ 채도 선명한 적구 작업 중.
다양한 색상의 색 옻칠 소반 2022.10

색옻칠

색칠은 투명칠에 안료를 혼합하여 만드는 것이다. 칠주걱으로 혼합한 후 소 줏병 굴려 입자를 곱게 한다. 영화에서 대형 롤러 돌리는 것과 같은 원리인 데 소줏병은 청소하기도 좋고 힘주기도 좋다.

색칠 만드는 안료로는 무기안료와 유기안료가 있다. 자연산 안료인 석채는 가격이 비싸다. 천황, 터어키 석, 산호 등은 준보석 수준이고 이미 연구가 진 행되어 관련 책도 무척 많다.

나는 원래 대작을 많이 해서 준보석으로 했다가는 집이 망하니까 을지로 안 료 가게 가서 사서 쓴다. 인공적으로 만든 안료라 산화철이 많아 만들고 나 면 탁하고 검게 된다. 바탕색으로는 튀지 않아 좋고 나중에 강조할 부분만 채도 높은 색 옻칠을 쓴다. 굿 아이디어!

내가 써본 색옻칠 중에는 중국 복건성 제조가 가장 좋다. 아직도 재래기법 으로 만든다는데 끔찍하게 시뻘건 주칠, 풀색인데 품위있는 초록, 화려한 코 발트 블루 천황색. 채도가 높고 점도가 조청처럼 진득하다. 중국산이라고 요? 그래서 못 믿고 안 산 학생들이 자꾸만 추가 주문한다. 오래된 비법을 우리는 당할 수 없다.

중국 푸젠성(福建省) 제조 옻칠이 좋은가요?
*중국 푸젠성(복건성)은 한때 3,000명이 옻칠 산업에 종사할 정도로 번성했던 곳입니다. 생산량이 많고 기술 또한 뛰어납니다. 현재 일본의 옻칠도 중국 복건성 생칠을 수입하여 정제하는 경우가 많 아요. 옻칠 채취가 인건비가 많이 들기 때문에 중국 푸젠성 생칠을 수입하여 제조하는 것이지요.

제 9 장

등짝을
후려치며

↳ 옻칠의 날 5.7 원주 가서 옻순을 따 먹는다.

9.1 숨어 있어도 보이는 그대 – 옻 채취하는 날

옻나무는 산이 깊고 계곡에 물이 많으면 잘 자란다. 국내에서는 원주나 옥천이 적당한 지역이다. 원주는 특화 작물로 지정되어 있어 옻나무와 인건비를 지원하고 길도 내준다. 봉산재에서 강의하면서 원주시 옻칠 지원 내용을 자주 언급했었다. 퇴직한 분들, 돈은 좀 있는데 중노동은 싫은 분들이 원주에 땅을 사고 사람 시켜 심었다. 나도 치악산 학곡리를 갔다.

버스 종점에서 내려 30분 더 들어가는 첩첩 산중. "저 산이 나를 부르네" 가 절로 나오는 동네다. 원래 화전민 마을이었는데 인걸은 다 떠나고 산천만 남아 있었다. 옻밭 가꾸고 힐링센터 하면 제격이다. 내가 10년만 젊었어도⋯. 예쁜 꽃잎 시냇물에 떠내려간다.

5월 7일, 옻칠의 날이다. 원주에 있는 옻나무 밭으로 차 4대가 간다. 순박한 원주 옻칠쟁이들이 반겨준다. 옻닭도 먹고 옻순도 따 먹고. 옛날부터 봄에 옻나무 어린 싹을 칠순채라 하여 나물로 먹었다. 위장병, 어혈(살 속에 멍이 들어 피가 뭉친 것), 부인병, 구충제 등 민간약으로 쓰였다니 서울 마나님들 이성을 잃고 드십니다.

옻나무는 8~15년 정도 자라야 옻을 채취할 수 있다. 옻의 채취 시기는 매년 6월 10일에서 10월 20일까지이다. (여기에서 기술하는 시기는 원주지방을 기준으로 한 것). 6월 10일부터 한 달은 초칠, 7월 10일부터 2달은 중칠로서 질이 좋다. 9월 30일부터 한 달까지 나는 것은 말칠이다.

치악산 학곡리에서 '내가 10년만 젊었어도' 하셨을 때, 젊으셨던 것 아닌가요?
하하. 58세였고 48세만 되었어도 학곡리에 땅을 사서 옻나무를 심었을 거라고 생각했어요.

하루 종일 내가 채취한 옻
원주 옻나무 숲에서 옻 채취 2012.8.1
옻칠 채취용 칠칼, 칠 주걱

옻 내는 사람들

그 이후에는 옻나무를 벌채한 후 가지에서 옻을 채취하는데, 이 옻을 '가지 칠'이라 한다. 이 '가지 칠'을 불에 구워 화칠(火漆)을 채취한다. 현재 전북 남원 에서 목기 제작용으로 명맥을 이어가고 있고 옥천과 함평에서는 약용으로 채취한다. 우리나라 특유의 채취 방법이다. 옻을 채취하는 사람을 '옻 내는 사람'이라고 한다. 하루에 150주씩 4일을 주기로 1년에 600주가량에서 옻 을 채취한다. 나는 옻 내는 사람들을 만나면 반가웠다.

누가 그 방법 개발했을까? 왜 전업하지 않고 계속하는가? 만난 분들은 대체 로 연세보다 젊고 건강하셨다. 캡슐 약 내용물을 빼내고 생칠로 채워 하루 2개씩 드신댄다. 살아있는 미라라네요. 60세인데도 흰머리 하나 없고 마신 소주병이 공방에서 뒹군다.

처음 옻칠 따는 도구를 보는 순간 참 아름답다고 느꼈다. 누군가의 손때 와 세월이 젖어 든 물건. '형태는 기능을 따른다'라는 루이스 설리반(Louise Sullivan)의 말처럼 그 형태가 나올 수밖에 없는데도 조형적으로 세련됐다.

칠칼 : 날 부분은 철로 만든다. 나무 기둥에 이 칼로 행객기(행긋기)하여 흠집을 낸다. 오 른손 엄지를 나무에 대고 힘을 받아 칼집을 낸다. 껍질과 내부 속의 경계선, 거기까지 들 어가는 감 잡는 게 어렵다.

칠 주걱 : 끝부분에 옻나무 홈을 긁기 쉽게 쇠가 돌출되어 있다.

휴대용 칠통 : 칠통을 만들어 허리춤에 찬다. 손잡이 부분을 가죽으로 만든 것도 보았는 데 길이 들어 있어 반들거렸다.

↘
'옻 내는 사람'이란 어떤 일을 하는 사람인가요?
옻나무에서 옻칠 채취하는 사람들을 옻 내는 사람이라고 해요.

↘
옻칠 따는 도구에는 어떤 것들이 있나요?
옻나무 기둥에 칼집을 내는 도구와 거기서 흘러내리는 옻칠을 훑어서 통에 담아 넣는 도구가 있어요.
모두 대장간에서 제작해서 사용하는데 내 눈에는 그 물건 자체가 멋있더라고요.

학생들 버리고 간 옻칠을 통에 모아서 남은 옻 다 넣고 빻아서 쓴다.

옻칠 채취하던 날(2012.8.11)

평생 처음 옻을 따러 갔다. 현재 한국에는 옻칠 채취하는 사람이 30명도 없다. 옻 따는 날은 시연을 할 정도다. 원주옻칠공예관 김 영복 선생은 할아버지 때부터 채취하셨고 동생도 하고 지금도 채취하고 있다. 나보고 한 번 가자고 하신다. 그래요. 가요. 뭐는 못 하겠어요? 새벽 2:30 봉산재 출발 5:00 원주시 소초면 학곡리 옻나무 밭 도착.

1. 옻나무는 해가 뜨면 광합성이 되어 옻이 안 나온다. 그래서 새벽 출발. 2. 매일 채취하면 죽으니 4일에 한번 채취. 3. 엄지 손가락을 나무 몸통에 대고 칼로 긁는다. 너무 깊어도 안 되고 얕아도 안 되고 표피와 몸통의 중간. 한쪽 면으로 칼집 내고 반대쪽 칼 날로 또 그어 준다. 옻 수액이 더 잘 나오라고. 아프겠지요? 4. 칼로 파인 곳에서는 곧 수액이 흐른다. 빨리 하지 않으면 주루룩 흐르니 정신이 없다. 5. 옻나무에서 나오는 생옻은 매우 독해서 피부에 닿으면 검게 탄다. 얼굴에 쓰는 용접용 유리면, 긴팔, 토시, 비닐옷 모두 입으니 이 더운 날 찜통이다. 6. 5:30-11:30 6시간을 정신없이 땄어요.

땅에서 지열은 푹푹 연옥처럼 올라오고 흘러내리기 전에 긁어모은 것이 겨우 계란 2개 분량. 이것 모아서 정제한다는 말이지. 그리고 그 정제 칠에 색 안료 넣어 색옻칠 만든다는 것이지. 그리고 그린다는 것이지. 참 피 같은 옻칠이다. 한 방울 한 방울이… 그래서 학생들이 버리고 간 옻칠, 말라 비틀어진 옻칠을 모아 절구에 넣고 빻는다. 골회바르기 할 때 유용하게 쓴다. 그때 땄던 원주 옻칠을 2013.10.24 선화랑 전시에 썼다. 검붉었다.

> **원주옻칠공예관 김영복 선생님은 어떤 분인가요?**
> 2006년 2월 전 용복 선생님 따라서 일본 모리오카시 이와야마칠예미술관 갈 때 동행했던 분입니다. 고향이 원주인 김영복 선생은 조상 대대로 옻칠을 채취하는 가문의 사람이었어요. 그분의 조부는 옻칠 채취하느라 일제 강점기에 징용도 피할 수 있었다고 해요.

↪ 서로재 마당에서 소반 백골 정리, 220번 사포치기

9.2 가자, 가자, 배우러 가자 - 배움터

늦게 시작한 옻칠 소반 작업은 내게 큰 선물이 되었고 내게 다른 영역의 전통을 알게 했으며 전통과 현대의 연결에 눈뜨게 했다. 또한 평생을 가르치기만 했으니 선생질. 소반을 가르치는 class를 열게 되었다. 전통의 방법은 고수하지만 비효율적인 단계는 줄이고 쉬운 길로 간다. 여러 가지 소반의 소재 중 12각 호족반을 택했다. 천판과 다리를 따로 칠하면 시간이 2배 걸리므로 동시에 칠하고 다리 아래 지면에 닿는 부분만 나중에 처리한다. 다음의 과정을 거친다.

1. 백골(白骨) 정리 : 소반이 갈라진 곳과 패인 곳을 곡수로 메꾼다. 나는 처음에 '곡수'라는 단어도 몰랐다. '백골'이라는 단어도 생소하다. 백골을 검색하면 '백골 부대'가 나올 정도로 평소에 익숙하지 않다. 아무 처리 안된 기본 소지(素地), 목재로 만든 바탕을 백골이라고 한다. 큰 목가구부터 작은 나무 쟁반까지, 뼈대가 되는 목조 바탕은 모두 백골이다. 일단 소반 백골의 홈 패인 곳과 튀어 나온 곳을 정리한다.

2. 사포 치기 : 사포 220번으로 나뭇결 따라서 사포 친다. 특히 각진 모서리는 사포로 부드럽게 만든다. 칠이 굳어 딱딱해지면 사포 치기 힘들다. 옻칠 작업의 80%는 사포 작업이다. 처음에 백골 정리부터 최후에 광내기 작업까지 사포로 처리한다. 이 사포로 처리하며 다듬는 작업을 '사포 친다'고 표현한다. 일반인들에게는 익숙치 않으나 옻칠하는 사람은 누구나 사포 친다고 하면 옻칠할 면을 정리하는 줄 안다. 기물을 하나씩 사포 치면 상당한 시간이 소요된다. 컵이나 접시 등을 대량 생산하는 옻칠 공장에서는 기계를 개발하여 사용한다. 일본의 와지마나 가나자와에 가면 쉽게 볼 수 있다. 초보자들은 손으로 사포 치며 손맛과 힘의 강약을 느끼게 한다.

3. 초칠하기 : 생칠 20%, 테레핀유 80%, 1:4의 비율로 묽게 만들어 칠한다. 칠이 묽지 않으면 건조 후 나무 결에 따라 작은 공기 방울이 생긴다. 처음 공기 방울 본 날,

> ↘ **옻칠 소반 작업은 어떤 건가요?**
> 은행나무나 소나무로 제작된 소반을 사포로 다듬고 초칠합니다. 초칠 후 골회로 눈매를 메꾼 후 사포로 갈고 다시 옻칠을 반복합니다. 이 과정을 수차례 하여 도막을 형성한 후 광 작업하여 마무리하는데, 적어도 15단계는 넘게 제작 공정을 거쳐야 합니다.

生칠을 묽게 하여 초칠한다.
거친 삼베를 천판에 따라 자른다.
호칠 만들기 (이후 호칠로 삼베 붙이기)

나무 결 따라 일렬로 줄지어 생겼는데 예쁘기도 해라. 그런데 이런 게 왜 생기지? 칠을 묽게 해야 속까지 들어가는데 칠이 되니까 들어가다 말고 막혔다. 그 막힌 부분 밑에 있던 공기가 위로 올라온 것이다. 초칠이니까 다행이지 많은 단계 진행되고 나서 이런 일 생기면 매우 난감할 것이다.

4. 삼베 자르기 : 올이 굵은 삼베를 소반 천판에 맞추어 자른다. 소반에 맞는 종이를 본으로 잘라 놓았다. 매번 자르기 번거로워 본을 만들었는데 소반 완성품이 올 때마다 다르다. 아무리 기계가 하더라도 사람이 하는 일이라 매번 크기가 다르다. 본을 놓고 실제 소반과 맞게 삼베를 잘라야 한다.

5. 호칠 만들기 : 찹쌀 풀을 쑤어 풀과 옻칠을 1:1로 하여 만든다. 호칠은 내가 경험한 접착제 중 가장 강하다. 재직 시 도예과 과제전 하면 친구들을 불러 전시품 사러 가곤 했다. 학생작이라 값도 싸고 디자인도 신선하다. 그중 꽃병을 샀는데 목이 부러졌다. 떨어진 조각 붙이느라 도자용 접착제, 본드, 순간접착제 등 여러 가지를 사용했다. 어느 접착제도 처음에는 잘 붙었다가 시간이 지나면 떨어진다. 호칠만 안 떨어졌다. 그래서 킨츠키 할 때도 호칠로 붙인다.

또한 호칠 만들 때 찹쌀 풀과 함께 밀가루 강력분(Gluten)을 넣으면 더욱 끈기가 생긴다. 칠 주걱으로 들어보면 아래로 기다란 끈이 생길 정도로 끈기가 있고 끊어지지 않는다. 이를 이용한 작품을 뢰외베(Loewe) 국제공모전에서 본 적이 있다.

6. 삼베 붙이기 : 굵은 삼베를 재단하여 천판에 붙인다. 삼베는 풀기 없게 빨아서 말리고 식서는 잘라낸다. 칠주걱으로 호칠을 옮겨 가운데 중심부터 유니온 잭처럼 사방으로 붙인다.

7. 사포 치기 : 사포 400번으로 삼베 위를 편편하게 갈아주고 다리 부분도 사포 친다.

8. 옻칠하기 : 생칠 40%, 테레핀 60%의 비율로 초칠보다 옻칠 농도를 높여 칠한다.

9. 사포치기 : 사포 600번으로 삼베 위를 가볍게 갈아준다. 너무 세게 하면 앞 단계로 다시 돌아갈 수 있다.

↳ 자개가 두꺼우면 모서리 각을 사포쳐서 부드럽게 만든다.

10. **2차 옻칠하기**

11. **사포치기** : 2차 옻칠 후 튀어나온 부분만 사포친다.

12. **자개 붙이기** : 학생 이름 자개 낙관과 천판 위 자개를 놓고 먼저 위치를 잡는다. 자개 낙관을 천판에 붙일 때는 자개 우측 밑에 붙이고 소반 밑에 붙일 때는 운각 위치에 붙인다. 아교를 녹여 아래 면에 칠하고 자개 면에도 아교 바르고 붙인다.

13. **다림질 하기** : 자개 위를 다림질 한다. 덜 풀린 아교 덩어리는 풀어지고 아교가 골고루 묻는다. 다리미질은 자개 위를 편편하게 만드니까 옻칠 후 자개등깎기 할 때 편리하다. 아래가 울퉁불퉁하면 등깎기 할 때 아래 구석에 끼인 옻칠은 잘 안 벗겨진다.

14. **묽은 아교 칠하기** : 혹시 아교가 안 묻었거나 빈 공간이 생기면 자개가 떨어지니 묽은 아교로 전체를 칠해준다.

15. **자개 위 종이 떼내기** : 자개 위 종이는 뜨거운 물로 불려서 벗겨내듯이 벗겨낸다. 충분히 시간을 주지 않으면 자개까지 떨어지니 넉넉하게 기다린다. 물을 바르고 다른 일 하다가 벗겨내는 시간을 놓치면 종이가 다시 붙는다. 이렇게 마른 종이는 더 안 떨어지니 물이 마르지 않게 자주 발라준다. 그래도 일에 몰두하다 보면 물칠한 자개가 다시 마르는 수가 있다. 그때는 그 상태로 말리고 마른 후에 처음부터 다시 물을 바르는 것이 좋다.

16. **아교풀 빼기** : 자개 주변에 묻은 아교는 칫솔로 뜨거운 물을 칠해 녹여낸다. 시간이 오래되면 자개가 움직이니 빨리 해야 한다. 면이 넓으면 구둣솔을 사용하고 좁으면 칫솔로 한다. 아교가 두껍게 묻어 있으면 2-3차 반복해서 제거한다. 아교풀 빼기는 빨리할수록 유리하다.

17. **사포치기** : 두꺼운 자개를 사용한 경우 모서리를 사포쳐서 각을 없앤다. 400번 사포로 거친 곳을 정리하고 전체적으로 사포 800번으로 다듬는다.

18. **3차 옻칠하기** : 생칠 80%, 테레핀유 20% 8:2의 비율로 옻칠 농도를 높여 칠한다.

교칠호족반

201402

390×390×300mm

19. 자개 등 깎기 : 자개 위에 묻은 옻칠을 자개 칼을 이용하여 긁어낸다. 물을 발라 가면서 하면 옻칠이 불어서 좀 더 수월하다. 옻칠한 후 너무 오랜 시간이 경과 하면 자개에 옻칠이 딱 붙어서 잘 안 깎인다.

20. 크리스털 사포 치기 : 아직도 남아있는 자개 위 옻칠을 크리스털 사포를 이용하여 없앤다.

1기부터 29기를 교육하며 학생들 간의 편차도 심하고 기술력도 틀리지만 일단 물리적인 작업이니 결국은 누구나 다 완성한다. 완성 후 신기해하던 모습, 흐뭇해하던 모습들이 눈에 선하다. 너무 전통이라고 두려워 말고 접근하자. 노벨 물리학상도 아니고 차근차근 하면 누구나 해낼 수 있다.

다 같이 초보자니 다 같이 실수하면서 재도전하면서 완성했다. 옻칠 하면서 제작과정에서 얻은 게 많지만 학생들과의 인간관계에서 얻은 게 더 많다. 함께 웃고 울며 다독이며 지냈다.

나 개인적으로는 몰두할 수 있어서 좋았다. 옻 채취도 가고 정제기도 만들고 골회바르기도 했다. 나는 몰두했다. 끊음질 같은 단순노동은 자개를 계속 잘라 반복해서 붙이면 된다. 아이디어도 계획도 없이 무념무상이다. 자책감과 후회에 시달리던 내게는 그 무념무상이 약이 되었다. 치유의 약!

'All we are is dust in the wind' (Kansass 노래. 우리 모두 바람 속 먼지일 뿐이예요.) 바람 속 먼지 한 톨인 인생, 거기다 겨우 100년, 만난 것만도 어디인가?

> **우리 모두 바람 속 먼지… 선생님께서 자주 쓰시는 인용구인가요?**
> 미국 보컬 그룹 캔자스(kansas)의 노래 더스트 인 더 윈드(Dust in the wind)에 나오는 가사잖아요. '우리는 모두 바람 속의 먼지(All we are dust in the wind).' 우리는 먼지일 뿐이니 아주 미약한 존재라는 뜻이지요. 고로 너무 아웅다웅하지 말자! 내가 슬플 때 자주 흥얼거리는 노래랍니다.

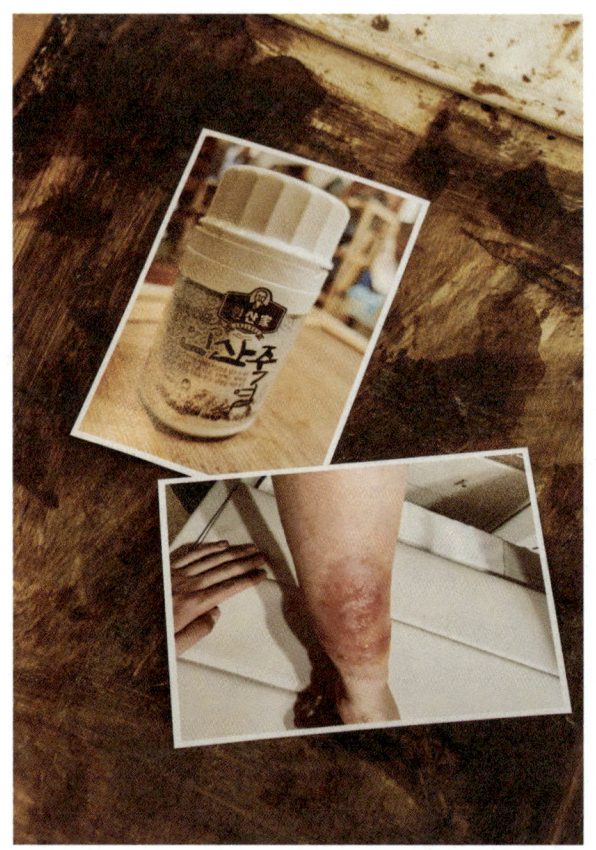

↳ 이렇게 옻 옮던 학생도 치유되어 계속 옻칠한다.
인산죽염이 옻 가려움을 가라앉힌다.

랑게르한스 세포, 설명 좀 해주세요.
랑게르한스 세포(Langerhans cell)는 면역계에 속하는 세포로, 주로 피부의 표피(에피더미스)에 존재하며 항원제시세포(antigen-presenting cell) 역할을 합니다. 항원을 탐지하고 포획하여 면역계를 활성화하는 역할을 한다고 하네요. 외부에서 침입한 병원체(세균, 바이러스 등)를 인식하고, 이 정보를 림프샘의 T세포에 전달하여 면역반응을 유도하는 세포지요.

9.3 전생 어느 길목에선가 - 옻의 독성

문제는 옻나무엔 독성이 들어있다는 점이다. 옻나무에 피부가 닿았는데 미칠 듯한 가려움증이 폭발하고 두드러기가 폭주하는 것은 바로 이 옻나무의 독성, 흔히 '옻독'이 올랐기 때문이다.

원인은 옻나무에 있는 우루시올인데, 하필이면 피부 면역체계인 <u>랑게르한스 세포(Langerhans cell)</u>에 쉽게 체내로 흡수가 된다. 흡수된 우루시올은 체내에서 각종 독성 성분을 만들기 때문에 결국 피부 질환을 유발한다. 더군다나 우루시올은 림프관을 타고 전신으로 이동하므로 온몸에 피부질환이 나타난다.

옻독은 개인 차이가 크다. 만져도 아무렇지도 않은 사람이 있고 근처만 가도 증세가 나타나는 사람이 있다. 서로재 학생 29기 배출하는 동안 가장 문제가 되는 사항이다. 그러니 선배가 후배에게 알려주는 꿀팁도 있다.

옻독은 초기대응이 중요해요. 제가 했던 방법은(수포 생기기 전) 수업 후 반드시 뜨거운 물로 샤워하고 죽염으로 마사지한 뒤 몇 분 뒤 씻어내고 피부를 말리고 처방 연고와 죽염을 섞어서 가려운 부분 위주로 수시로 발랐어요. 안 맞는 분도 있을 수 있으니 참고하세요. (한승원)

병원에서는 좀 쉬라고 하시던데요. 물기 닿지 말고, 약은 나아지면 끊으라 하시고요. 바르는 연고는 그때뿐이지 또 가렵더라고요. 피부가 두꺼워진 건지 좀 견딜 만 해졌어요. 저는 아이스 팩으로 반나절 정도 냉찜질해요 그럼 열도 내리고 가려움도 가라앉더라고요. (박수미)

작업 전 반드시 약(글라리틴, 알레그라, 글로리진, 지르텍 중 한가지)을 먹고 몸에 노출 부위 없이 옷과 장갑으로 가리고 작업 한 후 옷을 바로 갈아입고… 집에 가서는 옷은 반드시 세탁하고 더운물로 샤워 후 더운물 욕조에 몸을 담그고 후에 찬물로 샤워하고 했습니다. (이재선)

나성숙 옻칠전

SEOUNG-SOOK NAH
SOLO OTTCHIL EXHIBITION

장　소　디자인 갤러리 모이소(MOISO)
　　　　서울 중구 동호로272 ㈜디자인하우스
　　　　(02-2275-6151)

일　정　2021.1.15(금) - 1.24(일)

초대일시　2021.1.15(금) 오후 5:00

2020. g.nah seoung sook

타고난 옻칠쟁이

처음에는 두려울 정도로 심하다가 차차 면역이 생기고 몇 년 다닌 학생들은 아무 반응이 없다. 나는 다행히 옻을 안 탄다. 친정 어머니도 딸도 모두 옻에는 반응이 없다. 처음 북일본 이와야마 옻칠연구소에서 칠하던 날 모두들 옻을 옮았는데 나는 아무 반응이 없었다. 15년 전 서로재 윤 부장이 가장 심했고 안 옮는다고 자랑하던 내 조교가 다리 속이 예비군복 같아서 더 이상 옻칠 일을 못 했다.

피부과에서는 다량의 부신피질 호르몬제와 항히스타민제로 1~3주의 치료하거나 심할 경우 입원을 권장하기도 하는데 일단은 무조건 가까이 가지 말라고 한다. 무슨 문둥병자 만나듯 보자마자 피하라 한다. 그러니 옻칠을 평생 다루는 장인들은 어떠했겠는가?

칠하기 전에 접촉 가능성이 높은 손이나 다른 피부에 기름을 발라 옻이 신체로 흡수되지 않게 막고 작업을 한다. 만약 이러고도 옻독이 오르면 뜨거운 물에 들어가 땀과 함께 배출하기도 하고 인산죽염 소금을 가려운 곳에 바르기도 한다. 요즈음은 옻칠로 집 전체를 도색하는 사람이 많은데 옻 성분이 적은 칠을 도색한다. 이러한 옻성분 때문에 한약재로 쓰이고 옻닭이나 옻나물로도 식용되고 옻된장, 옻술로도 제작된다.

옻독도 타지 않는 나. 아마도 몸이 차가워서일 것이란 생각이 들고 우리 집 식구는 모두 저혈압이니 태생이 옻칠하라는 것이리라. 옻칠, 내게는 천직이고 인연이며 일상이다.

나성숙옻칠전 포스터 2021.1.15-24
청주비엔날레 작품. 2023.9

옻 성분이 적은 칠도 있나요?
옻칠은 우루시올(urushiol) 성분으로 품질을 평가하는데 한국, 중국, 일본 중 한국산이 가장 함량이 높아요. 옻 성분이 적으면 도막이 단단하지 않고 광택도 적지요.

황금비북촌

2012

Gold Rain Bukchon

300×300mm

사랑하는 나의...

시각디자인과 교수가 옻칠을 하는 데는 내 남편의 기여가 가장 컸고, 그 어떤 어려움도 내 남편의 죽음보다는 덜하다.

한옥 사기? 그래 사버리자. 아무렴 그보다 더 하랴…. 옻칠 학교? 그래 개설하자. 아무렴 그보다 더 하랴…. 전통에 대해 아는 바도 경험도 적으니 두려움이 앞서는데 그때마다 드는 생각, 아무렴 그보다 더 하랴…. 20년 동안 일 저지르는 데 1등 공신이었다. 사랑하는 내 남편 이 병규,

한 번이라도 사랑을 해본 사람은 평생 사랑 없이는 살지 못한다. 사랑이 힘들고 고통스럽다는 것을 알면서도 거기서 벗어나지 못한다. 뜨겁게 사랑했던 사람과 만나지 못하면 우선 당장 몰려오는 공허감 때문에라도 괴롭기 짝이 없다. 나는 죽을 때까지 옻칠할 것이다. 옻칠을 사랑할 것이다. 이제 세월이 흘러 살아서 불태우던 고통은 희미해졌다. 세월이 약이라지만 그것은 그렇지 않다. 그 자리를 다른 것이 차지했기 때문이다. 전통! 남편의 죽음은 내게 전통을 주었고 도리어 죽을 때까지 할 일을 만들어 주었다. 열심히 하다가 내 남편 만나러 하늘 가는 날, 호족반 소반 위에 꽃구름 피어 나리라!

로마서 5장 3-4절, '우리가 환난 중에도 즐거워 하나니 이는 환난은 인내를, 인내는 연단을, 연단은 소망을 이루는 줄 앎이로다.'

결국 환난이 없으면 소망이 없다. 살 맛이 없다.

'호족반 소반 위에 꽃구름 피어 나리라!'라는 말의 뜻은요?
서로재에서 가장 많이 가르친 것이 12각 호족반입니다. 남편 만나러 가는 길, 호족반 위에 꽃구름 피어나기를 바라는 마음으로 가르쳤어요.

환난, 인내, 연단, 소망…. 각각의 의미와 단계가 궁금해요.
환난은 인내를, 인내는 연단을, 연단은 소망을 이루는 과정으로 설명됩니다. 이는 로마서 5:3~4절에 근거한 신앙적 원리로, 고난을 통해 신앙이 성장하고 최종적으로 신의 소망을 이루는 단계를 의미합니다. 말이 조금 어려운 연단은 쇠붙이를 불에 달군 후 두드려서 단단하게 하는 것처럼 몸과 마음을 굳세게 한다는 뜻이에요. 살아가면서 얼마나 많은 환난을 만납니까? 환난을 만나면 인내하게 되고 인내하면 연단이 되고 연단을 통하여 소망을 갖게 되는 거지요. 그러니 절대로 환난을 피하지 말아요. 불평하지 말고, 원망하지 말고. 거기에는 반드시 꿀단지가 있으니 찾아봐요.

살아갈 날의 자유

이 책이 나올 수 있게 만든 근간은 내 일기장과 고통이다.

세상 만사는 인간사니, 사람이 만들어 준다. 그 많은 사람 중 가장 중요한 사람은 바로 나고 내가 나를 가장 잘 안다.

나는 평생 일기를 썼다.

고통이 밀려 올 때면 꼭 나까지 잡아 먹을 것 같아 매일을 일기장에 쏟아 부었고 기쁠 때면 내가 나를 칭찬했다. 일기장에 나의 고통과 세상에 대한 미움과 기구한 내 팔자와 바람과 기대를 썼다.

일기는 단순한 기록물이 아니었다. 내게는 한풀이 마당이었고 외로움을 달래주는 친구였다. 100% 내 곁에 있는 유일한 존재다.

결국 지난 18년 동안 옻칠로 들어선 나날을 기록했고 지켜 보았다.

누가 함께 그 깊은 강을 건너 주겠는가?

고통! '락(樂) 중에 최고는 고통'이라고 떠들고 다니지만 마주한 순간은 괴롭다. 어찌 고통이 락이란 말인가? 사람이 죽었는데….

그러나 달리 생각하면 고통을 느낀다는 자체가 그 곳에 이미 관심과 사랑이 있다는 증거다. 아무 관심도 없는데 무슨 고통이 오겠는가? 그저 '그런가 보다' 하고, 무감각하고 느낌도 없겠지.

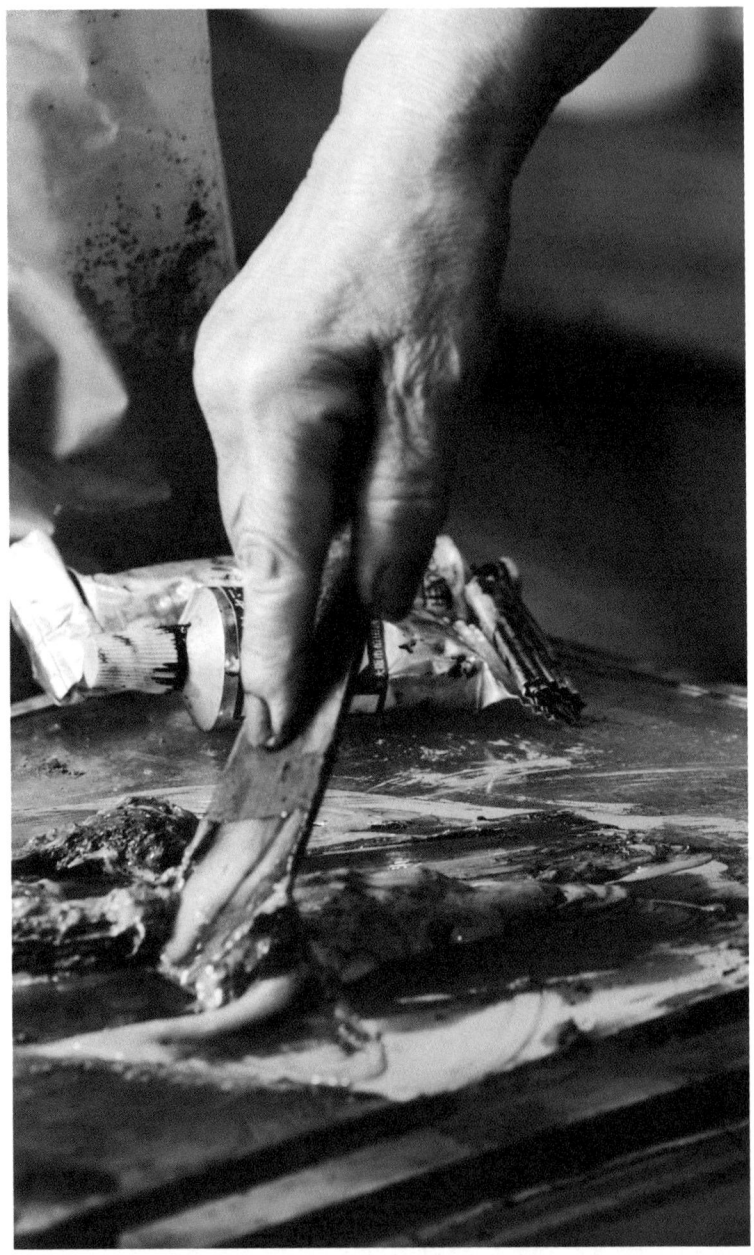

20년 동안의 고통은 크게 두 가지였다.

하나는 '남편에 대한 사랑'이다. 25년 만남에 한 번도 남편을 사랑한다는 생각을 해 본 적이 없다. 그런데 그가 떠나고 고통이 다가올 때 드는 생각은 '아, 사실은 내가 남편을 사랑했구나'였다.

그날, 아침에 출근하는 나를 엘리베이터까지 배웅했고 "점심으로 뭐 먹을까?"라고 전화했고 저녁에 애들과 나 먹으라고 저녁밥을 해 놓고 갔다. 나는 그 밥을 얼려 놓았다. 두고두고 기운 차리려고.

글을 몇 명에게 보여주니 남편 얘기 그만하라고 한다. 그런데 그럴 수가 없다. 지금도 밥알에 목이 메인다. 그러나 그 밥 먹고 세계적 옻칠쟁이가 되어 케이컬처(K-culture) 만들라 하겠지. 마음은 이리도 아픈데 머리에 꿈은 잔뜩 피어난다.

환난은 인내를 낳고 인내는 연단을 낳고 연단은 소망을 낳는다고 로마서에 쓰여 있다.

둘째는 옻칠에 대한 무지다.

'나 교수, 전통해 보아요'는 내게 큰 축복으로 다가왔으나 전통을 잘 모르니 방황의 연속이었다. 배우러 다니며 받는 구박과 무시를 참았고 헛살았다는 자괴감의 고통을 감내했다. 헛살았다는 것은 자기를 너무 몰랐다는 것이다. 서양미술사와 조형론을 가르쳤고 재료와 표현도 30년 넘게 강의해서 많은 서양미술의 기법을 구사한다. 그러면서 정작 우리 옻칠 건칠항아리는 몰랐다. 가볍고 단단하고 내용물이 썩지 않고 영원하다는 것을 몰랐다. 그것도 고려 때부터 있었으니 오랜 세월 흘렀는데도 나는 모르고 지냈다.

아름다움을 보는 시각도 서양과 동양은 너무 다르다. 자연을 바라보는 태도, 자연과 인간과의 관계 등 아무것도 모르니 자괴심까지 들었다. 일본으로 중국으로 배우러 갔고, 한국에서는 유일한 회원으로 일본칠공협회에 가입했다. 즉, 나의 고통은 나를 성장시키는 원동력이 되었다.

내가 고통을 느낀다는 것은 아직도 애착이 있음을 증명하고 있다. 내게 고통이 없었다면 그 말은 스쳐 지나가는 나그네였을 것이다. 고통은 지나가지 않고 나를 괴롭혔고 남아서 그 소리를 듣게 했다.

깎이는 고통을 겪어야 다이아몬드가 된다. 안 깎이면 돌일 뿐이다. 이제는 자유롭다. 어린 나이 열세 살, 이화여중 1학년 '난' 반 교실에 쓰여 있던 교훈. '자유, 사랑, 평화.' 그 중 자유!

이제는 나를 얽어 매는 많은 제약에서 벗어나 진정한 자유가 다가온다. 같은 나 성숙을 향하여 상반되는 사회적인 평가들은 홀로된 나를 옥죄고 주눅들게 만들었다. 이제는 벗어나자. 그들의 몫은 그들에게 맡기자. 소유로부터의 자유, 지금은 공유의 시대고 관계의 시대다.

본연의 정체성을 없애는 것이 아니라 새로운 세계를 만드는 것이다. A와 B는 존속하고 더 깊게 연구하지만, C를 만들어 새로운 미의 가치를 만들 수 있다. 'C를 향하여'가 나의 모토다. C를 만들려면 A와 B를 연결해야 한다. 연결이 없으면 A와 B는 각자 자기 제 갈 길만 가고 C가 안 나온다.

서로재는 많은 일을 연결한다. 옻칠하며 나누는 이야기로 사람을 연결하고 청주비엔날레, 세종뮤지움갤러리 전시로 작품을 연결하고 일본칠공협회, 중국 푸젠성 등과 연결하여 세계로 나간다.

물론 자유롭게 할 것이다. 자유로우니 이제는 기다릴 것이다.

매일 봉산재 돌계단에서 나를 기다리시던 어머니, 환갑 넘은 딸의 늦은 귀가를 어머니는 기다리셨다. 전통으로 들어선 내 딸이 꽃 피기를 기다리셨다.

기다리리라. 고통을 품에 안고.

전통은 내가 겪은 고통의 선물이었고 탯줄에 아이 심어준 삼신할미였다.

나는 그 고통을 옻칠로 풀었고, 옻칠은 내게 항상 위로를 해주었다.

그 위로를 이 책에 썼다.

나는 아직도 살아온 날보다 살아갈 날에 머리 묻고 산다.

내 일기장에 등장한 숱한 사람들, 나를 다시 살게 해 주신 강 석규 큰 외숙님과 은사님 양 승춘 교수님께 감사와 존경을 드린다. 매일 밤 글을 검토해 준 남 희정 관장님, 인쇄소 두경엠앤피, 출판사 룩백북.

특히 나를 지켜준 서로재 식구들에게 감사를 전한다.

그리고 이 두꺼운 책을 읽어 준 독자에게도!

2025년 9월

서로재에서 나 성숙

〈나는 옻칠로 위로받았다〉 별책부록

옻칠은 나로 인해
새로워졌다

'나성숙옻칠학교' 기본 교재

나성숙
지음

분책+부록 | 정가 33,000원

979-11-994678-0-4 03630

LOOK
BACK
BOOK

나 성숙 羅 成淑 Seoungsook Nah

서울대학교 미술대학 응용미술학과 및 환경대학원을 졸업하고
하버드대학교 GSD(Niemann Fellow Affiliate)에서 연수했다.
한국여성디자이너협회장, 국제아트앤디자인협회 설립자,
미술과 비평 운영위원장 등을 맡았으며, 국립중앙박물관 C.I.
서울시 경관계획, 2000 여수엑스포 프로젝트 등에 참여했다.
'도시환경의 시각 요소로서 슈퍼 그래픽의 선호도에 관한
연구'로 박사학위를 취득했다. 『유쾌한 반란』, 『북어국』를 쓰고,
『기자 이병규 24년』을 엮었다. 또한 1997년부터 개인 신문
'여우보'를 발행하여 2025년 30호에 이른다.

한국 전통에 매료되어, 북촌 한옥 봉산재와 서로재를 터전으로
삼아, 전통 미술과 문화의 연구와 보급에 20여 년을 바쳤다.
2007년 문을 연 '나성숙옻칠학교'는 옻칠 교육, 옻칠 작품
전시와 판매를 통해 옻칠의 새로운 조형적 아름다움을
발굴하고 수많은 옻칠 작가를 키워내고 있다.

예술의전당과 선화랑 등에서 개인전을 열었고, 쌍용건설,
차병원, 태양금속, 현대자동차, 세종호텔, 디자인하우스,
까사미아, 동국제약 등에 작품이 소장돼 있다.
현재 서울과학기술대학교 디자인학과 명예교수이자
북촌아트센터 이사장이며, 제자들과 함께
'나성숙옻칠학교'에서 열정적으로 옻칠 작업에 몰두하고 있다.

1 모래로 몸을 씻어 그대 나의 꿈 – 도구, 재료

2 오늘도 바람 앞에 선다 – 과정

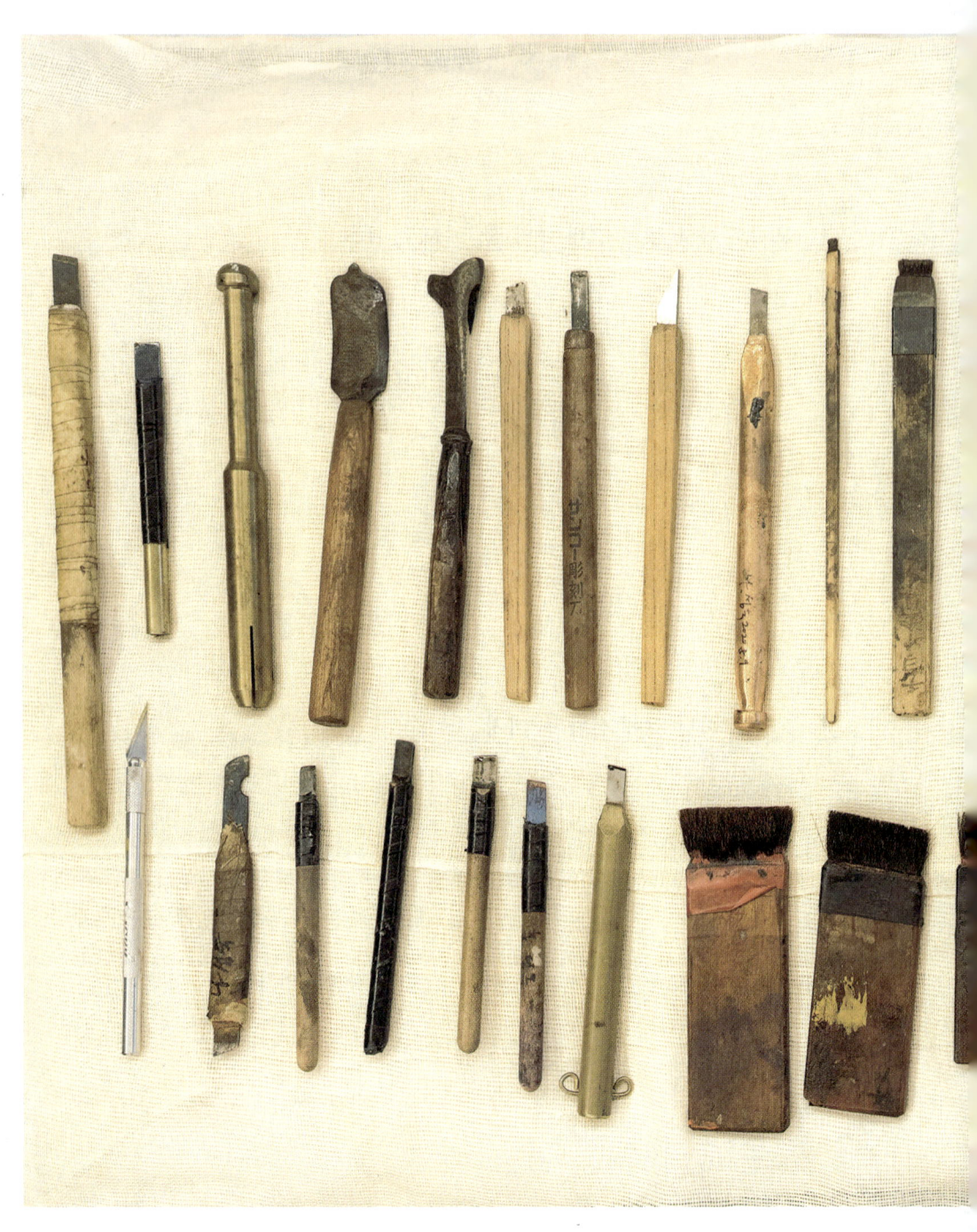

옻칠 도구 옻칼, 귀얄, 칠 주걱

1. 모래로 몸을 씻어 그대 나의 꿈 - 도구, 재료

서로재 책상 위에 있는 칠기 도구

2009년 12월 소주대학(蘇州工藝美術職業技術學院)으로 공부하러 갈 때
이종헌 선생님께서 추천한 옻칠 준비물 이메일이다. 갑자기 옻칠 준비해야 할 때
유용하게 쓰인다.

- 나 교수님 준비물 -

중국에서 재료 사러 다니는 시간을 줄이기 위해 가능하면
필요한 것은 다 가져가는 것이 좋다.

1. 공구 : 조각도, 각종 헤라, 톱대, 실톱, 송곳, 인두, 구두칼, 커터칼,
상사칼, 가위, 연마석, 아데(나무, 고무), 핀셋, 분관, 박집게 등

2. 재료 : 생칠, 투명칠, 흑칠, 각종 색료, 칠분, 자개, 난각, 금은박,
토분, 아교, 천 등

3. 소모품 : 유산지, 여과지, 사포, 테이프, 앞치마, 토시, 고무장갑,
광약(콤파운드, 각분 등), 그릇, 희석제나 식용유 담을 세척병, 랩,
찹쌀가루, 문구류 등

작업하기 편하게 공구 박스를 준비하는 것도 좋다.

현지에서 사야 할 것 : 휴지, 걸레, 기와 가루(瓦灰, 와분), 비누,
주방세제 등 소모품

1. 칠장

먼저 필요한 것이 옻칠 건조장이다. 옻칠이 제대로 건조될 수 있도록 온도와 습도를 일정하게 유지하는 건조 공간을 칠장이라고 한다.

봉산재 지하 옻칠 건조장

서로재 지상 옻칠 건조장

칠액의 건조경화

칠액이 말라서 단단히 굳어지는 것을 '건조' 또는 '마른다' 라고 한다. 건조경화에는 상온의 공기에서 건조되는 것과 고온에서 하는 2가지 방법이 있다. 이것은 보통 수분이 증발되어 '건조된다'는 것과는 다르다.

상온 건조 빠르게 건조시키려면 적당한 온도와 습도가 필요하다. 적당한 온도는 23-27℃, 습도는 70-85%이다. 한국의 장마철이 건조하기 좋은 철이다. 일본은 습기가 많아 옻칠이 발달하였다.

고온 건조 칠액을 열에 의하여 경화시키는 것을 고온 경화법이라고 한다. 100℃ 이상의 고온에 열을 가하면 온도의 높음에 따라 경화 시간은 단축된다. 100℃ 전후에는 5-6시간, 150℃는 1-2시간, 200℃ 이상이면 30분 정도에서 경화된다. 열을 장시간 가하면 점점 탄화되어 흑색으로 나타난다. 고온 경화법은 고착력이 강하여 벗겨지지 않는다. 따라서 금태칠기 및 합성수지 소지에 사용하는 것이 적당하며 칠의 냄새가 나지 않는다.

서로재 칠장 문 앞에는 다음과 같은 안내문이 붙어 있다.

* **습도: 70-85%**
  70% 이하-잘 마르지 않고 끈끈함.
  90% 이상-백화현상 (칠이 물에 들어 있은 것처럼 하얗게 변함)

* **온도: 23-27℃**
  라디에이터 난로 가운데 스위치를 ON에 맞추고 좌우로 온도 설정을 한다.

* 자신의 물건을 넣을 때 타인의 기물에 묻지 않도록 한다.

* 쟁반이나 좌측에 있는 긴 족대 위에 올려놓고 넣으면 칠장 족대에 달라붙지 않는다.

* 색 옻칠은 건칠장에 하루 정도 지나서 칠장에 넣는다. 갑자기 넣으면 검게 변한다.

* 칠장에서 꺼내서 30분 정도 거풍시키고 사포질한다.

칠장은 주로 목재로 만들고 가로 방향으로 붙여야 물기가 골을 따라 내려오지 않고 붙잡아 준다. 또 선반은 수평으로 달아야 물건을 층층이 넣는데 유용하다. 그래야 한쪽으로 흘러 고이거나 지짐이 현상을 막을 수 있다.

통도사 서운암 칠장에는 부처님께서 온습도계를 안고 계신다. 웃음부터 나오지만 옻칠 잘 마르기 바라는 중생의 마음 아닐까!

통도사 서운암 칠장 온습도계

서로재 지하 옻칠 건조장

2. 도구   정반, 귀얄, 칠 주걱, 옻칼, 칠지, 옷 그릇, 붓, 연마 도구, 분통, 기름종이, 솜

1) 정반 定盤

강화유리로 만든 정반, 정반 위에 올린 칠 도구

옻칠 작업을 할 때 칠을 덜어내거나 문지르고 펴는 등의 용도로 사용하는 도구. 칠을 다루는데 있어서 가장 기초적인 작업대이다. 칠을 배합하고 여과시키며 하지용 재료를 만드는 등 대부분의 작업이 여기서 이루어진다. 칠을 할 때 칠 그릇, 귀얄, 주걱, 칼, 가위 따위를 놓고 쓰며, 용도에 따라 여러 종류가 있다.

2) 귀얄

귀얄은 옻칠을 얇고 고르게 바를 때, 붓 자국을 낼 때 사용하는 도구로, 넓적하게 묶어 만든 솔 모양의 붓이다. 돼지털, 말총, 인모 등 다양한 동물의 털이나 머리카락으로 만든다. 칠 작업에 중요한 도구 중 하나이다.

다양한 크기의 귀얄

귀얄 만들기, 귀얄 깎기   재질로는 기름기가 적고 빳빳한 여성의 모발이 적합하다. 얇은 나무판에 모발을 가지런히 놓고 아교를 바른 후 윗면을 나무판으로 덮는다. 모발의 좌우폭을 정리하여 아교칠이 충분히 배어들게 한다. 모발은 나무판 끝까지 길게 이어져야 하며, 건조 후 20cm 길이로 톱으로 자르고 대패로 나무 주변을 다듬어 완성한다. 사용 중 닳으면 연필 깎듯이 깎아서 사용한다.

솔 부분이 닳거나 굳으면 연필을 깎듯이 귀얄을 덮은 나무판을 깎아 새 붓이 나오도록 한다.

이 연필 깎기가 말이 그렇지 사실은 매우 어려운 작업이다. 최소 4시간 이상 걸린다. 나무를 연필 깎듯이 깎고 나면 모발이 나오는데, 이를 220번 사포로 양쪽을 갈아서 가운데를 뾰족하게 한다. 귀얄 끝 부분은 90도로 자르지 말고 쓰기 편하게 사선으로 자르고 사포질로 다듬는다. 그 후 빨래비누로 여러 번 치대어 풀기를 없애고 기름을 발라 모발을 부드럽게 만든 뒤 사용한다.

3) 칠 주걱

칠 주걱은 칠 배합, 칠 떠내기, 골회 칠하기 등 옻칠 작업의 전 과정에서 자주 사용되는 도구이다. 대나무, 소나무, 플라스틱, 고무 등 소재별로 여러 종류가 있고, 모양도 평면, 반원형, 칼형 등이 있다.

모든 칠 주걱은 밑부분이 일자로 되어 있지 않으면 주걱질 후 세로로 줄이 생긴다.

작업 전에 반드시 칠 주걱 밑부분을 갈아야 한다. 사포 220번을 아래에 깔고 수평으로 그어 울퉁불퉁한 면을 바로 잡고 양쪽을 갈아 중심을 향하여 대칭되게 갈아준다. 바닥에 두께를 주고 싶으면 고무로 만든 반원형 주걱을 사용한다. 유연성이 있어 골회 바르기 할 때 바닥까지 긁어 내지 않는다. 실리콘 칠 주걱도 고무가 붙어 있어 쿠션 역할을 하므로 남은 칠이나 호칠, 골회 모을 때 유용하다.

칠 주걱 밑을 사포로 갈고 양옆도 갈아서 정리한다.

반달형 칠 주걱과 실리콘 칠 주걱

4) 옻칼

자개에 문양을 넣거나 끊음질할 때 자개 위에 묻은 칠을 긁어낼 때 사용한다. 칼이 굴러가지 않도록 고정용 손잡이 날개를 달기도 하고 할패나 난각이 잘 깨지라고 뒷부분을 둥글고 무겁게 제작하기도 한다.

자개에 문양을 넣는 자개 조각도와 상사패를 끊음질할 때 사용하는 상사칼이 있다. 약간 무거운 칼을 써야 상사패 위에 놓고 자르기 편하다. 누르기만 하면 잘라져 일의 속도가 빠르다.

5) 칠지 漆紙 - 종이망(여과지)

옻칠 속에 들어 있는 먼지 등의 이물질을 여과할 때 사용한다. 나뭇잎, 껍질, 벌레 등이 있어 여과해야 깨끗한 표면이 된다. 칠지는 잘 찢어지지 않는 한지(닥종이)를 쓴다. 칠을 정성껏 했으나 잡티로 다시 칠해야 하는 기분은 참담하다. 칠지를 여러 겹 겹쳐 사용하기도 하고 아예 탈지면 솜뭉치 위에 칠을 부어 내리기도 한다. 필자는 방산시장 가서 부직포 롤을 사다가 잘라서 쓴다.

칠지를 여러 겹 해서 거른다.

방산시장에서 부직포 롤을 사다 거른다.

6) 옻 그릇
액체인 옻칠을 담거나 덜어 두는 데 사용한다. 사기 그릇이 적당하다. 쓰고 나서 따뜻한 물에 담가두면 칠이 쉽게 떨어진다. 플라스틱이나 일회용 그릇은 편리하지만, 일부 제품은 옻칠에 녹아버려 주의해야 한다. 기껏 옻칠을 걸렀는데 그릇이 녹아서 책상 위로 흐르면 낭패다.

7) 붓

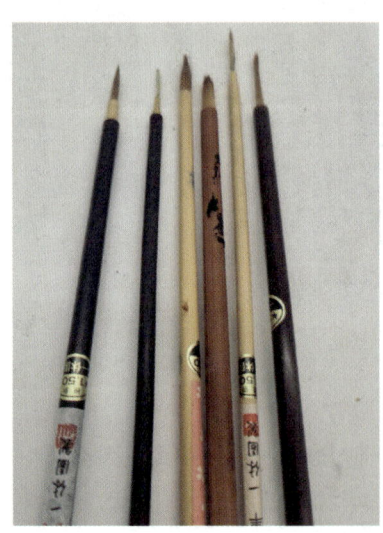
다양한 굵기의 붓

그림을 그리거나 일부분을 칠할 경우에 쓴다. 옻칠할 때 사용하는 붓은 다양하다. 용도에 맞춰 귀얄이나 일반 붓을 쓴다.

가늘고 긴 선을 그릴 때에는 붓털이 긴 것을 쓴다. 같은 선의 굵기를 그리려면 중간에 끊기지 말고 이어져야 하니 긴 붓이 필요하다.

필자는 일본 가나자와 길을 걷다가 붓 세트를 구입해 지금까지도 그 붓을 사용하고 있다. 함께 동행한 칭화대 최고위과정 원우들은 '역시 나 교수 눈에는 붓만 보이네'라고 말할 정도였다.

8) 연마 도구

연마의 목적은 도막 면을 평활하게 하는 동시에 다음 도막의 접착력을 강하게 하는 것이다. 연마는 칠 공정 중 가장 시간이 오래 걸린다. 광택을 내기 전 공정으로서 칠 면의 질감을 충분히 도드라지게 하는 것이다. 각 공정에 사용되는 연마 도구는 다음과 같다.

● **숯** ● 전설 속의 장인들은 후박나무, 유동나무 등으로 숯을 만들어 사포를 했다는데 그 수고가 대단하다. 처음에 그 사실을 알아낸 이들은 얼마나 많은 시행착오를 겪었을까? 지금 공부하는 우리는 정말 편리한 세상에 살고 있다고 생각된다. 그런 이들 덕분에 전통은 점차 누구나 할 수 있는 분야로 변화되고 있다.

● **사포** ● 옻칠하는 사람들은 사포로 연마하여 정리하는 작업을 '사포친다'고 한다. 처음 옻칠을 시작하면 '기본적으로 3년은 사포 치는 노력과 경험이 따라야 그 맛을 알 수 있다'고 말한다. 그만큼 절대적으로 투입되는 공정이 길다.

초칠하기, 사포 치기, 삼베 붙이기, 골회 바르기, 사포 치기, 자개 붙이기, 사포 치기, 흑칠하기, 자개 깎기, 사포 치기, 중칠하기, 사포 치기, 상칠하기, 사포 치기, 광 내기… 작품 하나 완성하기까지 거쳐야하는 수많은 사포 치기.

사포도 종이 사포, 면 사포, 스펀지 사포 등이 있으며 입자가 거친 것부터 미세한 것까지 다양하다.

거친 사포는 안쪽으로 접으면 잘 잘린다.

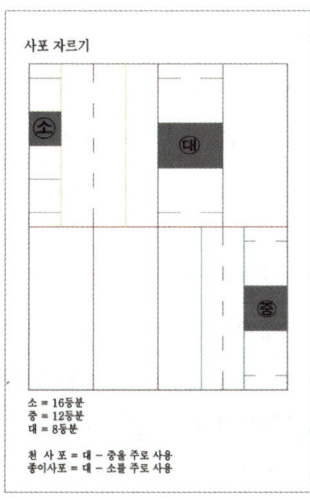

사포 자르기

사포 자르기

소 = 16등분
중 = 12등분
대 = 8등분

천 사포 = 대 − 중을 주로 사용
종이사포 = 대 − 소를 주로 사용

아데 자르기

소
29
15

16등분에서 4번 접어 사용할수 있으며 작업단계 (중)이상에서 사용

45도   10도
18

중
38

12등분에서 사용하며 천 사포 또는 종이사포 220# 정도가 적합하다.

1
대
58
38

8등분에서 사용하며 주로 밑작업시에 바탕의 평면을 잡기위해 천사포 용도

● 모래 사포 ● 자개를 붙이고 칠을 하면 자개 옆에 칠이 올라와서 굳는다. 각진 부분은 칠이 고여 지짐이 현상이 발생한다. 일반 사포는 구석까지 닿지 않지만, 사포 기능이 있는 모래는 자개 옆 지짐이 옻칠을 제거할 수 있다.

● 크리스털 ● 숯 대용으로 산화알루미늄, 탄화규소 등을 주성분으로 하며 여기에 결합제를 넣어 기공화한 것이다. 거친 것부터 미세한 것까지 있다.
필자는 자개 위 등 깎기를 하고 덜 깎인 부분을 크리스털로 정리한다. 1500번이나 2000번을 자주 사용한다.

크리스털 사포

● 각분 ● 사슴의 뿔을 냄비나 토기에 넣고 밀폐시킨 후 밖에서 열을 가하여 표피를 제거하고 속 부분을 분쇄하여 만든 것이다. 과정이 복잡하고, 가격이 비싸며, 숙련된 기술도 필요하니 다른 것으로 대체하여 사용한다.

● 콤파운드(Compound) ● 일반적으로 자동차 불순물을 제거하거나 광택을 낼 때 쓰는 콤파운드는 옻칠에서도 도막 면에 초벌 광낼 때, 건조된 도막의 면을 평활하게 조정하면서 연마하는 작업에 사용된다. 사포질을 하면 윗부분은 연마가 되는데 아래 구석진 곳은 안 되어 반짝거린다. 당연히 표면이 같지 않고 얼룩덜룩 차이가 난다. 반면 콤파운드는 골고루 광택을 낼 수 있어 고급스럽다. 콤파운드 없이 옻칠한 채로 말리는 것이 가장 좋지만 그러려면 먼지가 하나도 없어야 한다. 그래서 옻칠 장인들은 옷에 붙은 먼지도 피하기 위해 속옷만 입고 작업하기도 한다. 그러나 도심지에서는 불가능한 일이다. 그래서 광작업을 따로 해 그 효과가 나도록 한다.
옻칠 면에 물사포를 쳐 정리하고 콤파운드를 묻혀 얇은 러닝 셔츠로 표면을 문질러 준다. 두껍거나 뻣뻣한 천을 사용하면 옻칠 면에 골이 생겨 광작업 끝까지 계속 나타난다. 그 자국 없애려면 처음부터 다시 해야 하니 주의해야 한다. 콤파운드는 1500, 2000번 등 다양하다.

- **왁스(Wax)** ● 옻칠 면에 광을 내고 난 뒤 최종 마감 단계에서 사용된다. 다른 광택제가 표면을 갈아내는 역할이라면, 왁스는 채워 넣는 역할을 한다.

- **광약(광택제)** ● *Brasso*나 *Amore*, *Festool* 등 개발된 광약이 많다. 기름기가 들어간 광약을 사용했다면 나중에 식기세척제나 물비누로 유분을 제거해야 한다. 전통 옻칠에서 광내는 작업은 바르는 것이 아니라 '깎아내는 작업'이다. 볏짚을 태운 재로 놋그릇 닦던 방법과 같은 원리다. 그러나 깎아내기 힘드니까 우레탄이나 니스 등을 발라 광을 낸다. 하지만 이러한 방식은 나중에 갈변 현상이 생기기도 하고 광 자체가 과하다.

FESTOOL 5010, 9010

다양한 광약

9) 분통

분통은 가는 대나무로 만든다. 대나무 통 앞면을 경사면으로 자르고 망을 붙여 만든다. 금분, 은분, 나전분, 건칠분 등 다양한 가루 재료를 뿌릴 때 사용하는 것으로 가루의 굵기에 따라 여러 크기의 분통이 있다.

10) 기름종이

칠 그릇의 뚜껑을 덮어 옻칠이 마르는 것을 방지한다. 여기서 주의할 점은 칠면과 종이가 반드시 밀착되어야 한다.

11) 솜   옻칠할 때 쓰는 솜은 기름기를 제거한 탈지면을 쓴다.

3. 하지下地 재료

하지(下地)는 옻칠 작업을 시작하기 전, 칠할 대상인 소지(素地)의 표면을 튼튼하게 하는 토대 작업을 말한다. 표면의 요철을 메우고 강도를 높이는 등 칠의 안정성을 확보하는 기초 작업을 해야 옻칠이 더 잘 흡수되고 접착된다.

옻칠 작품의 품질을 결정하는 중요한 것으로서 다음과 같은 재료들이 있다.

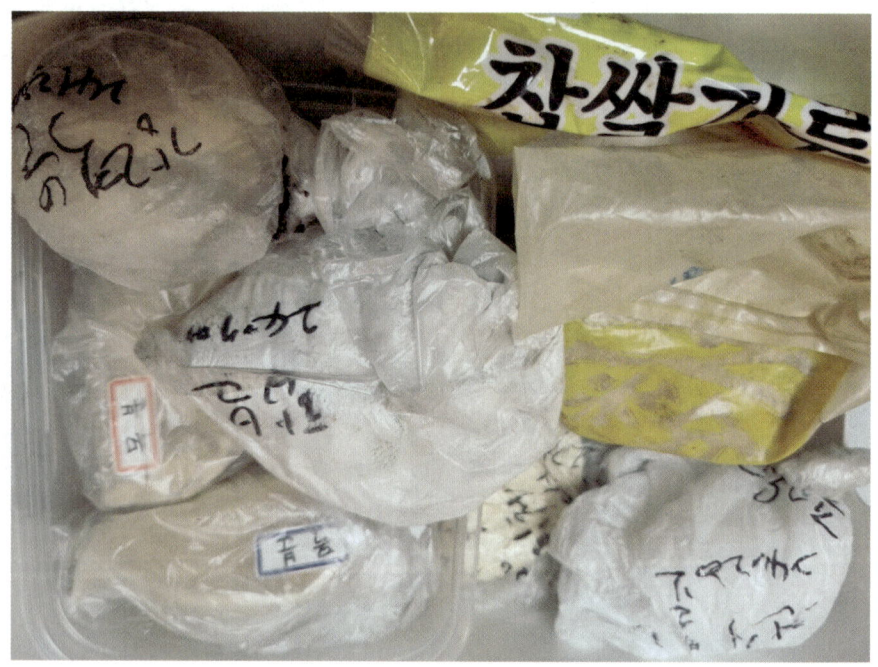

합분, 토분, 강력분, 목분, 찹쌀가루

1) 호분

굴이나 조개껍질 등을 분쇄하여 미세한 입자로 만든 흰색 분말로, 주성분은 탄산칼슘으로 알칼리성 물질이다.

2) 합분

전복을 분쇄해 만든 가루다. 주로 칠밥을 올려 두껍게 칠할 때 사용한다. 옻칠은 액체 성질이라서 평평하게 퍼져 입체 형태로 만들기 위해서는 합분을 30-50% 정도 혼합하여 쓴다. 단, 합분이 너무 많으면 광택이 안 나고 푸석해진다.

3) 토분

황토, 화산토, 와분, 도노꼬, 지노꼬 등 여러 종류다.
흙가루에 물을 혼합하여 주걱으로 농도를 조절한 뒤, 옻칠과 배합한다. 잘 다져진 토
분은 칠 주걱을 눕혀서 눌러도 쉽게 으깨지고 소주병을 굴려 눌러도 잘 부서진다.

4) 탄분

나무나 왕겨 등을 태워서 만든 미세한 분말이다. 탄분과 칠을 섞어서 쓰는 경우도 있
지만, 바탕에 생칠을 바르고 그 위에 탄분을 뿌려 건조한 뒤 여분의 탄분을 붓으로
걷어내기도 한다. 탄분이 옻칠을 흡수해 광택이 거의 없고, 결과물이 벨벳 느낌의 진
회색 면이 된다. 가볍게 연마한 후 3-4회 반복하면 두께를 올릴 수 있다.

5) 와분

기와가루를 분쇄기에 넣어 갈아서 쓴다. 굵은 입자와 가는 입자를 얻을 수 있고 물
을 부어 섞은 후에 생칠을 넣어 개어 놓는다. 칠 주걱으로 원하는 면에 펴서 바른다.
생칠을 넣어 섞을 때 소량의 강력분을 가미하면 더욱 접착력을 높일 수 있다. 기와가
고열로 구워졌기 때문에 건조 후 매우 견고하며 사포할 때 힘이 많이 든다. 필자는
와분과 생칠을 섞을 때 비례에 따라 달라지는 질감이 좋아서 여러 가지로 만들어
쓴다. 이를 작품 배경에 주로 사용한다.

와분과 토분

와분과 생칠을 섞어 골회바르기

6) 목분

목재의 틈새를 메꾸거나 질감을 더하고, 색상을 조절하는 데 사용되는 곱게 간 나무가루. 옻칠을 하면 표면이 평활하고 매끄럽다. 거친 질감을 표현하려면 톱밥이나 커피가루를 사용하면 된다. 너무 미세한 목분은 밀가루 같은 느낌이니 목공소에서 톱밥을 구해 활용한다. 다양한 크기를 원하면 각기 다른 굵기의 체에 걸러 사용한다.

생칠을 바르고 목분을 뿌린다. 마른 뒤 털어내고 묽은 생칠로 고정시킨다.   도태칠기한 컵밑에 목분 뿌리기

4. 용제   테레핀유, 장뇌유, 휘발유, 도료용 신나

옻칠은 점도가 강해 붓질이 어렵다. 이때 용제로 희석해 사용하면 옻칠을 묽게 하거나 빨리 건조시킬 수 있다.

1) 테레핀유

'송정유'라고도 부르며, 송진·소나무 뿌리 등을 증류하여 추출하는 무색 투명한 정유(精油)다. 소나무에서 채취해 특유의 향이 나며 산소를 흡수하여 도료 피막의 건조를 촉진한다. 일반 화공 약품점에서 말고 옻칠 전문점에서 구입하는 것이 적합하다. 옻칠은 습도 75%, 온도 25℃의 환경이라면 당연히 말라야 하는데 이틀이 지나도 안 마른다면, 테레핀유가 너무 오래된 경우다. 테레핀유가 오래되면 테레핀은 증발해 날아가고 송진 성분만 남아서 끈끈하고 잘 안 마른다. 학생들은 가 버리고 이름만 남아 있는 테레핀은 과감히 버린다. 남아 있으면 더 헷갈린다.

2) 장뇌유

녹나무(장뇌)를 증류하여 얻으며 백유·적유·남유로 구분된다. 성질은 테레핀유와 거의 같고 안료의 평활도가 높아 색옻칠의 용제로 사용된다.

3) 휘발유

유지와 수지의 용해력이 강하며 무색·투명하고 휘발 속도가 빠르다. 겨울에 접칠할 때 점도를 조절하거나 기름기를 제거하는데 사용된다.

4) 도료용 신나

석탄계 탄화수소계 용제로 테레핀과 같은 성질을 가지고 있다. 서로재에서는 거의 사용하지 않는데 칠이 잘못 발렸을 때 제거하는 용도로 쓴다.

서로재에 있는 테레핀, 장뇌유, 에나멜 신나, 락카 신나, 염산

5. 소지 素地   나무, 천, 종이, 가죽, 합성수지

소지(素地)란 바탕이자 뼈대가 되는 재료다. 태(胎)라고 칭한다. 칠기의 종류 중 '태' 앞의 글자로 소지를 유추할 수 있다. 목재가 소지인 목태칠기(木胎漆器), 대나무나 줄기를 소지로 삼은 남태칠기(藍胎漆器), 기와나 도기, 자기를 소지로 한 와태칠기(瓦胎漆器) 및 도태칠기(陶胎漆器), 금속 소지에 옻칠한 금태칠기(金胎漆器), 종이가 소지인 지태칠기(紙胎漆器), 삼베나 모시 등 천을 소지로 한 건칠기(乾漆器) 등이 있다.

소반 백골 샘플

원목 샘플

1) 나무

처음 전통 배우러 다닐 때 나무를 다루며 참 따뜻하다고 느꼈다. 금속이나 플라스틱 공산품에 익숙해져 있는데 자연물인 나무로 작업하면 따뜻함이 전해진다.
나무에 옻을 칠한 것이 목심칠기(木心漆器)이다. 목태칠기(木胎漆器)라고도 부른다. 칠기의 대부분이 나무에 옻칠한 것이기 때문에 명칭에서 보통 목심이라는 단어를 생략한다. 한국에서 흔하게 쓰이는 나무는 다음과 같다.

> ● 은행나무 ● 벌레가 잘 생기지 않고 가벼워 소반 제작에 많이 쓰인다.
> 소반을 배우기 위해 무형문화재 소반장 99호 고(故) 이인세 선생 댁을 방문한 적이 있다. 골목 입구부터 커다란 널빤지 형태의 나무가 줄지어 세워 있었다. 특히 은행나무는 벌레에도 강하고 썩지도 않아 옻칠 작업에 유용하다.

● **느티나무** ● 목리가 멋있고 때로는 장엄하기도 하다.

어느 마을에나 입구에 한 그루씩 있을 법한 느티나무. 필자가 소목을 배울 때 수령 높은 느티나무를 베는 날에는 여러 명이 모여 막걸리도 뿌리고 고사를 지냈다. 하지만 막상 켜보면 속이 비어 있는 경우가 많았다.

우리나라는 여름과 겨울의 기온 차가 크고 습기와 건기의 차이가 심하다. 그래서 나무에 균열이 생기고, 세월이 지나면서 더 커진 것이다. 일본이나 동남아는 온도가 일정하고 습기가 많아 갈라지는 나무가 적다.

● **물푸레나무** ● 물가에서 자라서 잘 갈라지지 않고 목리가 아름답고 가벼워 그릇을 만드는데 많이 쓰인다. 가평백골, 남원백골, 김포백골, 석일공예 등 필자가 거래한 여러 공장에서도 사용된 목재다. 예전에는 손으로 깎았지만, 지금은 로구로와 CMC 장비로 가공하는 공장이 많이 늘었다.

● **소나무** ● 우리나라에서 소나무는 가장 흔한 나무 중 하나다. 해송, 육송, 반송을 비롯해 목리가 좁고 아름다운 홍송. 용트림 치는 백두대간 금강송, 목질이 부드러운 수입용 미송, 수형이 아름다운 금송, 옮기기만 하면 죽는 백송까지….

소반을 만들 때 푸른 곰팡이가 생기는 청태 현상, 파여서 빠지는 옹이들, 흘러내린 송진 자국, 심한 수축 등 다양한 문제가 발생하기도 한다. 같은 소나무라도 고재와 신재는 차이가 많이 난다. 고재를 쓴 봉산재 마루는 건재하고, 신재를 쓴 서로재 마루는 3년 후 틈새가 벌어졌다. 젓가락 굵기의 나무로 그 틈새를 일일이 채워 넣었다. 오래 묵은 고재는 목심칠기 할 때도 변형이 적어 손질이 덜 간다.

느티나무 쟁반

은행나무 소반

오동나무 함

● **대나무** ● 대나무는 껍질이 반들거려 옻칠이 잘 먹지 않는다. 따라서 여러 번 칠해야 완성되는 남태칠기나 여러 겹 옻칠하고 사포로 아래 색을 드러내는 변칠기법 등이 필요하다. 손재주가 좋은 동남아 사람들이 만든 것은 가볍고 신축성이 있어서 휴대용 공예품으로 유용하다.

이상은 가장 일반적인 나무이고 나무의 색과 질감, 윤기, 결에 따라 제작 기법이 다르다. 단 어떤 목재이든 처음 작업을 시작할 때는 묽게 초칠부터 해야 한다. 그래야 옻칠이 나무섬유를 잡아주어 갈라지는 것을 막아준다.

소반 백골. 백골(白骨)은 옻칠을 하기 전, 아무 처리도 하지 않고 뼈대를 만들어 둔 목재 바탕을 말한다.

소나무 원형 소반   물푸레나무 찬합   대나무 상자

기성 제품은 제작 과정에서 나무에 방부 처리를 했는지 칠이 잘 스며들지 않는다. 베 바르기하고 골회를 발라야 하는데, 이 또한 나중에 나무 본체에서 가발 벗겨지듯 떨어져 나가기 일쑤다.

몇 년을 나무로 애를 태우다가 답답해 '공부를 더 하자'는 마음으로 나무 해부학을 개설했다.

● 나무해부학 개설 ●

죽산목공소를 찾아가서 정연집 교수님을 모셔왔다. 침엽수·활엽수의 특성과 자르는 법, 활용도를 배웠다. 현미경으로 나무 세포를 처음 보았는데 한 폭의 그림 같았다. 아름답고 매력적이고 또 다른 추상화 세계였다. 그 후 심화과정으로 계속되었고 전통 나무 도색의 방법과 종류도 배웠다.

나무해부학 개설 2020.5.20

2) 천

천은 백골 위에 골회를 바른 후 바탕을 고르게 하고 견고하게 고정시키는 데 사용된다. 우리 전통 나전칠기의 핵심적인 밑바탕 공정이다.
천은 서울 동대문 광장시장에 가면 선택하기 힘들 정도로 종류가 많다.

굵은 삼베 2014.8.7

삼베 자르기 2024.6.15

- **굵은 삼베** ● 서로재에서 12각 호족반 만들 때 자주 쓴다. 골이 깊고 거칠어 삼베 느낌이 강하게 난다. 보통은 구두 밑창을 튼튼하게 만들 때 쓰이던 소재다.

- **가는 삼베** ● 삼베의 실이 가늘고 섬세하다.

- **모시** ● 올이 곱고 고급스럽다. 필자는 부모님 시신을 싸려고 준비해두었는데 두 분 모두 시신을 기증해서 쓸 곳이 없었다. 품질이 좋은 것이라 잘 보관해두었는데 학생 중 하나가 삼베를 뒤지다가 발견하고는 작품 제작에 사용했다. 그 작품은 화투를 이용한 그림이었는데, 어쩌다보니 내 부모님이 화투장에 계시게 됐다.

- **면** ● 면도 종류가 다양하다.

- **소창** ● 골회를 얇게 올릴 때 사용한다. 힘이 약해 밀리기 쉬우므로, 붙일 때 잡아당기며 붙여야 한다. 유니온잭처럼 중심에서 바깥으로 붙여야 한다.
문제는 천에 풀을 먹였을 때다. 삼베, 소창을 잘 재단해 붙였더라도 마르고 나면 줄어든다. 열심히 잰 시간이 무용지물이 되므로 천을 물에 빨아 풀기를 제거한 뒤 붙이는 것이 좋다.

또 천을 붙일 때는 밑바탕에 칠을 한 번 해주는 것이 좋다. 호칠에는 이미 칠이 섞여 있어 칠끼리 합쳐서 견고하게 붙는다.

필자는 이 삼베로 작품을 많이 했다. 삼베, 모시, 소창 등 수업 때 참고하려고 샘플도 여러 장 만들었다. 삼베만 붙인 작품은 전체적으로 자연미가 흐르고 바탕에 생칠만 해도 색옻칠이나 자개가 잘 붙는다.

소창은 마르면 줄어들 수 있으므로 넉넉하게 자른다. 2018.12.8

두께가 얇기 때문에 가운데부터 잡아당기며 붙여야 한다. 2017.7.6

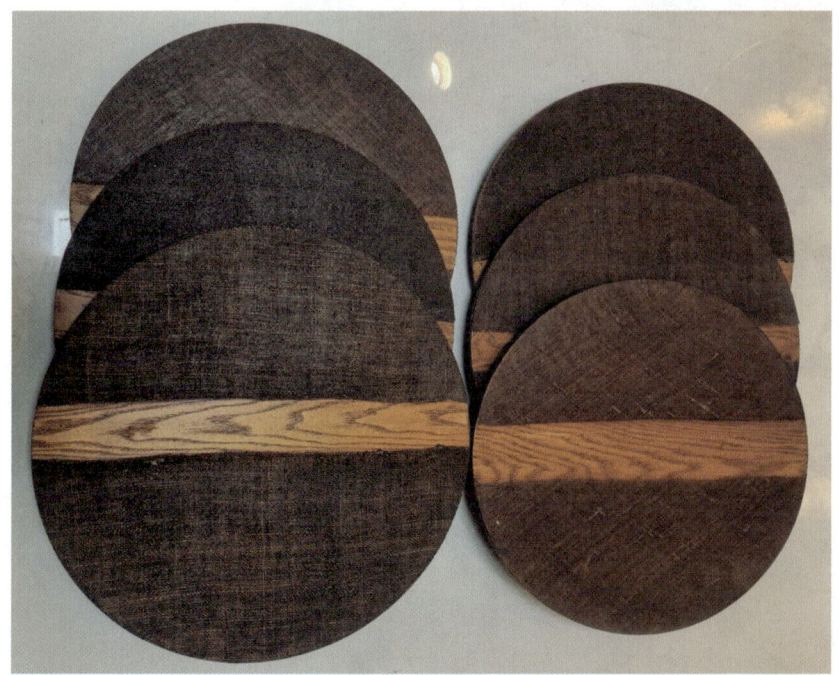

삼베, 모시, 소창 등 베 바르기 샘플

삼베 2장을 붙인 책갈피　　　　삼베 샘플 만들기

삼베와 자개 트레이 2022.3.22

3) 종이

장지방에 가면 옻칠한 한지를 판다. 어디에 쓰는지 물었더니 관 밑에 깐다고 했다. 옻칠 관은 비싸니까 대신 한지에 옻칠한 방법을 택한 것이다.

옻칠한 한지

봉산재 짓고 방 하나를 구들장 깔고 온돌로 만들었다. 그 위에 콩댐하기 전에 장판지에 옻칠을 했다. 어머니가 계시는 방이니 썩지 말라고. 아, 어머니!

한지와 옻칠은 궁합이 잘 맞는다. 그래서 현재 이를 이용한 작가가 많다. 한지를 꼬아 지승 틀을 만들고 그 위에 옻칠한 칠기를 지승칠기라고 한다. 전통적인 방법이지만 결과물은 매우 세련됐다.

한지에 옻칠하기 2015.10.23

4) 가죽

가죽에 옻칠한 것을 칠피칠기(漆皮漆器)라고 한다. 피심칠기(皮心漆器), 피태칠기(皮胎漆器)라고도 부른다. 갑옷에 칠을 해서 무기를 막는 용도 등으로 사용했다. 전통 공정은 중간에 단절돼 무형문화재는 없지만, 최근 한 장인이 개발해 서류 가방이나 핸드백에 응용하고 있다.

오래된 가방에 옻칠을 해 보았다. 중후한 밤색에 느낌은 좋으나 너무 딱딱하고 무거워서 걸어 놓고 사물함 정리하는 데 쓰고 있다.

가죽 가방에 옻칠했더니 질기다. 2016.8.3

가죽 가방에 옻칠하기

5) 합성수지

합성수지는 신축성이 적고 평평하며 목재 소지와 같은 복잡한 공정이 필요 없다.
필자는 20cm 미만의 기법 연습용 샘플 판으로 흑색 아크릴 판을 사용한 적이 있다.
도장 공정이 수월해 사용하긴 했으나 인위적인 광택과 통풍 및 보관 문제가 있었다.

● 나성숙 옻칠학교 단골 가게 ●

참고로 다음은 필자가 그동안 거래한 곳이다. 처음에는 어디에서 사야할지
모른다. '나성숙' 얘기하면 잘 해주지 않을까?

석일공예 | 숙련기술전수자 백골제작직종 임영율 공예명장 운영
경기도 고양시 덕양구 통일로 1258번길 176   **T.** 031-964-9454

평화자개
http://phshell.com
서울 성동구 무학로2길 30-1   **T.** 02-2294-2724

우신자개공예
http://wsjg.co.kr/
서울 중구 난계로11길 9   **T.** 02-2233-2996

공주상회 | 삼베, 모시, 소창
http://www.jaturi.co.kr/
서울 종로구 청계천로 279   **T.** 02-2267-3577

동양목재
서울 중구 을지로 204-1   **T.** 0507-1386-7727

경일의료기 (습도계)
서울 종로구 종로 140   **T.** 02-2273-0089

옻칠은 장르이기도 하지만 옻액을 재료에 칠하는 과정을 뜻하기도 한다.
작업 자체를 하나의 작품이자 예술품 이름에 그대로 사용하고 있는 것이다.
옻칠 과정이 까다롭고 섬세하기에 과정 자체가 이름이 된 것이다.

1. 백골 다듬기

2. 사포작업

3. 초 칠하기

4. 천 자르기

5. 호칠 만들기

6. 베 바르기

7. 사포와 생칠 바르기

8. 골회 만들기

9. 골회 바르기

10. 건칠

11. 자개

12. 주름질, 끊음질, 할패

13. 자개 붙이기

14. 자개 등 깎기

15. 난각작업

16. 금박작업

17. 칠 작업

18. 광 내기

1. 백골(白骨) 다듬기

옻칠에서 백골(白骨)은 옻칠을 하기 전 단계의 원목 상태 또는 뼈대만 남은 나무 기물을 의미한다. 옻칠의 밑작업으로 사용되는, 목재로 만든 바탕을 백골이라 부른다. 목재로 사포 마감까지만 한 상태로, 옻칠 직전의 단계라고 생각하면 된다. 백골 작업장은 가평백골, 김포백골, 석일공예, 남원목기 등이 유명하다.

수저 백골 다듬기   봉산재 지하에서 백골 다듬기

백골 다듬기 단계

1) **바탕 고르기** 나무 백골에 난 홈이나 옹이를 다듬고, 나무가 겹친 부분은 칼로 잘라낸다.

2) **바탕 바로잡기** 패인 홈이나 옹이는 옻칠과 목분을 개어 메운 뒤, 마른 후에 사포로 갈아 평면을 맞춘다.

3) **곡수 메꾸기** 밥풀에 목분을 1:1 정도 섞어 파인 홈을 메운다. 감자풀과 목분을 섞으면 투명하기 때문에 표시가 잘 안 난다.

4) **골회 메꾸기** 백골의 갈라진 틈이 3mm 이상일 경우 골회를 만들어 메운다. 한 번에 채워지지 않으므로 2-3회에 걸쳐 메워간다.

목분을 밥풀과 섞어 곡수 메우기   갈라진 곳이 넓으면 골회 바르기로 채운다.

2. 사포 작업

옻칠 작업의 80%는 사포질이다.

- 다음 칠의 접착을 위해 사포질을 한다. 표면이 너무 매끄러우면 다음 칠이 접착되지 않아 나중에 벗겨질 우려가 있다.
- 표면의 잡티를 제거해 매끈한 도막을 형성하고자 한다.
- 사포 번수(번호)는 칠면에 보이는 잡티를 보고 결정한다.
- 아데방에 감싸서 사용한다. 아데방은 사포질이 수월하도록 사포에 감싸거나 부착해서 손잡이처럼 잡을 수 있도록 하는 용구로, 사포홀더나 샌딩패드라고도 한다. 원형 손잡이형, 피라미드형, 편평형, 밑면이 둥근형 등 여러 형태가 있다. 피라미드형 아데는 구석까지 닿아 유용하지만, 90° 아데방은 구석에 닿지 않는다. 고무 아데방을 사용하면 쿠션이 있어서 부드럽게 갈린다.

흔히 쓰는 사포에는 종이, 천, 스펀지 사포 등이 있다. 평면은 종이 사포를 쓰고, 곡선이나 높낮이가 있는 면은 천 사포를 사용한다. 사포가 들어가지 않는 부분은 모래 사포를 사용한다. 사포는 거칠기의 정도, 건사포/물사포 여부, 사포질 방향과 압력에 따라 결과물이 달라진다. 사포 번수 사용은 다음과 같다.

번호별 사포 굵기

80번 이하(40, 50, 70번) : 나무를 갈아낼 정도로 거칠다

180-320번 : 평을 잡거나 백골 다듬기에 사용한다.

400-600번 : 표면을 부드럽게 하고 매끄럽게 한다.

600-1200번 : 초·중·상칠 갈기에 사용한다. 600번부터는 물사포를 쓴다.

1500번 : 갈린 면이 매끄러워 광택이 나타나기 시작한다.

2000번 이상 : 주로 광작업에 쓰인다.

옻칠 공방에서는 사포를 번수대로 잘라 클립으로 끼워 놓은 경우가 많다. 서로재는 네모판 위에 줄톱을 달고 그 밑으로 사포를 넣어 당기면서 자른다. 굵은 사포는 안쪽으로 접으면 쉽게 잘라지는데, 가위로 자르느라 서로재 가위는 이가 빠진 것이 많다.

사포질은 너무 세게 하지 않아야 옻칠이 남아 있다. 초보자들은 정성껏 한다고 여러 번 사포질을 하다 보면, 이전 단계의 칠이 드러나기도 한다. 심한 경우 밑바탕까지 나온다. 원하지 않았던 변칠 기법이 된다.

이 현상은 미세한 광작업할 때도 동일하니, '우는 아이 달래듯' 살살 작업해야 한다. 사포를 대는 순간 오는 옻칠의 두께감, 그 미묘한 느낌을 어떻게 말로 표현할 수 있을까? 이 감각을 얻기 위해서는 오랜 세월과 경험이 필요하다.

사포 600번을 넘어가면 물사포가 수월하다.

사포 자르는 판 - 서로재 강정웅 선생 제작

백골 처음 사포는 220번으로 잡아준다.

넓은 면을 사포질 할 때는 흙손에 끼고 한다.

반복되는 기물은 기계 사포를 이용한다. 2019.12.30

변칠과 교칠 기법은 결국 사포로 강약을 조절하는 작업이다.

여러 단계로 옻칠을 한 뒤, 사포로 갈면 단계별로 옻칠이 드러난다. 이때 사포로 강도를 조절하면서 그림 그리듯 갈아낸다. 사포질 후 고무 주걱으로 물을 없애면 나오는 모습. 시간도 많이 걸리고, 수도승이 도 닦는 기분으로 참고 기다려야한다. 그러나 벗겨낼수록 숨은 형상이 나타난다.

바탕 골회의 높이에 따라 색이 순차적으로 나온다.

사포질 강도에 따라 지붕이 달리 나타난다.

3. 초칠하기

모든 나무에는 처음에 묽은 생칠을 한다. 생칠(生漆)은 옻나무 껍질에서 채취한 액체 상태의 옻나무 수액을 불순물만 거른 자연 상태를 말한다.

나무의 변형을 막아주고 다음 단계의 옻칠이 잘 붙는다. 백골 전 면적에 약간 묽은 옻칠로 나무가 충분히 옻을 흡수하도록 칠해서 건조시킨다. 생칠: 테레핀을 1:4 또는 1:5로 묽게 하여 칠한다.

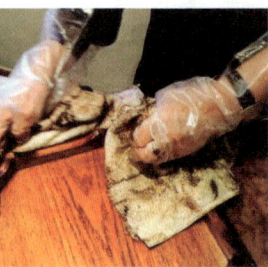  

소반 초칠하기   합판 초칠하기   초칠하여 칠장에 넣기

4. 천 자르기

백골 위에 삼베나 무명 등을 바르는 작업으로 바탕을 고르게 하고 견고하게 고정하는 칠기의 핵심적인 밑바탕 공정이다. 삼베, 모시, 소창, 면 등을 백골의 크기에 맞추어 자른다. 풀기가 먹여져 있는 천은 마르면 줄어들 수 있어 먼저 빨아 풀기를 제거하고 잘라야 한다. 식서 부분은 평면 작업 시 돌출되므로 잘라낸다.

손으로 짠 천의 폭은 30-60cm 정도다. 특수 주문하면 150cm 광폭 천도 구할 수 있다. 이는 대형 작품 제작 시 이어 붙이지 않아도 되어 편리하다.

삼베 자르기

삼베 자르기   소반 천판 위 삼베 자르기

5. 호칠 만들기

호칠은 칠기에 삼베를 바를 때 쓰는 전통 접착제의 역할을 한다. 천을 칠기 표면에 부착하거나 파손된 부위를 보강할 때 사용한다. 보통은 찹쌀풀과 생칠의 비율을 1:1로 만든다. 찬물에 찹쌀 가루를 넣고 끓인다. 오래 끓이면 찰기가 더 강하다. 생칠에 테레핀을 섞지 말고 칠 원액과 찹쌀풀을 섞어 만든다.

물에 찹쌀가루를 넣어 풀 쑤기 - 생칠과 찹쌀풀을 1:1로 섞어 호칠 만들기 - 천 붙이기 전 호칠을 먼저 바른다.

6. 베 바르기

일반적으로 베 바르기는 호칠을 붙일 면에 바른 후 말린다. 천에다 직접 호칠을 바르기도 하는데 백골의 형태가 곡선이거나 불규칙할 때 유용하다. 찹쌀풀에 습기가 있기 때문에 옻칠장에 넣지 않아도 된다.

필자는 삼베를 이용한 작품을 많이 하는데, 호칠 만들 때 옻칠을 많이 넣으면 진갈색이 되고 명도가 낮아진다. 이럴 경우 그림을 그리기 어렵기 때문에, 옻칠은 10% 정도부터 섞어 사용한다. 더 진한 색이 필요할 경우, 천을 바른 후 추가로 칠해도 된다.

베 바르기 2023.5.23

7. 사포와 생칠 바르기

호칠한 면을 사포로 정리하여 평평하게 만든다. 정리된 면에 생칠을 묽게 해 바른다. 속까지 스며들고 들뜨지 않게 해준다. 묽은 생칠은 각 공정이 끝날 때마다 덧칠하는 것이 좋다. 전 단계 호칠을 단단하게 붙게 한다.

호칠이 마른 후 320번 사포

8. 골회 骨灰 만들기

숯가루, 흙가루, 돌가루 등의 재료를 물로 반죽하고 생칠을 1:1 비율로 섞는다. 이때 칠을 더 단단하게 하려면 생칠을 더 추가한다.

하지만 생칠이 많이 들어가면 딱딱해서 사포질이 힘들다. 생칠을 적게 넣고 흙이 많으면 부드러워서 사포질이 쉽지만, 나중에 생칠을 덧칠해도 골회 속까지 안 들어가는 경우가 있다. 따라서 사포질이 다소 힘들어도, 생칠을 충분히 넣어 단단하게 만드는 것이 안전하다.

골회 만들기(봉산재) 2010.08.26

골회를 두껍게 바르지 않고 눈메만 메울 경우에는 묽은 골회를 사용한다. 요구르트 정도의 묽기로 만들어야 눈메 속까지 잘 스며든다. 칠 주걱도 고무 주걱을 쓰거나 헝겊에 묻혀서 바른다.

9. 골회 骨灰 바르기

'고래 바르기'라고 부르기도 하지만, 정확한 표현은 '골회(骨灰) 바르기'다. 거친 초벌 칠을 메우고 칠 표면을 평평하게 다듬는 과정이다. 워낙 많이 쓰이고 기본 과정이라 국가유산수리기능사 자격시험 훈련과정에서 많은 연습을 한다.

약 20년 전, 손대현 선생님의 골회 바르는 모습을 보며 놀란 적이 있다. 두부교칠 과정 수업 중 밑단계 골회를 올리시는데 '나는 언제 저렇게 할 수 있을까' 하는 마음이 들었다. 그 현란한 손짓은 선생님이 보내온 시간과 쌓인 세월을 그대로 말해 주고 있었다. 필자는 보통 토분 가루를 산처럼 쌓고, 가운데에 물을 부어 흙으로 스며들게 하여 만든다. 마치 백두산 천지에 물이 고여 있는 모습을 닮았다.

골회 바르기 방법 칠 주걱으로 골회를 떠서 판 위에 올린다. 왼쪽에서 오른쪽으로 수직으로 바르고, 다시 90도 돌려 수평으로 바른다. 마지막으로 반대 방향에서 골회를 평평하게 발라 정리한다. 평면판 면 끝 부분은 칠 주걱이 내려가게 하지 말고 수평으로 가볍게 떼어내야 수평이 유지된다.

1) 골회 면 고르기 충분히 마른 후에 사포질로 평면의 거친 면을 다듬는다. 조금 올라온 부분을 평평하게 만든다고 강하게 사포질을 하다가, 오히려 그 부분만 들어가는 경우도 많다. 면 고르기용 사포질은 되도록 커다란 아데를 사용한다. 흙담 바를 때 쓰는 대형 흙손에 사포를 감아 쓰면 수평이 잘 잡힌다.

2) 묽은 생칠하기 면 고르기 한 골회를 더 단단하게 해준다. 매 작업이 끝나고 묽은 생칠 하고 사포질을 한다.

3) 눈 메우기 2회 골회를 올려도 천의 홈이나 틈새를 완전히 채울 수 없다. 한 번에 많이 올리면 거북등처럼 갈라질 수 있다. 갈라진 틈에 다시 골회를 올리면 될 것 같지만, 결국 다음에도 갈라짐 현상이 나타난다. 따라서 얇게 여러 번 바르는 것이 더 유리하다.

언젠가 평소처럼 황토와 옻칠을 1:1 비율로 혼합해 골회 바르기를 했는데 모두 갈라졌다. 이유가 무엇일까? 황토 흙의 입자가 굵었던 것이다. 그 후 골회 바르기의 흙, 조개, 숯가루는 모두 테스트 해보고 작업을 시작한다.

4) 사포질하기 사포 600번 정도의 굵기로 평면을 갈아준다.

5) 골회 생칠하기 항상 골회 바르기 한 후 묽은 생칠을 한다.

거친 면은 사포질로 정리한다.

2017.7

600번 사포로 평면 갈기

표면에 남은 골회를 사포로 처리 한다.

6) 3차 골회 바르기 골회 당기기. 메우는 작업이다. 골회로 메워서 처리해야 하는데 숙련도가 부족하면 점점 쌓이기만 하고 평평하지 않다. 마지막으로 파인 부분을 채우는 단계이므로 두께를 주지 말고 힘을 주어 골회를 당기면서 발라야 한다. 칠로도 평평하게 할 수 있으나 칠을 여러 번 해야 하기 때문에 골회 올리기가 효율적이다.

7) 골회 곱게 하기 아주 미세한 골회를 만들어 면을 화장하듯이 바른다. 건칠로 부처상을 제작할 때 마지막 단계에서 사용한다.

8) 1000번 사포로 사포치기 건조된 후에 1000번 사포로 갈아 평면을 곱게 한다.

9) 묽은 생칠하기 전체적으로 묽은 생칠을 해 골회면을 정리한다.

골회를 바른 후 사포질하고 생칠을 바른다.
생칠을 매번 올려주는 것이 면을 단단하게 한다.

나는 골회 바르기를 좋아한다.

투박하면서도 은은한 광이 나는 다크 브라운 색감은 품위가 있다. 2024년 스페이스 금채에서 열린 '옻칠하기'전에는 골회 바르기만 출품했다.

골회바르기로 마감한 작품

그런데 아직도 골회 바르기는 연구할 부분이 많다.

골회는 황토, 지노꼬(일본산 고운 토분), 도노꼬(일본산 흙 가루), 와분, 도자기 흙 구운 것 등 재료에 따라 특성이 다르고, 섞는 칠의 함량과 종류에 따라서도 차이가 난다.

화산이 많은 일본의 흙은 열처리된 도노꼬와 지노꼬다. 우리 나라의 황토 흙은 자연 그대로의 흙이라 골회를 발라도 단단함이 덜하다.

가래떡처럼 길게 만들어 판매하는 도자기 흙은 이미 열처리되어 단단하다.

필자는 학생들에게 보여주기 위해 황토, 숯, 도노꼬 등 종류별로 골회 바르기를 만들어 원형 트레이에 놓았다.

종류별로
골회 바르기를 한
원형 트레이

위에서부터
토분, 목분, 숯가루, 패분,
생칠2회, 생칠3회라고
이름표를 붙여놓았다.

10. 건칠 乾漆 하기

기본 틀 위에 베를 옻칠 풀로 여러 번 바른다. 작품에 맞는 두께가 될 때까지 반복해 바른다. 작품이 완성되면 틀을 제거한다. 이렇게 하면 외부를 덮었던 칠과 베만 남게 되는데, 이를 건칠칠기(乾漆漆器)라 한다. 건칠을 '협저(夾紵)'라고도 부른다.

중국은 주로 와분을 많이 쓴다. 와분은 기와를 갈아 만든 가루라서 당연히 열처리가 되어 있고 더 단단하다. 통도사 서운암에 가면 버려진 기와를 모아 와분으로 갈아 놓은 푸대가 쌓여 있다. 와분으로 골회 바르기를 하면 단단해서 건칠을 만들 때 크기도 크게 확대할 수 있고 어떠한 모양으로도 제작이 가능하다.

와분으로 골회를 만들면 색이 진회색이다.

와분+생칠+강력분을 섞어 건칠 재료를 만든다.

칠기에 따라 탈활건칠(脫活乾漆)과 목심건칠(木心乾漆)이 있다. 탈활건칠은 점토로 원형을 만들고 그 위에 칠로 천을 여러 겹 붙여 바르고 건조 후 점토를 떼어낸다. 목심건칠은 점토 대신에 목재로 원형을 만들어 천을 붙이고 난 뒤 원형인 목재를 떼어내지 않고 마감하는 것이다. 건칠의 장점은 다른 소재로는 불가능한 형태를 자유자재로 만들 수 있다는 것이다.

우리나라에는 원래부터 건칠 불상이 있다. 그러니 이 기법이 얼마나 오래 되었겠는 가? 절에 모셔진 부처님은 이렇게 건칠로 만든 불상에 개금 작업을 한 것이다. 가장 오래된 건칠불상은 통일신라시대, 8~9세기경에 제작된 것으로 알려져 있다.

'개금'을 알기 전, 처음 검은 색의 부처를 보았을 때 '와, 드디어 흑인에게까지 포교를 시작했구나' 생각했다. 하지만 그 검은 색은 옻칠이었다. 정말로 무식했다.

처음 내가 본 건칠 기둥. 군더더기 없이 장엄했다.
통도사 서운암에서

성파선예특별전 2024.9.28

필자는 골회 바르기를 좋아해 옻칠 기법 중에서도 가장 심도 있게 연구했던 과정이다. 하지만 망쳤다. 골회가 들뜨고 아래 판에 붙지를 않았다. 밑단계 베 바르기와 골회의 생칠이 서로 농도가 달랐거나, 밑면이 너무 매끄러워 달라 붙지 않은 것이 원인이 아닐까 짐작된다.

서로재 학생들 건칠 체험. 2023.7.3.   골회 바르기가 잘못되어 떨어진다.

칠의 농도는 양쪽 모두 동일한 비율의 생칠을 넣어야 한다. 매끄러워 안 붙는 경우는 밑면을 사포질을 한 후 붙인다. 골회 위에 칠을 바르고, 또 덧바르고, 다시 칠을 올리는 과정을 반복하면 단단해지면서 서로 잡아당기게 돼 아래 베 바르기와 분리되는 문제가 발생할 수 있다.

11. 자개

'나전'이라는 말은 한국·중국·일본에서 공통적으로 쓰이는 말이지만, 우리나라에서는 예로부터 '자개'라는 고유어를 써 왔다. 특히 통영 등 남해안에서는 오색영롱한 조개껍질이 풍부하게 생산돼 나전을 이용한 칠기가 뛰어나다.

옻칠의 최대 장점은 표면을 장식할 수 있다는 것이다. 자개, 달걀 껍데기, 금속, 구갑, 금박, 호박, 어피, 상아 등 다양한 재료를 사용한다.

우리나라는 낙랑시대의 채화칠기, 신라시대의 칠전(漆典), 고려와 조선시대에는 옻나무를 국가 차원에서 장려하고 관리할 만큼 중요한 가치를 지녔음을 보여준다. 서울 장안평이나 황학동에 가면 자개가 두껍게 붙어있는 옻칠 골동품을 만날 수 있다.

그러나 우리의 자개는 20세기의 외세 영합 풍조에 밀려 퇴락하게 되었다. 특히, 광복 이후 거듭된 사회 혼란과 캐슈(cashew)라는 대용 칠의 등장에 따라 퇴보하게 되었다. 캐슈는 캐슈넛 나무 열매 껍질에서 나온 것으로, 냄새가 고약하다. 하지만 가격이 싸고 건조 시간도 빨라 왕십리나 남양주 진접면 옻칠공장 등에서 많이 사용했다.

1960~70년대 어려웠던 그 시절, 신혼부부들이 많이 장만했던 혼수품 자개 장롱은 전국에서 생산되는 옻칠로는 수요를 감당할 수 없어 캐슈칠 제품으로 대체됐다. 문제는 보존 상태가 오래 가지 않는다는 것이다. 과거에 캐슈칠하고 금박을 붙인 불상은 수리할 때 캐슈를 모두 긁어내고 다시 작업해야 한다. 한번 단계가 잘못되면 수리부터 보완까지 더 많은 노동량을 필요로 한다.

자개 작업은 밤하늘의 별처럼 종류가 많다. 바닷속 자개는 자연산 생물이니까 다 다르고 결과도 다르다.

우리는 자개라고만 알고 있지만, 사실 그 종류는 무척 많다. 바다가 지구의 3분의 2를 차지하는 만큼 지역에 따라 뉴질랜드패, 멕시코패, 호주패, 대만패 등 다양한 자개가 있는 것이다.

진주패

귀얄과 뉴질랜드패

● **전복류** ● 바다 조개류 중 자개로 가장 많이 사용되는 것이다. 약 90여종이 있고 산지별 또는 색상에 따라 명칭이 붙는다. 청패, 미진패, 색패, 얼룩패, 진주패 등이 있다. 필자는 회식 자리에서 전복 요리가 나오면 남은 것을 챙겨서 집으로 가져온다. 궁상맞기는 하지만 포천에 있는 자개 공장에 가져다주기 위해서다.

어느 날 학생들과 먼지투성이 자개 가공 공장을 방문했다. 열악한 작업 환경은 차치하더라도, 양쪽에서 물을 뿌리며 원형 톱이 돌아가고 있는 모습에 긴장감이 돌았다. 톱 사이로 전복 자르는 모습을 보며 '한순간만 잘못해도 열 손가락을 모두 잃을 수 있을텐데' 생각이 드니 온 몸이 스멀거린다. 숙련한 기술로 그 얇은 전복을 갈라내는 것을 보니, '얼마나 오래 이 작업을 하셨을까?' 감탄하지 않을 수 없었다. 이처럼 자개 가공 기술은 우리나라가 세계 최고다. 인도에도 자개 마을이 있고, 두바이의 새로 지은 건물에도 두꺼운 자개 장식이 사용된다. 이집트에서는 빨래집게 도 자개여서, 여행 시 돌아올 때 구입해 서로재서 사용하고 있다. 그러나 그 제품들은 투박하다. 중국은 조칠이고 일본은 마키에고 한국은 단연 자개다.

• **소라류** • 소라류는 껍질 안쪽이 진주광이 강하고, 밝은 회백색이다. 국내산은 소형이지만, 일본에서는 '야광패'로 불리는 대형으로 과거 일본의 나전용의 주요 재료로 사용됐다. 도쿄 가조엔에 가면 기모노 입은 여인상에 자개가 박혀 있고, 서로재 칸막이 벽에도 야광패 벚꽃이 피어있다. 단단한 소라에서 나오는 야광패는 비싸지만 정말 아름답다. 흑칠에 야광패는 화려함을 뽐낸다.

일본 메구로 가조엔 벽화. 꽃무늬 자개와 마키에 기법의 금 구름.
일본의 유형 문화재인 메구로 가조엔 전체 복원작업에 전용복 선생이 총괄 책임자로 복원하여 화제가 되었다.

• **진주패** • 두꺼운 진주패는 자개 문양의 입체적 효과를 주기에 적합하고 문양에 부조도 할 수 있다. 내부를 켜켜이 갈라내면 넓은 진주패를 얻을 수 있다. 종류로는 백패, 황패, 홍패, 흑패 등이 있다.

종종 자개 상점에 가면 쓰레기통을 살펴본다. 장롱을 만들다가 남은 자개 조각은 버려진다. 그 두툼한 진주패를 보면서 '나라도 가져가자'는 생각에 챙겨온다.

진주패를 응용한 브로치   사친 교수님께서 주신 진주 2010.1

소주대학(蘇州工藝美術職業技術學院)에서 공부할 때 사친(謝親) 교수님은 필자에게 진주 한 바가지를 주셨다. 진주알 자체가 아름다워 소반, 쟁반, 평면 작품에 붙인다. 밑부분을 사포로 갈고 호칠로 붙이면 떨어지지도 않고 품위있는 작품이 된다.

● 구갑 ● 거북이 등껍질을 오려서 문양으로 붙인 것으로 대모칠기라고 한다. 중국에 많고 국내에서는 자개 가게에 화각용 소뿔과 함께 조각을 가끔 볼 수 있다.

12. 주름질, 끊음질, 할패

자개 오리는 기법에는 주름질, 끊음질, 할패 등이 있다.

주름질(줄음질) 자개를 줄로 썰어 물건의 형상 그대로 오려붙이는 솜씨. 얇은 자개 조각을 문양에 맞게 가위, 칼, 실톱 등으로 오려 붙여 곡선 무늬를 표현하기 적합하다.

끊음질 가늘게 실 같이 켜낸 자개를 끊어 붙여 나가는 기법.

할패 자개 조각을 옻칠을 이용해 칠 표면에 붙이는 기법.

1) 자개 만들기

자개 가공 공장을 가면 푸대 가득 전복과 소라 껍데기가 있다. 이것을 얇게 저며서로 붙여 판자개를 만든다.

판자개를 아교로 붙여 100장을 만든다. 이 100장을 끈으로 묶어 찜통에 찐 후 석고틀에 넣어 움직이지 못하게 고정시킨다.

굳은 판자개는 재봉틀처럼 생긴 가공 절단기에 넣고 모양대로 잘라 낸다. 잘라 낸 조각을 따뜻한 물에 담가 하나씩 분리한다. 분리된 자개 조각을 핀셋으로 잡고 하나씩 유산지에 붙인다. 국화는 국화대로, 학 다리는 학 다리대로 일일이 하나씩 따로 붙인다. 이 과정을 본 다음부터는 절대로 자개 값을 흥정하지 않는다.

필자는 이름 'Nah SeoungSook'을 자개로 맞춘 적이 있다. 유선지에 안 붙이고 그냥 받아왔는데, 물에 풀어보니 글자가 하나씩 모두 떨어졌다. 일일이 다시 붙일 생각을 하니 아득했다. 결국 그 영문 이름은 아직도 통 속에 그대로 있고, 다시 유산지에 붙여 달라고 주문했다.

시중에 나와 있는 자개를 고르기에도 벅차다. 꼭 직접 해야 하는 부분만 하면 된다. 그림을 그려야 하는데 붓 만드는 방법에 그렇게 많은 시간을 들여야 하는가? 전문가가 잘 마련해 놓은 방식을 활용하는 것이 현명하다.

2) 주름질

경기도 수원에 있는 모 작가 공방에 모여 주름질 공부를 하기로 했다. '태장대'라고 구멍 뚫린 나무 판에 자개를 넣고 ㄷ자 모양의 줄톱으로 자른다. 줄톱이 너무 팽팽하면 끊어지고 너무 느슨하면 잘리지 않는다. 줄톱도 처음 보았는데 적당한 강도로 나사를 돌려 맞춰야 한다.

주름질 작업 2020.8.23

톱이 기울어지면 자개가 삐뚤어지므로 수직으로 자르고, 마지막 단계에서 자개는 결이 있어 부러질 수 있으니 조심해야 했다. 전 세계에 하나밖에 없는 자개를 위해 정성을 기울였다. 잘라 낸 자개 가장자리를 쇠줄로 갈아 부드럽게 마무리했다. 같은 자개를 하나 더 만들려고 했지만, 자개마다 색깔과 광택이 다르므로 똑같이 만들 수는 없었다.

3) 끊음질

학생들이 끊음질을 공부하고 싶다고 해서 즉시 수업을 개설했다. 10명이 참여해 선생님은 작두로 상사패 100개를 잘라 오셨다. 첫날은 옻칠 판에 직선과 곡선을 붙여 보는 작업을 했다. 4시간 동안 20×20cm도 끝내지 못했다. 능숙하지도 않으니 직선조차 똑바르지 않았다. 그다음 주에는 겨우 3명만 참석했다. 지금도 서로재에는 당시 하다 만 끊음질 판이 남아있다. 방법을 알지만, 끊음질로 처리하는 것이 아니고 숙달되어야 한다는 증거다. 1회성 맛보기 공부로는 어림없다.

끊음질로 면처리

4) 할패

자개를 분할해서 붙이는 기법이다. 자개를 부숴놓은 뒤 하나씩 핀셋으로 붙이는 방법과 옻칠을 바른 판에 자개를 올려놓고 자개칼로 힘주어 균열이 가게 하는 방법이 있다. 큰 자개보다 조각난 자개가 오히려 단단하게 고정되고 반사 각도도 서로 달라 더욱 빛난다.

원패 자개를 둥근 쇠로 부순다.

흑칠 판에 할패 연습

나성숙 제작 끊음질 작품

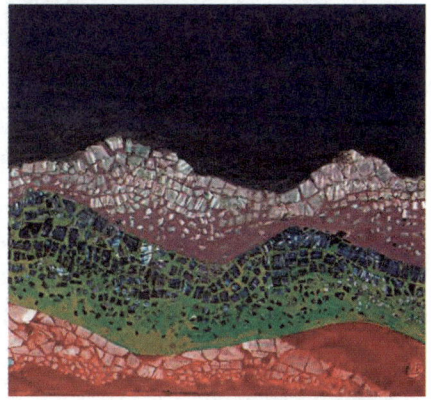
할패산 201904 Halpae Mt. 300×300mm

주름질, 끊음질, 할패는 자개를 잘라서 재조합한 응용 기법이다. 자개 본연의 아름다움도 현란하다. 그 영롱한 색채와 반사를 그대로 작품에 재현한다.

MBC가 취재 왔을 때, 필자는 자개를 손으로 뚝뚝 잘라 붙였다. 자개 자체에 있는 선과 색감은 이미 아름답기 때문에. 단지, 자개를 붙이고 광내는 방법은 전통을 따랐다. 전통 방법이 가장 효율적인 방법이다.

13. 자개 붙이기

자개는 옻칠로 붙이는 것이 가장 좋다. 접착력이 뛰어나고 시간이 지나도 부식되지 않는 장점이 있지만, 양 조절이 어렵고 한 번 굳으면 제거할 수가 없다.

1) 아교 칠하기

일반적으로 작업 공정상 아교로 붙인다. 아교는 뜨거운 물에 녹이면 제거할 수 있고 농도에 따라 다양하게 사용할 수 있다. 서로재에서는 아교를 '알라딘의 요술단지'라 부르는 도자기 항아리에 보관한다. 이 아교 가루를 중탕기에 넣어 녹인다. 커다란 들통에 양은 그릇을 넣고, 그 속에 있는 아교를 나무 막대기로 젓던 어린 시절 동네 목공소와는 다르다.

서로재의 아교 가루

여러가지 판자개

유산지가 붙어있는 자개는 종이를 바른 뒤쪽 자개 쪽에 아교를 바른다. 종이가 위로 올라오게 바르라고 수없이 당부하지만, 종이에 아교를 칠하는 실수를 하는 이들도 종종 있다.

아교로 자개를 붙인다.

서로재 입구 바닥에 자개 작업 2021.6.16

2) 인두질(지짐질) 하기

자개를 붙인 후 표면을 평평하게 하고 자개 밑 아교를 빼내기 위해 인두질을 한다. 아교가 덜 녹아 덩어리졌다면 다리미로 꾹꾹 눌러 펴 주면 된다.

전통적으로 사용된 인두는 열이 빨리 식어 효율이 떨어진다.

인두질은 고온으로 아교를 구석구석 녹여 붙이는 것이 목적이기에, 일정한 온도를 유지할 수 있는 다리미가 더 적합하다. 소형 다리미는 모양도 다양해 쟁반의 구석까지 잘 다릴 수 있어 활용도가 높다.

자개 위를 다림질하면 밑에 아교가 잘 붙는다.

3) 아교풀 빼기

솔에 따뜻한 물을 묻혀 자개 밖으로 나온 아교를 제거한다. 넓은 면은 구둣솔을 사용하고 작은 면은 칫솔로 한다. 빠른 시간에 하지 않으면 자개가 움직일 수 있으니 타월을 준비해 물을 닦아내면서 신속히 처리한다.

아교가 두꺼우면 3-4회에 걸쳐서 제거한다. 아교를 깨끗하게 제거하고자 너무 힘을 주면 자개가 부러지는 불상사가 생길 수 있다. 부상병 학이나 영양실조 난초 잎이 안 되려면 살살 하면서 빠르게 작업해야 한다.

종이가 붙어 있는 경우, 종이 위에 물을 발라 불린 뒤 떼어낸다. 예전에는 얇고 질긴 종이를 못 만들었는지 물에 젖으면 쉽게 찢어지기도 하고, 자개와 분리되지 않고 끝까지 붙어 있는 경우도 많다. 그럴 때는 핀셋으로 누르면서 떼어내야 한다.

만약 종이를 떼어낸 후 자개가 떨어질 우려가 있으면 묽은 아교를 전체적으로 한 번 더 발라 고정해 준다. 묽은 아교는 나중에 제거하면 된다.

소반 위에 묻은 아교를 제거하고 있다.

아교 위 종이 떼기 2014.12.17

4) 생칠하기

다리미로 열처리를 했음에도 아교는 수분에 약하다. 자개 위를 묽은 생칠로 칠해 자개 사이로 들어가게 해야 더욱 단단하게 고정시킬 수 있다.

아교 제거 후 묽은 생칠을 한다.

자개 위에 묽은 생칠을 한다.

자개 작업 끝난 후 전체적으로 묽은 생칠한다.

14. 자개 등 깎기

자개 위 옻칠을 자개칼로 깎아 내는 과정을 말한다. 자개의 등을 깎는다는 의미로 자개 등 깎기라고 부르는데, 자개를 긁어낸다고 하여 자개 긁기, 등 긁기라고도 부른다. 자개를 덮은 옻칠이 마르기 전 옻칠을 긁어내 깔끔하게 다듬고 다음 옻칠 단계를 준비하는 공정으로, 칠이 단단하게 굳기 전에 수행해야 다음 작업을 원활하게 진행할 수 있다. 자개 문양을 더욱 선명하고 아름답게 마무리하기 위한 필수적인 과정이다.

1) 등 깎기

거친 칼을 사용하면 자개에 흠이 생기므로, 칼날을 잘 갈아 옻칠만 깎아내도록 한다. 옻칠이 오래되면 딱 달라붙어 잘 안 깎인다. 이때는 물을 발라가며 깎아내면 좀 더 수월하다.

선비상 자개 등 깎기　　　　　삼베 트레이 자개 등 깎기 2022.3.12

2) 사포 치기

광 내기 작업에 들어가기 전에 물사포로 정리한다.

1500번 사포를 사용한다.

물사포 1500번으로 칠면을 정리한다.

3) 자개 광 내기

자개도 광을 내지 않으면 뿌옇게 보인다. 자개 등 깎기 후 남은 옻칠은 크리스털 사포로 마무리한다. 자개 밖으로 남아 있는 흰 자개 가루는 지우개로 지우거나 흐르는 물에 칫솔로 닦아낸다. 자개 광 내기 작업은 옻칠 광을 내는 단계처럼, 고운 천에 광약을 바르고 문지른다.

염산이 자개 표면을 녹인다고 해서 사용해본 적이 있다. 광은 번쩍번쩍 나는데 불안한 마음에 한 번 해보고는 안 했다. 그때 염산을 사용했던 8m짜리 대작은 이천 창고에 꽁꽁 싸서 두었다.

자개도 광 내기 작업을 해야 반짝인다.

15. 난각 작업

옻칠에서 흰색 표현은 어렵다. 흰색이라고 표시된 색옻칠을 사용해도 옻칠이 섞여 있어 결과는 베이지 색이다. 그래서 흰색으로 처리할 부분을 난각으로 표현한다.

난각은 닭이나 오리, 메추리 등의 알 껍질을 부착해 장식하는 기법이다. 오리알은 푸른빛을 띠고 약간 두껍다. 메추리알은 얇은데 표피에 검은 무늬가 있어 산에 넣어 처리한 후 사용한다.

현재 한국에는 흰색 달걀이 별로 없다. 그러던 어느 날, 박혜수 조교의 전화 한 통에 행복해졌다. '교수님, 흰 달걀 찾았어요.' 2014년 9월 2일, 그 귀한 흰 달걀을 100개 사와서 열심히 속껍질을 제거했다. 예전 2010년 1월, 중국 소주대학 왕깡 조교가 만들어주었던 달걀 껍질 한 박스는 4년 동안 활용했을 정도로 흰색 달걀이 귀했다.

달걀 속껍질을 벗긴다.

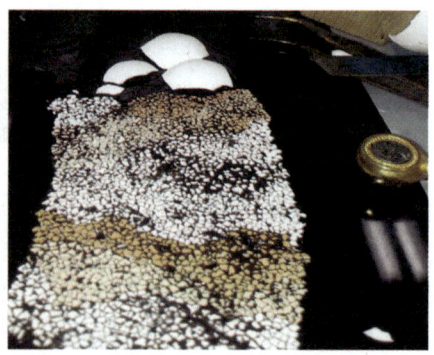

바탕이 흑칠이라 흑칠로 붙인다.

난각 작업 순서

1) 알 껍질은 속껍질을 제거하고 겉껍질만 사용한다.

2) 밑 작업이 끝난 옻칠 판에 칠을 바른다. 흑칠이건 색옻칠이건 모두 가능하다. 중요한 것은 밑바탕이 단단하고 평평해야 한다. 그렇지 않으면 울퉁불퉁해 다음 색을 올려도 밑에 있는 난각은 숨어서 안 보인다.

3) 난각을 놓고 둥근 곡선 표면을 부수어 붙인다. 칠 주걱으로 수평으로 힘을 주면 쉽게 부서진다. 또는 자개칼 모서리나 핀셋으로 꼭꼭 눌러도 잘 깨진다.

달걀의 둥근 부분이 위로 가도록 붙인다. 반대로도 할 수 있지만 난각 안으로 옻칠이 들어가야 견고하게 고정된다.

4) 묽은 생칠로 전체를 칠하여 난각 밑까지 스며들게 한다.

5) 난각 위 옻칠을 사포로 갈고 깎아 낸다.

6) 광 내기 작업으로 마무리한다.

24기 학생들 난각 붙이기

기와 지붕 난각 붙이기

필자는 일일이 누르기 힘들어 뒤가 둥근 쇠뭉치를 제작하였다. 세게 누르면 작은 모래알처럼 부서지고, 이것을 체로 거르면 크기별로 난각을 나눌 수 있다. 때로는 적당히 채운 것이 오히려 더 멋있게 느껴진다.

난각 부술 때 쓰는 둥근 쇠뭉치

16. 박箔 작업

박(箔)에는 금, 은, 백금, 알루미늄, 중금, 동 등의 여러 종류가 있다. 금박의 경우 두께가 0.0001-0.0003mm이고, 그 외에는 0.0005-0.0007mm 정도이다. 금박을 옻칠로 붙인 것은 금박칠기, 옻칠로 그림을 그린 후에 금박을 붙인 것은 금박화라고 한다. 또 음각한 후에 음각 속에 금박을 상감한 것을 침금(沈金)이라 하는데 금박화의 일종이다. 금분화는 칠로 그림을 그려 마르기 전에 금가루를 뿌려 그린 그림이다.

금박으로 문자도 그린 병풍. 즉시 팔렸다. 금값만도 얼마인가?

서울 종로에 위치한 동양금박에서 순금박은 구입할 수 있고, 서울 고속 터미널 한가람문구센터에서는 가금박, 은박, 동박, 알루미늄박 등을 구할 수 있다.

일본옻칠협회 31회 '漆의 美' 전 신인상 수상. 부상으로 금박이 왔다. 2023.6.28

일본의 금박 기술은 세계적인 수준이다. 필자는 2023년 일본칠공협회주최 제31회 '漆의 美'전에서 신인상을 받았다. 그때 부상으로 금박을 받았다.

17. 칠 작업

1) 옻칠 퍼오기

옻칠할 면에 맞는 양을 떠오는 것으로 작업은 시작된다. 모자라서 나중에 칠하면 앞의 칠과 달라서 차이가 난다. 칠하는 면도 같은 날 모두 칠해야 한다. 같은 옻칠이라도 남겨 두었다가 다음 날 사용하면 달라진다. 5-10분 내에 마치는 것이 좋다. 옻칠은 모자라는 것보다는 남는 것이 낫다. 흥건히 젖은 후 훑어내면 골고루 칠이 묻는다. 작은 붓은 손목 힘으로, 큰 붓은 어깨 힘으로 칠한다. 붓을 누르면서 바르지 말고 부드럽게 바른다.

붓끝의 상륙과 이륙은 사뿐히 하며 마지막 칠은 붓을 누르지 말고 들어서 붓끝 1/3 정도로만 칠한다. 이미 밑칠이 돼 있어서 표나지 않는다.

평면 기물은 항상 십자 모양으로 칠한다. 한번은 가로로 칠하고, 돌려서 한번은 세로로 칠한다. 붓에 칠을 먹인 후 가능한 한 떼지 않고 왕복으로 칠한다.

어려운 부분부터 시작하며, 원형인 경우 중심부터 칠한다.

2) 기본 생칠하기 - 하칠, 중칠, 상칠

침투력이 좋은 생칠로 바탕을 단단하게 해야 다음 단계에서 피막이 형성된다. 보통 묽은 생칠은 칠과 테레핀을 2:8 비율로 배합하고, 칠지(종이망)로 걸러 불순물을 제거한 후 사용한다.

초보자들은 비율에 집착하지만, 생칠에 따라 배합 비율은 달라지기에 정해진 것은 없다. 생칠의 산지, 채취 시기, 유통 과정 등에 따라 모두 다르다.

- **하칠** 칠하고자 하는 옻칠을 귀얄로 얇게 펴 바른다. 칠장에 넣어 8시간 전후로 마를 수 있도록 칠을 배합한다. 칠과 테레핀의 배합 비율은 붓이 부드럽게 칠해질 정도가 적당하고, 테레핀이 너무 적으면 붓 자국이 생기고 너무 많으면 칠이 연해진다.

하칠 작업. 앞으로 3번 더 칠해야 한다. 2017.8   칠지로 짠다. 2017.7.17

- **중칠** 하칠보다는 칠밥을 더 주어 약간 두껍게 칠한다.
  장마철에는 습도가 높아 순식간에 해야 하고, 지짐이가 발생하지 않도록 건조 속도를 늦추기 위해 기름을 조금 섞기도 한다. 칠장도 가운데 부분과 가장자리, 아래와 위가 다르다. 급하다고 습도를 90% 이상 올리면 백화현상이 일어날 수 있다.

- **상칠** 마지막 칠인 상칠은 지극정성으로 해야 한다. 잘못하면 앞의 10-20단계가 헛수고가 될 수 있다. 일단 칠하고자 하는 면을 송진포로 닦는다. 끈끈이가 붙어있어 먼지를 없애 준다. 닦지 않으면 칠한 면에 먼지가 많다. 강하고 광을 낼 수 있는 최상의 옻을 고른다. 여러 번 칠지로 걸러 옻의 불순물을 없앤 후 상칠 귀얄로 얇게 펴서 곱게 바른다.

한번 칠한 옻칠의 두께가 0.05 - 0.08mm, 고급 기술의 칠은 두께가 0.03 - 0.04mm 정도다.

반드시 송진포로 닦는다.

원주나 옥천 등 옻칠 단지에서 그 많은 수저, 컵, 대접, 주발 등을 광 작업할 리가 없다. 마지막 상칠을 잘한 것이다.

전날부터 칠장에 물 뿌려 먼지를 없애고, 칠은 솜으로 거른다. 귀얄은 속까지 테레핀으로 여러 번 빨아낸다.

칠이 붓 속으로 들어가 굳는 현상은 상칠할 때 가장 큰 문제다. 붓 끝부분에 순간 접착제를 발라 칠이 못 들어가게 하는데 그래도 잡티가 있다. 먼지의 모양을 보고 어디가 원인인지 알 수 있으니 그 부분의 먼지를 없앤다.

- **돼지 꼬리 같은 나선형 형태** 옷의 먼지 등 섬유에서 나옴.
- **일직선으로 긴 모양** 붓털이 끊어지거나 붓 속에서 나옴
- **작고 점처럼 생김** 주로 칠에서 나온 것으로 그 점을 중심으로 칠이 동그랗게 모임.

위의 3가지 모양의 먼지는 미세한 것이라 사포질로 없앨 수 있다. 칠 속에 있는 잡티는 옻칠이 스며들어 위에 튀어나온 부분만 없애면 된다.

잡티의 크기가 문제다. 크기가 크면 사포질을 여러 번 해야 하고, 이 과정에서 칠이 깎여 나가 밑칠한 부분이 보이면 다시 칠해야 한다.

그나마 평면은 쉽다. 컵이나 기물은 위에서 칠이 흘러 바닥에 모이고 마르면서 지짐이 현상이 일어난다. 지짐이 현상은 이미 딱딱하게 굳어서 사포질하기가 힘들고 두께도 두꺼워 수정이 어렵다.

일본 칠기 공장에서는 컵을 기다란 판에 고정시키고 그 판 자체를 자동으로 회전시켜 칠이 고이지 않고 골고루 칠해진다.

18. 광 내기

옻칠 작업 중 가장 힘든 작업이다.

모든 물체는 표면이 평평해야 광이 난다. 요철 없는 수면은 얼마나 반짝이는가? 표면을 문질러서 광내는 것보다, 마지막 칠을 물처럼 만드는 것이다. 표면장력에 의해 서로 잡아당겨 표면을 매끄럽게 하는 것이다.

요즘에는 우레탄이나 윤활제를 사용하기도 한다. 하지만 광의 느낌이 다르다. 천박하다. 서로재에도 팔아달라고 맡긴 우레탄 바른 쟁반과 보석함이 많다.

옛날 선조들은 밀가루와 콩기름, 볏짚 재와 식용유로 광을 냈다. 필자의 집에서 일했던 고(故) 김운억 장인도 이와 같은 방법으로 작업을 했다.

현대의 우리는 일단 *1500*번 사포로 물사포해 잡티를 잡아내고 표면을 정리한다. 콤파운드 2000번을 바르고 면으로 문지른다. 양모 패드나 융단 조각으로 *Festool 5010*, *Festool 9010*, *Festool 11000* 순으로 점차 미세하게 갈아낸다. 마지막으로 각분으로 문지르면 얼굴이 비칠 정도로 반짝인다.

시간도 많이 걸리고 기술도 필요하다.

   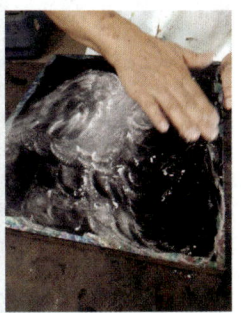

상주합 바르기   접칠용 생칠   콤파운드 2000번   각분 문지르기

힘이 들어 자동차 관리하는 정비사 사장과 의논한 적이 있다. 자동차나 옻칠이나 광내는 원리는 같으니까. 가장 효율적인 방법은 칠을 바르고 고온으로 녹이는 것이라고 하셨다. 표면이 물처럼 액체가 되니까. 그러나 옻칠은 열처리가 불가능하다.

마지막 상칠하고 3종 세트라고 부르는 광 내기 작업에 들어섰다. 나름 열심히 했는데, 필자가 하는 것은 광이 덜 난다. 부산에서 한태수 선생을 불러 둘이 나란히 앉아 같은 재료로, 같은 시간 동안 광을 낸 적이 있다. 확실히 장인이 광낸 것이 월등하게 반짝인다. 이유는 문지르는데도 요령이 필요하다는 것이다. 동글동글 원으로 하고, 길게 직선으로도 하고, 힘을 넣었다 뺐다를 조절하며 해야 한다.

한양진경 흑칠, 자개, 금 2012년작 840×180cm

지하공방에서 광 내기 작업 2012.5

교재를 마무리하며

옻칠을 하면서 후회한 적이 없다. 어떤 재료로도 만족할 수 없는 검은
칠의 매력, 정제칠의 품위 있는 색감, 세월 지날수록 피어나는 색옻칠,
삼베가 갖는 중후함, 흙이 토해내는 질박함 등 그 장점은 무수히 많다.

제작 기법은 전통 기법을 따르는데 전통대로 제작하다가 눈길이 멈추는
중간 단계가 있다. 멈추고 찬찬히 음미한다. 그리고 작품에 응용한다.
색 옻칠할 때는 색감을 세심하게 다룬다. 보통 옻칠은 습도와 온도가 높은
칠장에서 말린다. 그러나 채색 옻칠은 습도를 높이지 않고 시간을 길게
잡아 천천히 건조시키는 것이 발색에 좋다. 칠하고 며칠은 칠장에 넣지
않고 그냥 두면 칠이 잘 펴지기도 하고 갑자기 검게 변색되지도 않는다.

전통기법을 따르면서도 파격적인 방법도 많이 사용했다. 재료만 자연물
그대로 쓰면 되지 그것을 거꾸로 붙여도, 바로 붙여도 '예술'이다.
나전을 손으로 끊어 붙이기도 하고 원목 목판 작품을 옻칠 판에 그대로
붙이기도 했다. 미술은 재료와 매체에 의해 규정된다.

재료의 물질성을 과감히 드러내는 방식으로 옻칠이 가질 수 있는 새로운
표현 방식을 찾아 나서는 것, 그것이 나성숙표 옻칠의 매력이다.

옻칠에 마음이 간다면, 옛것이다, 어렵다, 까다롭다 규정하지 말고
재료와 과정을 경험하고 몰두하고 빠져보기를!
서로재에서 새로운 감각과 생각을 가진, 다음의 옻칠인을 기다리며.

북촌 전통 한옥 '서로재'에서 배우는 옻칠 클래스 – 정규과정 및 맞춤과정 안내　　　　강사 나성숙, 강정웅

정규과정

클래스	초급	중급	상급
내용	옻칠 입문 / 옻칠 기초이론 평면 기물 실습	이론 심화 평면+입체(턱有) 기물 실습 장식기법 심화 실습	이론 심화 / 완전 입체기물 실습 나전칠기 전통제작기법 실습
대상	옻칠 입문자 / 옻칠 기초가 필요한자	초급과정 이수자 / 동등한 작업 능력자	중급과정 이수자 / 동등한 작업 능력자
교육기간	6개월 - 총 24회 / 月 4회	6개월 - 총 24회 / 月 4회	6개월 + α (기간 협의) / 月 4회
교육시간	日 3시간 오전반 10시~13시 / 오후반 14시~17시	–	–
실습기물	매트 총 6장	쟁반(트레이), 컵·그릇, 서안 등	상자, 소반류(원형/화형/나주 등)
제작 기법	목심칠기, 목심저피칠기	–	–
하지기법	생칠, 곡수, 한지 싸기, 베 싸기, 골회 바르기 등	–	–
도장기법	투명칠, 불투명칠, 유광/무광/반무광칠	–	–
장식기법	木目살리기, 칠화, 마현, 교칠(두부, 골회) 등	나전(시패, 할패, 주름질), 난각, 변칠(교칠, 布目, 형지) 등	나전(끊음질), 난각, 변칠(쓰가루칠, 교칠), 시회, 금박 등
교육인원	6명	6명	6명
수강료	月 30만원	月 34만원	月 38만원
비고	현금 기준 / 재료·도구비 미포함 / 기타 인원수·수강료(협의)		

맞춤과정

클래스	창작/작품/전시	주제별 맞춤	자격증 취득
내용	자유 기물 / 자유 기법 개인, 그룹별 특화	특정 주제 선택 / 주제별 심화학습 개인, 그룹별 특화	문화재수리기능자(칠공) 문화재수리기능자(도금공)
대상	중급과정 이수자 / 동등한 작업 능력자	초급과정 이수자 / 동등한 작업 능력자	중급과정 이수자 / 동등한 작업 능력자
교육기간	1개월 + α (기간 협의) / 月 4회	1개월 + α (기간 협의) / 月 4회	4개월 + α (기간 협의) / 月 4회
교육시간	日 3시간 (시간대 협의)	–	–
실습기물	Anything	Anything	시험 출제 예상 기물
제작 기법	목태, 남태, 금태, 도태, 지태, 피태, 협태 등	제작 기법 하지 기법 도장 기법 장식 기법 광택기법 중 특정 주제·기법 선택, 주제별 심화 교육	칠공: 목심저피칠기 도금공: 불상 옻칠금박
하지기법	(건칠기법, 고온경화법 등)		
도장기법	(기법 믹스)		
장식기법	(기법 믹스)		
교육인원	1:1 개인 티칭 / 1:n 그룹 티칭	1:1 개인 티칭 / 1:n 그룹 티칭	1:1 개인 티칭 / 1:n 그룹 티칭
수강료	1:1 - 月 50만원 1:2 - 月 45만원 1:4 - 月 40만원	–	–
비고	현금 기준 / 재료·도구비 미포함 / 기타 인원수·수강료(협의)		